신문사 사옥 터를 찾아 Ⅲ

해 / 방 / 공 / 간

# 서울을 누비다

신문사 사옥 터를 찾아 Ⅲ

해 / 방 / 공 / 간

# 서울을 누비다

/

오인환 지음

이 책은
방일영문화재단의 지원을 받아
저술·출판되었습니다.

# | 서 문 |

이 책 『해방공간 서울을 누비다, 신문사 사옥 터를 찾아 Ⅲ』은

한성(漢城)에서 1883년 10월 30일 『漢城旬報』의 발행으로 비롯된, 우리나라 신문 발행 역사 139년(2022년 기준)의 전반기(前半期)에 해당하는, 1948년 8월 15일 大韓民國 政府樹立 때까지의,

"우리 신문사사 지리지(新聞社史 地理志)" 3부작의 종결편(終結編)이 된다.

제1편은 『100년 전 한성을 누비다, 신문사 사옥 터를 찾아』, 2008이었고,

제2편은 『일제강점기 경성을 누비다, 신문사 사옥 터를 찾아 Ⅱ』, 2018이었다.

--------------------

제1편 『100년 전 한성을 누비다, 신문사 사옥 터를 찾아』는 하나의 단순한 질문에서 촉발되었다. 『한성을 누비다』 "서문"에서 밝힌 그 과정을 인용해 보면,,,,

"구한말 독립신문사가 어디에 있었지?"

정년퇴임을 앞둔 마지막 학기(2,000년 가을)도 거의 끝나가고 있어, 후련한 마음, 섭섭한 마음, 미진한 마음, 고마운 마음에 휘감겨 지내던 어느 날, 연구실 조교를 포함한 대학원생 몇 명과 차를 함께하면서 한담을 하고 있었을 때였던 것으로 기억된다.

문득 이 물음을 던져 놓고는 스스로 놀랬다.

신문방송학과에서 27년간 신문, 방송, 언론, 광고 등에 직간접으로 관련이 있는 강의와 연구를 해 왔고, 언론 관련 학회에서도 회원으로 임원으로 여러 해를 참여해 왔고, 박사학위 논문도 언론에 관한 주제를 다루었었고, 그에 앞

서는 근 10년간 통신사에서 외신을 다루며 지내왔었는데… 우리나라 최초의 민간신문으로 신문의 역사를 열었다고 인정되어 그 발간일이 "신문의 날"로까지 제정된 신문인 "독립신문"이 발행되던 사옥 터가 있던 곳이 어디였었는지를 아직 모르고 있었다니…

"독립신문사 사옥이 있던 곳이 어디였을까"에 관한 우연한 호기심에서 시작해 구한말 서울에서 발행되던 우리 신문사들 발행소 위치를 찾기 시작한 지도 7년이나 되었다. 작은 사항을 가지고 너무나 오랜 세월 끌어온 것 같다. 자료가 다 찾아지지 않은 상태지만 이쯤에서 부족한 대로 엮어 일단은 마무리를 짓기로 했다.

제2편 『일제강점기 **경성을 누비다**, 신문사 사옥 터를 찾아 Ⅱ』는 이렇게 시작되었다. 그 과정을 『경성을 누비다』 "서문"에서 인용해 보면,,,,,,,

『한성을 누비다』를 쓸 때 그 초반까지만 해도 이것을 마지막으로 글쓰기는 이제 끝이 되겠지 했었다. 그런데 중반을 넘어서면서 그간 접하거나 수집한 자료에 일제(日帝) 강점하(强占下)에 있던 시절의 신문사 자료들이 제법 모이게 되자, 생각이 바뀌기 시작했다. 관련 자료들을 조금만 더 찾아보면 『漢城을 누비다』의 속편 『京城을 누비다』도 가능하지 않을까 하는 "욕심"이 나기 시작했다.

이 욕심의 결과가 다시 10년 만에 책의 형태로 모습을 드러내게 되었다. 이 책 『일제 강점기 경성을 누비다, 신문사 사옥 터를 찾아 Ⅱ』가 바로 그 책이다.

그런데 또 "욕심"이 머리를 쳐들기 시작했다. 속편의 속편인 『서울을 누비다』를 위한 자료가 제법 많이 수집되었기 때문이다.

그럼 (『서울을 누비다』를) 또 7년 후? 10년 후? 80대 중반에 접어든 나이가 그 욕심을 크게 줄일 수밖에 없게 했다. 1945년 8·15 해방 이후부터 2017년(『경성을 누비다』 탈고 년도) 현재까지의 70여 년 동안이 아니라, 1948년 8월 15일 우리의 대한민국(大韓民國) 정부수립(政府樹立)까지의 미군정(美軍政) 과도기(過渡期) 3년간의 것으로 그 기간을 확 줄여 잡았다.

이 정도면 해낼 수 있을 것도 같다. 『해방 공간 서울을 누비다, 신문사 사옥 터를 찾아 Ⅲ』도 낼 수 있을까 ? 내가 나를 지켜보기로 했다.

세 번째 책 『서울을 누비다』는, 내가 나를 지켜보는 가운데, 4년 가까이 걸려, 미흡한 점들을 안은 채, 일단 여기에 마무리를 지었다.

이번 책 『서울을 누비다』를 준비하는 데도 많은 사람들에게 가르침과 도움을 받았다.
언론사(史) 연구의 제1세대 원로교수 분들이신 郭福山, 李海暢, 崔 埈, 金圭煥, 朴有鳳, 林根洙, 이분들의 연구와 저술에서 많은 가르침을 받았고, 이분들을 이은 차세대 언론학 교수 鄭晉錫, 車培根, 金珉煥과 그 밖의 여러 교수 분들의 연구논문과 저술에서 많은 도움을 받았다. 특히 鄭晉錫 외대 명예교수의 지원이 매우 컸었다.
선행(先行) 연구자와 교수 분들께 심심한 감사의 인사를 드린다.

또한 국립중앙도서관과 연세대 중앙도서관, 특히 연세대 중앙도서관의 司書 전문가분들의 전문적인 지원에 힘입은 바 컸다. 감사를 드린다.

이 책 『서울을 누비다』도 방일영문화재단의 저술·출판지원(2021)에 힘입어 햇볕을 볼 수 있게 되었다. 방일영문화재단은 오랜 전통과 권위를 자랑하는 문화재단이어서, 이 재단의 재정지원으로 책을 출판하게 되는 것은 나에게 대단한 영광이 아닐 수 없다. 크게 감사를 드린다.

이 책의 출판을 맡아 준 출판사 한국학술정보(주)의 채종준 대표이사께 감사를 드린다. 그리고 편집 담당자 여러분에게도 무척 고맙다는 인사를 드린다.

이번 책 『해방공간 서울을 누비다, 신문사 사옥터를 찾아 Ⅲ』도 앞서 두 권의 책과 마찬가지로 미국 캘리포니아 산타 클라라(Santa Clara) 지역에 살고 있는 아들네 집에, 삶의 동행자와 함께 오가면서 시간이 나는 대로 틈틈이 쓰느

라 또 여러 해가 걸려 이제야 마무리를 짓게 되었다.

이번 책을 쓸 때는 고교생인 손자와 중학생인 손녀가 아빠 그리고 엄마와 함께 할아버지의 "책 쓰는 작업"을 지켜봐 주었다.

이번 책도 먼저 책들의 경우와 마찬가지로 삶의 반려자인 공정자 명예교수(인하대)가 감수를 맡아주었다. 공정자 교수의 아이디어와 제안과 교정이 크게 도움이 되었다. 무척 고맙다.


이 책『해방공간 서울을 누비다, 신문사 사옥 터를 찾아 Ⅲ』,
아직도 채워질 부분이 많아, 크게 부족한 것이지만,
해방공간 기간 우리나라 앞날의 갈림길에서
역투(力投)했던 우리의 대선배 언론인들에게 바치는
영광을 안고 싶다.


2022년 2월
서울 방배동 서재에서
오인환

# | 목 차 |

서 문 ······ 6

제 I 장 : 들어가는 말 : / 17

해방공간(解放空間)(1945년 8월~1948년 8월)
서울의 언론지평(言論地平)


제 II 장 : 현재까지 발행되고 있는 신문들 / 25

1. 서울신문(해방공간 당시: 태평로 1가 31-3) / 29
2. 朝鮮日報(해방공간 당시: 태평로 1가 61) / 36
3. 東亞日報(해방공간 당시: 세종로 139) / 44
4. 京鄉新聞(해방공간 당시: 소공동 74) / 53
5. 〈제II장〉 마무리 / 60


제 III 장 : 중구(中區) '을지로' 지역에서 발행되었던 신문들: A / 61

A: 을지로1가, 2가, 3가, 4가, 5가에서 발행되었던 신문들 / 63
1) 을지로1가: / 65
① 獨立新報, ② 朝鮮人民報, ③ The Seoul Times,
④ 中外經濟新報, ⑤ 朝鮮中央日報,
⑥ '을지로1가' 발행 5개 신문들의
사옥 위치, 사옥 사진, 그곳의 현재 모습
2) 을지로2가 199-34 / 78
① 中央新聞(199-34) 사옥 위치, 사옥 사진, 그곳의 현재 모습
② 文化日報(199-34), ③ 文化時報(199-34)

3) 을지로2가 199번지 내 "副番(몇 호인지) 미상"의 기타 10개 신문들 / 94

　　① 大韓獨立新聞, ② 民報, ③ 獨立新報, ④ 여성신문,

　　⑤ The Korea Union Times, ⑥ 第3特報, ⑦ 新民日報,

　　⑧ 工業新聞, ⑨ 民衆日報, ⑩ 現代日報,

　　⑪ 을지로2가 199번지 범위

4) 을지로2가 지역 내 '지번이 알려진' 다른 신문 / 116

　　① 을지로2가 117: 水産經濟新聞,

　　② 水産經濟新聞의 사옥 위치, 그곳의 현재 모습

5) 을지로2가 지역 내 '지번이 미상'인 신문들 / 120

　　① 우리新聞, ② 大公日報, ③ 부녀신문,

　　④ 을지로2가의 범위

6) 을지로3가, 을지로4가, 을지로5가 발행 신문들 / 127

　　① 을지로3가: 國際日報, ② 을지로4가: 中央經濟新聞,

　　③ 을지로5가: 朝鮮土建日報


## 제 Ⅳ 장 : 중구(中區)의 '을지로 이외 지역'에서 발행되었던 신문들: B / 137

B: 중구(中區)의 태평로1가, 2가, 무교동, 장교동, 저동2가, 소공동, 북창동,
　　남대문로2가, 3가, 양동, 회현동1가, 2가, 남산동2가, 충무로3가 / 140

1) 태평로1가, 태평로2가: / 142

　　① 태평로1가: 漢城日報, ② 태평로1가: 世界日報,

　　③ 태평로1가: 독립신문, ④ 태평로2가: 獨立新聞,

　　⑤ 태평로1가, 2가에서 발행되었던 4개 신문들의

　　　　　　사옥 위치, 사옥 사진, 그곳의 현재 모습

　　　　* 서울신문, 朝鮮日報, 앞 〈제Ⅱ장〉에서 다루어졌음.

2) 무교동, 장교동, 저동2가: / 154

　　① 무교동: 朝鮮土建日報, ② 장교동: 民主日報,

　　③ 저동2가: 自由新聞,

　　④ 무교동, 장교동, 저동2가에서 발행되었던 3개 신문들의

　　　　　　사옥 위치, 사옥 사진, 그곳의 현재 모습

3) 소공동: / 163

　　① 해방일보, ② 大公日報, ③ 工業經濟日報,

④ 平和日報, ⑤ 國都新聞, ⑥ 國際新聞, ⑦ 土建産業經濟日報,

⑧ 産業經濟日報,

⑨ 소공동에서 발행되었던 8개 신문들의

사옥 위치, 사옥 사진, 그곳의 현재 모습

* 京鄕新聞, 앞 〈제Ⅱ장〉에서 다루어졌음.

4) 북창동: / 182

① 東新日報, ② 世界日報, ③ 大東新聞,

④ 家政新聞, ⑤ 大韓日報, ⑥ 中外新報, ⑦ 新民日報,

⑧ 북창동에서 발행되었던 7개 신문들의

사옥 위치, 그곳의 현재 모습

5) 남대문로2가, 3가, 양동(현 남대문로 5가): / 196

① 남대문로2가: 東方新聞, ② 남대문로2가: 現代日報,

③ 남대문로2가: 婦人新報, ④ 남대문로3가: 서울夕刊,

⑤ 남대문로3가: 朝鮮中央日報, ⑥ 양동: 中外經濟新報,

⑦ 남대문로2가, 3가와 양동에서 발행되었던 6개 신문들의

사옥 위치, 그곳의 현재 모습

6) 회현동1가, 2가, 남산동2가, 충무로3가: / 213

① 회현동1가: 漢城新聞, ② 회현동2가: 第一新聞,

③ 남산동2가: 民衆日報, ④ 남산동2가: 産業經濟新聞,

⑤ 충무로3가: 土建經濟日報,

⑥ 회현동1가, 2가, 남산동2가, 충무로3가에서 발행되었던

5개 신문들의 사옥 위치, 그 곳의 현재 모습


제 Ⅴ 장 : 종로구, 서대문구에서 발행되었던 신문들 / 229

A: 종로구: 세종로, 종로1가, 2가, 인사동, 낙원동, 경운동, 관수동,

청진동, 수송동, 견지동·관훈동, 중학동, 사직동 / 231

* 세종로: 東亞日報 : 앞 Ⅱ장에서 다루어졌음.

1) 종로1가, 2가, 인사동, 낙원동, 경운동, 관수동: / 233

① 종로1가: Seoul Times, ② 종로1가: 大衆新報,

③ 종로2가: 新朝鮮報, ④ 종로2가: 朝鮮人民報,

⑤ 종로2가: 大衆新報, ⑥ 종로2가: 노력인민,

　　⑦ 종로2가: 國際日報, ⑧ 종로2가: 東新日報,

　　⑨ 인사동: 人民, ⑩ 낙원동: 現代日報, ⑪ 경운동: 우리新聞,

　　⑫ 관수동: 婦人新報,

　　⑬ 종로1가, 2가, 인사동, 낙원동, 경운동, 관수동에서 발행되었던

　　　　　　12개 신문들의 사옥 위치, 사옥 사진, 그곳의 현재 모습

　2) 청진동, 수송동, 견지동・관훈동, 관훈동, 중학동, 사직동: / 263

　　① 천진동: 工業新聞, ② 수송동: 家政新聞, ③ 수송동: 大東新聞,

　　④ 견지동・관훈동: 民衆日報, ⑤ 관훈동: 現代日報,

　　⑥ 중학동: 大公日報, ⑦ 사직동: 警民新聞, ⑧ 사직동: 大衆新報,

　　⑨ 청진동, 수송동, 견지동・관훈동, 관훈동, 중학동, 사직동에서

　　　발행되었던 8개 신문들의 사옥 위치, 사옥 사진, 그곳의 현재 모습


B: 서대문구: 충정로1가, 2가 / 283

　1) 충정로1가, 2가: / 283

　　① 충정로1가: 合同新聞, ② 충정로2가: 婦女新聞,

　　③ 충정로1가, 2가에서 발행되었던 2개 신문들의

　　　　　　사옥 위치, 사옥 사진, 그곳의 현재 모습


C: 발행소 위치 확인 못 하고 있는 신문들 / 289

　　① 朝鮮民衆日報, ② The Korea Times, ③ The Union Democrat


# 제 VI 장 : 통신사(通信社)들 / 295

　1) 중구: 소공동, 을지로1가, 2가, 충무로2가: / 299

　　① 소공동: 해방통신, ② 소공동: 國際通信, ③ 소공동: 聯合通信,

　　④ 소공동: 産業經濟通信, ⑤ 소공동: 中央經濟通信,

　　⑥ 을지로1가: 合同通信, ⑦ 을지로2가: 共立通信,

　　⑧ 을지로2가: 藝術通信, ⑨ 을지로2가: 解放通信,

　　⑩ 을지로2가: 朝鮮商工通信, ⑪ 충무로2가: 電報通信,

　　⑫ 소공동, 을지로1가, 2가, 충무로2가에서 발행되었던

　　　　　　11개 통신사 사옥 위치, 사옥 사진, 그곳의 현재 모습

　2) 종로구: 종로2가, 세종로, 예지동・송현동, 안국동 / 326

　　　① 종로2가: 朝鮮通信, ② 세종로: 中央通信,

　　　③ 예지동·송현동: 朝鮮商工通信, ④ 안국동: 電報通信,

　　　⑤ 종로2가, 세종로, 예지동·송현동, 안국동에서 발행되었던

　　　　　　　4개 통신사 사옥 위치, 사옥 사진, 그곳의 현재 모습

　　3) 서대문구: 충정로2가 / 337

　　　① 충정로2가: 解放通信

　　　② 충정로2가에서 발행되었던

　　　　　　　解放通信 사옥 위치, 사옥 사진, 그곳의 현재 모습

　　4) 주소미상 통신사: / 340

　　　① 주소미상1: 建設通信, ② 주소미상2: 交通通信,

　　　③ 주소미상3: 經濟通信


# 제 Ⅶ 장 : 요약과 결어 / 341

　　　　(解放 이후 政府樹立까지

　　　　　　서울에서 발행된 日刊 新聞과 通信들의 발행소 위치)

요약(要約): / 343

　요약 A: 신문(新聞)

　　A-1: 현재까지 발행 중인 신문(서울신문, 朝鮮日報, 東亞日報, 京鄕新聞)

　　A-2: 중구(中區), A-3: 종로구(鐘路區), A-4: 서대문구(西大門區)

　　A-5: "서울시"로만 알려져 있어 주소 미상인 신문들

　요약 B: 통신(通信)

　　B-1: 중구(中區), B-2: 종로구(鐘路區), 서대문구(西大門區)


결어(結語) : "해방공간"기간의 新聞 및 通信 관련 자료들의

　　　　　　　　발굴 작업이 더 이루어지기를 바라며,,, / 352

참고문헌 / 354

부록 : 해방공간(1945년 8월 15일~1948년 8월 14일) / 359

　　　"서울 이외 지역"에서 발행되었던 日刊 新聞 자료 〈표〉

# 제 I 장

## 해방공간(解放空間)(1945년 8월~1948년 8월) 서울의 언론지평(言論地平)

# 들어가는 말

1945년 8월 15일, 우리 겨레와 강토는 일제(日帝)의 35년간에 걸친 강압적인 식민통치에서 해방이 되었다. 이 거족적인 해방의 기쁨은 그러나 '찰나적(刹那的)'인 것이었고, 남과 북으로의 분단과 전쟁의 참화, 그 뒤의 군사적 이념적 대치의 심화와 긴장이 2022년 현재까지 이어져 오고 있다.

이 연구는 '1945년 8월 15일 解放에서 1948년 8월 15일 政府樹立'까지 3년간의 서울 지역 언론 지평(言論 地平)에 관한 것이다. 그 3년 기간에 서울에서 어떤 신문들이 발행되었는지, 그리고 그 발행소 위치는 어디였는지에 관해 알아봄으로써 언론지리지(言論地理誌)를 위한 자료를 정리해두고자 하는 데 그 주된 목적을 두고 있다.

이 연구의 대상 기간인 '해방공간', 그 기간 동안의 우리의 언론 상황을 짐작할 수 있게 해주는 주요 선행 연구와 자료들을 살펴보기로 하자.

'억압 아래서 해방이 된 당시의 언론은 의욕만이 넘쳐 기업적인 면이라든지 거기 따른 시설 같은 것은 거의 염두에 두지 않고 오직 그날의 신문만을 내는데 정열을 쏟다 보면 창간호가 종간호가 되는 예도 있었고 활자 하나인들 자기 시설이라고는 없이 남의 공장에서 인쇄를 하다 보니 이 신문 저 신문을 찍지 않을 수 없게 되어 웬만한 공장에서는 여러 개의 신문이 인쇄되지 않을 수 없었다.… 어떤 신문은 자기 공장도 없이 책상 몇 개만을 놓고 편집만 해내는 터라 **신문사가 어디에 끼어 있었는 지조차 알 수 없는 실태였다.**'(편집자 주) p. 44.

李 "**(大公日報는) 당시 京城府 황금정2정목에 자리 잡고 있던 개인 주택에서 11월 10일 자로 창간호를 발간했지요. 그러니까 지금의 을지로2가 舊內務部 위쯤에 자리 잡고 있던 2층 집에서 출발한 것입니다.**" p. 45.

高 "그 무렵의 신문이란 거의 타블로이드판 2면의 것으로 명멸이 분명하지 않은 것이 많습니다. 더구나 **신문사의 위치와 공장의 위치도 확실하지 않아서** 당시의 新聞名을 아는 것이 어려운 만큼 …" p. 47.

李 "**해방에서 정부수립까지 서울에서 나왔던 일간 신문만도 80여 종은 될 것입니 다. 그러므로 그것이 발간된 지역도 다 알기는 어려운 형편이라고 하겠습니다.** 그러 나 신문이나 통신 방송은 대체로 태평로 을지로를 중심 한 거리에서 발행되었던 것은 당시의 정세로 보아 필연의 사실이라 하겠습니다." p. 48.

宋 "세월이 빠르다고 합니다만 기억은 그보다도 빨리 사라지고 때에 따라서는 자기 자신이 분명히 체험했던 사건조차도 과연 그런 일이 있었던가 할 정도로 희미 해지는 일이 적지 않습니다. 그런 것을 생각하면 우리는 보다 **기록을 남기고 자료를 정리해 나가는 노력이 있어야 할 것으로 생각합니다.**" p. 48.

'高興祥, 宋志英, 李漢鎔 대담: 韓國의 新聞街(해방 후 편)', 한국신문연구소, 『新聞評論』, 1975년 7월 호, pp. 44-48.   (* 진한 활자 부분 : 연구자)

제21장 8·15해방과 혼란상
(1945~'46)

1. 언론자유의 둑은 터졌다
2. 좌우대립의 신문계
3. 미 군정의 언론정책
4. 두 총독부 기관지의 말로
5. 통신사가 처음으로 나타남
6. 아놀드 장관의 인민공화국 부인성명
7. 해방 후 처음의 신문기자 대회
8. 신문사와 기자규탄의 소리
9. 신탁통치안의 파문
10. 빈발하는 신문사 습격 사건
11. 국내정세와 좌익의 침투전술

제22장 미 군정 아래의 언론계
(1946~'47)

1. 군정법령 제88호로 허가제가 되다
2. 각지(各紙)의 정간처분과 기자구속
3. 철도 총파업과 신문 스트라이크
4. 정기간행물법의 제정과 반대 운동
5. 신문지법에 대한 신판례(新判例)
6. 우익 측의 조선신문기자협회
7. 미 군정(美軍政)의 공과
8. 제2차 미·소 공동위원회와 신문

崔埈, 『韓國新聞史』, 1979년 중판(重版)의 목차(目次) 중 '1945년 8·15해방에서
1948년 8·15 大韓民國 정부수립까지의 언론계' 부분

'1945년 8월 15일 일제의 식민통치에서 벗어난 때로부터 1950년 6·25전쟁이
일어날 때까지 5년 사이의 한국 언론은 격변과 혼동의 연속이었다. 이념적으로는
'좌우익의 대립기'로 규정할 수도 있고, 정치 사회적인 불안정과 언론기관의 난립이
라는 측면에서는 '혼란기'라고 설명할 수도 있을 것이다. 일본 군국주의 통치의
억압 속에서 신문발행의 자유가 완전히 박탈되어 한국인들은 단 하나의 언론기관조
차 가질 수 없었던 암흑기에서 벗어나 갑자기 신문발행이 자유로워지자 **수많은
신문이 쏟아져 나오게 되었던 것이 광복 직후의 상황이었다.**··· p. 180.
'광복 후에 나타난 신문들은 그 논조와 편집 및 경영진의 성분에 따라 대개 좌익,
우익, 중도로 구분한다. 그러나 이에 종사한 언론인들의 계보는 몹시도 복잡하고
그 성분도 다양하다.···' p. 181.

'신문발행은 근원적인 난관에 봉착해 있었다. 늘어난 신문을 감당할 인쇄시설이
절대적으로 부족했으며 거기에 당장 사용할 종이의 기근이 물질적인 어려움이었다
면, 신문제작의 인적 자원에도 심각한 문제가 있었다.···' p. 182.

鄭晉錫, '광복 후 6·25 전쟁까지의 언론', 大韓言論人會,
『돌아오지 못한 언론인들: 6·25 전쟁 言論受難史』, 2003, pp. 180-182.

일제하에서 극도로 언론 활동을 위축시켰던 신문지법 등 각종 법규와 행정적 통제가 해방과 더불어 백지화되자 마치 봇물이 터지듯 신문 통신 등의 언론 매체가 쏟아져 나왔다. 해방 직후 서울에서는 <코리아타임스>, <서울타임스>, <조선인민보>, <민중일보>, <동신일보>, <자유신문>, <신조선보>, <해방일보>, <조선문예신보>, <중앙신문>, <대공일보>, <대동신문> 등이 다투듯이 창간되어 나왔다.

지방에서도 전주에서의 <건국시보>를 시발로 하여 <전남신보>, <민주중보>, <부산매일신문>, <부산신문>, <대구공보>, <경북신문>, <동광신문>, <전북일보>, <강원일보>, <인천신문> 등 많은 신문이 잇따라 발간되었다. 신문 외에 통신과 잡지 또는 전단과 포스터 등이 각지에서 쏟아져 그야말로 **언론 전국 시대(言論戰國時代)** 를 이루었다.

… 이 시기에 발행된 신문은 소유·경영 형태나 이데올로기에 따라 대체로 세 갈래로 구분해 볼 수 있다. 공산주의 계열과 자유주의 계열 및 진보주의 계열이 그것이다. 이들 세 갈래의 신문은 이념적 지향을 확연히 달리하면서 여론을 주도하기 위해 치열한 각축을 벌였다.… p. 319

……

점령군의 자격으로 우리나라에 진주한 미군은 곧 군정청을 발족하고 군정을 실시했다. 미 군정은 초기에 우리나라에서 언론의 자유를 보장할 것이라고 공언했다. 그러나 1946년에 접어들면서 미 군정은 치안 유지를 명분으로 언론을 엄격하게 통제했다. 일련의 통제 장치와 그 조치는 분단 시대의 언론 체제를 확립하는 결정적인 변인으로 작용했다.… p. 375

김민환, 『한국언론사』, 사회비평사, 1996

〈표 Ⅰ-1〉 1945년 8월 15일 해방 후 서울에서 발행된 여러 신문들의
이념지향과 논조 (1) * 1948년 8월 15일 정부수립까지 3년간

이제 一九四七년 九월 현재로 서울에서 발행된 주요한 각 日刊新聞의 發行部數와 論調의 경향을 엿보기 위해 美軍政當局의 調査月報(一九四七년 九월 제二四호)와, 金龍中 主宰의 朝鮮事情協會刊 "보이스·오프·코리아"(一九四七년 一一월호)에 나타난 것을 참고로 引用하면 다음과 같다.

| 신 문 이 름 | 발 행 붓 수 (미 군 정) | (조선 사정) | 논 조 경 향 (미 군 정) | (조선 사정) |
|---|---|---|---|---|
| 京 鄕 新 聞 | 61,300 | 62,000 | 中 立 | 中間路線 |
| 서 울 신 문 | 52,000 | 52,000 | 中 立 | 中 立 |
| 東 亞 日 報 | 43,000 | 43,000 | 右 翼 | 極 右 |
| 自 由 新 聞 | 40,000 | 40,000 | 中 立 | 中 立 |
| 朝 鮮 日 報 | 35,000 | 25,000 | 中 立 | 右 翼 |
| 獨 立 新 報 | 25,000 | 40,000 | 左 翼 | 極 左 |
| 노 력 인 민 | — | 32,000 | — | 極 左 |
| 現 代 日 報 | 25,000 | 25,000 | 中 立 | 極 右 |
| 光 明 日 報 | — | 25,000 | — | 左 翼 |
| 漢 城 日 報 | 23,000 | 24,000 | 右 翼 | 右 翼 |
| 大 東 新 聞 | 13,000 | 23,000 | 右 翼 | 右 翼 |
| 民 主 日 報 | — | 20,000 | — | 右 翼 |
| 中 外 新 報 | — | 20,000 | — | 左 翼 |
| 民 衆 日 報 | 12,000 | 12,000 | 右 翼 | 極 右 |
| 中 央 新 聞 | 10,000 | 10,000 | 中 立 | 中 立 |
| 독 립 신 문 | 6,000 | 6,000 | 右 翼 | 極 右 |
| 世 界 日 報 | 6,000 | 6,000 | 中 立 | 中間路線 |
| 우 리 신 문 | — | 5,000 | — | 中間路線 |
| 民 報 | — | 4,000 | — | 左 翼 |
| 朝鮮中央日報 | 2,000 | 2,500 | 左 翼 | 中間路線 |
| 文 化 日 報 | — | 2,500 | — | 左 翼 |
| 水 産 經濟新聞 | 1,000 | — | 中 立 | — |
| 工 業 新 聞 | 4,000 | — | 中 立 | — |
| 家 庭 新 聞 | 2,000 | — | 右 翼 | — |
| Seoul Times | 12,000 | — | 中 立 | — |

출처: 崔埈, 『韓國新聞史』, 일조각, 1979, 중판, p. 377.

| 1945년 8월 광복~1948년 8월 정부수립 기간에<br>서울에서 발행되었던 주요 일간 신문들의 논조 | | | | |
|---|---|---|---|---|
| 신문 이름 | 1946년 5월<br>군정<br>월별보고 | 1947년 9월<br>군정<br>조사월보 | 1947년 11월<br>Voice of<br>Korea | 1948년 8월<br>군정<br>월별보고 |
| 경향신문 | | 중립 | 중간 | 우익 |
| 동아일보 | 극우 | 우익 | 극우 | 우익 |
| 서울신문 | 좌익 | 중립 | 중립 | 우익 |
| 조선일보 | 우익 | 중립 | 우익 | 우익 |
| Seoul Times | 중립 | 중립 | | 좌익 |
| 조선인민보 | 극좌 | | | |
| 해방일보 | 극좌 | | | |
| 민중일보 | | 우익 | 극우 | |
| 자유신문 | 좌익 | 중립 | 중립 | 우익 |
| 독립신문 | | 우익 | 극우 | |
| 공업신문 | 좌익 | 중립 | | |
| 중앙신문 | 좌익 | 중립 | 중립 | |
| 대한독립신문 | | | | |
| 대동신문 | 극우 | 우익 | 우익 | |
| 세계일보 | 극우 | 중립 | 중간 | 좌익 |
| 한성일보 | 우익 | 우익 | 우익 | 우익 |
| 가정신문 | 극우 | 우익 | | |
| 현대일보 | 좌익 | 중립 | 극우 | |
| 중외신보 | | | 좌익 | |
| 민주일보 | | | 우익 | |
| 수산경제신문 | | 중립 | | |
| 민보 | | | 좌익 | |
| 문화일보 | | | 좌익 | |
| 우리신문 | | | 중간 | |
| 노력인민 | | | 극좌 | |
| 조선중앙일보 | | 좌익 | 중간 | 좌익 |
| 광명일보 | | | 좌익 | |
| 평화일보 | | | | 극우 |

출처: 정진석, '광복 후 6·25 전쟁까지의 언론', 2003,
p. 243의 <표>를 요약한 것임.

---

**해방 국면
서울에서 발행되었던
일간 신문들의 이념적 지향**

------------------------

◇ 공산주의 노선의 신문

해방일보, 전선(戰線), 노력인민
그 밖의 공산주의 신문
대중, 서울뉴스, 건국, 해방

◇ 자유주의 노선의 신문(우파)

조선일보, 동아일보, 한성일보,
민중일보, 대동신문
그 밖의 자유주의 신문
독립신문, 대한독립신문, 대공일
보, 세계일보, 합동신문, 가정신
문, 민주일보

◇ 진보주의 노선의 신문(급진
주의~점진주의)

조선인민보, 중앙신문, 현대일
보, 자유신문
그 밖의 진보주의 신문
중외신보, 신민일보, 우리신문,
인민, 독립신보, 조선중앙일보

출처: 김민환, 『한국언론사』,
  사회비평사, 1996, pp.
  317-334.

〈표 Ⅰ-2〉
1945년 8월 15일
해방 후 서울에서 발행된
여러 신문들의 이념지향과
논조 (2)
* 1945년 8월 15일
  정부수립까지 3년간

이 연구가 해방공간에서의 일간 신문과 통신들의 발행소 위치를 찾아보는 것이기 때문에, 이들 신문이나 통신 각각의 성격이나 활동상황 내지는 그것의 시대사적 언론사적 의미에 관한 것은 우리나라 언론의 역사에 관해 그간에 나온 본격적인 연구와 저서들에 넘기고, 당시의 언론 상황에 관한 것은 간략하기는 하지만 위 도입부에서 인용한 자료들과 <표 I-1>과 <표 I-2>로 대신하고, **이 연구의 주제인 신문과 통신들의 발행소 위치를 다루는 작업으로 곧바로 들어가 보겠다.**

이 연구는 7개 장(章)으로 나뉘어 있다.

**제 I 장** '들어가는 말

**제 II 장** '현재까지 발행되고 있는 신문들'(『서울신문』『朝鮮日報』『東亞日報』『京鄕新聞』),

다음으로는 해방공간에서 창간되었으나 정치적 내지는 경영상의 이유로 폐간 또는 종간된 나머지 신문들과 통신들의 경우를 지역별로 묶어,

**제 III 장** '중구(中區) 을지로'에서 발행되었던 신문들: A

**제 IV 장** '중구(中區)의 기타 지역'에서 발행되었던 신문들: B

**제 V 장** '종로구, 서대문구에서 발행되었던 신문들', A: 종로구, B: 서대문구

**제 VI 장** '통신사들'

**제 VII 장** '요약과 결어'

**참고문헌,**

**부록**　　의 순으로 엮여 있다.

# 제 II 장

/

## 현재까지 발행되고 있는 신문들

1. 서울신문 (해방공간 당시: 태평로1가 31-3)
2. 朝鮮日報 (해방공간 당시: 태평로1가 61)
3. 東亞日報 (해방공간 당시: 세종로 139)
4. 京鄕新聞 (해방공간 당시: 소공동 74)
5. 제 Ⅱ 장 마무리

**1945년 8월 15일 우리나라가 일제(日帝)로부터 해방이 되자** 서울에서는 많은 신문이 발행되게 되었다. 이들 여러 신문들 가운데 2022년 현재까지 발행되고 있는 것은, 『서울신문』, 『朝鮮日報』, 『東亞日報』, 『京鄕新聞』 4개뿐이다.

<표 Ⅱ-1>에 이들 4개 신문의 해방 후의 발행 시작 연월일과 발행소에 관한 자료가 간단히 제시되어 있다.

〈표 Ⅱ-1〉해방 후 美軍政期에
제호를 바꾸어 새 출발을 했거나 속간(續刊), 중간(重刊)했거나
창간(創刊)해 현재까지 발행을 계속해 오고 있는 4개 신문들

| 지역 | 신문명 | 발행 기간 | 사옥(발행소) 위치<br>* 해방공간<br>** 2022년 현재 | 비고 |
|---|---|---|---|---|
| 태평로1가<br>(중구) | 서울신문 | (續刊:<br>제호 변경)<br>1945.11.23.<br>~ 2022<br>현재 | * 태평로1가 31-3<br>(당시 지번 주소)<br><br>** 중구 세종대로 124<br>(현 사옥의 도로명 주소) | 每日新報는<br>1945년 8월 15일 해방 후에도 한국인 기자와 종업원들이 잠시 발행을 계속해 오다가 11월 23일 『서울신문』으로 제호(題號)를 바꾸어 발행. |
| 태평로1가<br>(중구) | 조선일보<br>(朝鮮日報) | (續刊)<br>1945.11.23.<br>~ 2022<br>현재 | * 태평로1가 61<br>(당시 지번 주소)<br><br>** 중구 세종대로21길 30<br>(현 사옥의 도로명 주소) | 朝鮮日報는<br>1945년 11월 23일 續刊 후 신문인쇄를 서울신문사→서울공인사→선광인쇄→중앙신문사에서 하다가 1948년 3월 2일에 태평로1가 61번지 본사에서 하게 됨. |
| 세종로<br>(종로구) | 동아일보<br>(東亞日報) | (重刊)<br>1945.12.01.<br>~ 2022<br>현재 | * 세종로 139<br>(당시 지번 주소)<br><br>** 종로구 청계천로 1<br>(현 사옥의 도로명 주소) | 東亞日報는<br>1945년·12월 1일 重刊 후 신문인쇄를 京城日報 사옥→公印社 별관에서 하다가 1953년 8월 19일에 서울 세종로 사옥(현 일민회관)에서 하게 됨. |
| 소공동<br>(중구) | 경향신문<br>(京鄕新聞) | (創刊)<br>1946.10.06.<br>~ 2022<br>현재 | * 소공동 74<br>(당시 지번 주소)<br><br>** 중구 정동길 3<br>(현 사옥의 도로명 주소) | 京鄕新聞은<br>1946년 10월 6일 創刊되었다. 사옥은 일제 때 '근택인쇄소'를 해방 후 조선공산당이 접수해 '解放日報'를 발행하고 있었던 건물로, 미 군정이 『解放日報』를 폐간, 가톨릭 서울교구유지재단에 불하하여, 여기서 『京鄕新聞』이 창간되었다. |

출처: 『朝鮮年鑑: 1947年 版』, 1946 / 『韓國新聞百年: 史料集』, 1975 / 『韓國新聞百年誌』, 1983 / 정진석, '광복 후 6·25 전쟁까지의 언론', 2003.

 이제부터 이들 4개 신문을 해방 후의 발행 시작 일(社名 변경, 復刊, 重刊, 創刊)을 기준으로 『서울신문』, 『朝鮮日報』, 『東亞日報』, 『京鄕新聞』 순으로 알아 보고자 한다.

# 1. 『서울신문』(해방공간 당시: 태평로1가 31-3)

『서울신문』으로 개제(改題)
　　서울신문(1945년 11월 23일~)
　　→ 대한매일(1998년 11월 11일~)
　　→ 서울신문(2004년 1월 1일~2022년 현재)
　　발행소: 태평로1가 31-3(1945년 11월~)
　　　　　　　→ 태평로1가 25(1985년 초~2022년 현재)
　　　　* 태평로1가 25(지번) = 세종대로 124(도로명 주소)

　　'… (1945년) 11월 21일에 열린 每日新報 주주총회는 …제호를 『서울신문』으로 바꾸기로 하였다. (p.224) … 每日新報는 11월 23일부터 『서울신문』으로 제호를 바꾸어 속간했다. 지령은 『매일신보』를 계승하여…(p. 225)'
　　정진석, '광복 후 6·25 전쟁까지의 언론', 大韓言論人會, 『돌아오지 못한 언론인들 : 6·25 전쟁 言論受難史』, 2003.

　　제호: 1945.11.23 『每日新報』에서 『서울신문』으로 제호를 바꾼 날

『서울신문』 본사 위치
　* 해방공간 기간 중(1945년 8월~1948년 8월) 태평로1가 31-3
　* 그 이후 현재까지(1948년 8월~2022년 현재)
　　태평로1가 31-3 → 부산 국제신보 사옥(1951년 1~3월)
　　→ 태평로1가 31-3(1951년 후반~1982) (1951년 ??월~1981)
　　→ 을지로5가 40-3 舊 서울사대 부속초등학교 건물(1982~84)
　　→ 태평로1가 25번지(세종대로 124)
　　　　　　　現 서울신문·언론회관(1985~2022)
　--------------------------------------------------------------
『서울신문』 제호 변동 : 1945년 8월 해방 이후
　* 1945년 11월 21일 : 每日新報 → 서울신문
　* 1998년 11월 11일 : 서울신문 → 대한매일
　* 2004년 1월 1일 : 대한매일 → 서울신문

〈자료 Ⅱ-1-1〉『서울신문』 발행 자료

『서울신문』의 뿌리는 구한말 大韓帝國期인 1904년 7월 18일 영국인 특파원 배설(裵說: E.T. Bethel)이 창간한 抗日新聞 『大韓每日申報』에 두고 있다.

『大韓每日申報』는 일제가 한국을 강제로 병탄(併呑)하기 직전 통감부에 매수되어 발행되다가, 일제가 한국을 식민지로 병탄한 후는 제호에서 '大韓'이 빠진 『每日申報』로 일제 總督府의 日語 기관지 『京城日報』에 흡수되어 발행을 이어왔다. 이 신문은 1938년 4월 『京城日報』에서 분리되자 제호의 '申'자를 '新'으로 바꾸어 총독부의 한국어 기관지 『每日新報』로 발행을 해오다가 1945년 8월 15일 해방을 맞이했다.

『每日新報』는 해방 후에도 우리나라 기자와 직원들에 의해 같은 제호로 발행을 계속해 오다가, 3개월 후인 11월 21일 제호를 『서울신문』으로 바꾸어 일제의 잔재(殘在)를 털어내기로 결정하고, 23일 자 신문부터 『서울신문』이란 제호로 발행을 시작했다.

<자료 Ⅱ-1-2>에 『서울신문』이 제호를 『서울신문』으로 바꾸어 '革新續刊號'를 발행한 첫날인 1945년 11월 23일 자 신문의 제1면이 제시되어 있다.

〈자료 Ⅱ-1-2〉『서울신문』, 1945년 11월 23일,
'革新續刊號' 제1면
출처: 『서울신문 100년사: 1904~2004』, 서울신문사, 2004

▲1945년 11월 23일자 서울신문 창간호。「해방조선의 대변기관」임을 내외에 천명

『서울신문』은 그 전신(前身)인 구한말(舊韓末)의 抗日新聞『大韓每日申報』의 창간일을 기준으로 2004년 7월 18일 창간 100주년 기념호를 발행했다.

<자료 II-1-3>에『서울신문』창간 100주년 기념호의 제호 부분과 1면 2면이 제시되어 있다.

〈자료 II-1-3〉『서울신문』창간 100주년(2004년 7월 18일)
기념호의 제호와 1, 2면　　　출처: 서울신문

『大韓每日申報』가 일제(日帝) 강점기(强占期) 초에 총독부 기관지『京城日報』에 흡수되어 자매지로 발행될 때 신문의 제호가『每日新報』로 바뀌게 되었는데, 이『每日新報』는 1938년『京城日報』에서 회사가 분리되게 되었고, 이때 바로 옆 '태평통 1정목 31번지의 3호'에 사옥을 새로 지어 나왔다.

『서울신문』은『每日新報』의 사옥과 시설을 접수했기 때문에 그 발행소의 지번은 해방 후 우리식으로 바뀐 '街路 및 洞名'으로 '태평로1가 31-3'이 된다.

『서울신문』의 이 사옥 터는 1985년 초에 인접한 터와 통합이 되어, 그 위에 '서울신문·한국언론회관 빌딩'이 신축되었다. 『서울신문』의 발행소는 2022년 현재 이 '서울신문·한국언론회관 빌딩' 내에 있다. 이 '빌딩'의 지번은 '태평로1가 25번지'이고 도로를 기준으로 새로 바뀐 주소는 '세종대로 124번지'이다. 『서울신문』의 발행소가 있던 '태평로1가 31번지 3호' 터 위치를 지적도상에서 확인해 보자.

〈지적도 Ⅱ-1〉
『서울신문』 발행소 위치

(A) 1947년 番地入 서울特別市精圖
(B) 1959년 地番區劃入 大서울精圖
(C) 2021년 서울시 GIS 지도

--------------------------------

* 1947년 지적도(A)에 「서울신문」 터가 표시되어 있지 않아, 연구자가 표기해 넣었음.
* 1959년 지적도(B)에 「서울신문」 사옥 터가 나와 있음.
* 2021년 서울시 GIS 지적도에 『서울신문』 발행소가 들어있는 '서울신문·한국프레스센터' 빌딩이 나와 있음.
* 도로명 주소: 세종대로 124
* 지번 주소: 태평로1가 25

<지적도 Ⅱ-1>에 1947년 지적도 (A)와 1959년 지적도 (B) 그리고 2021년 지적도 (C)가 제시되어 있다.

본 연구의 대상인 해방공간 기간인 1947년 지적도 (A)에 『서울신문』 자리에 『서울신문』이 안 나와 있는데, 이는 제작과정에서 빠트린 것 같아, 연구자가 표시를 해 넣었다. 『서울신문』 사옥 건물도 빠져있다. 대신 일제 강점기 총독부의 일본어 기관지인 『京城日報』 사옥이었던 '대한공론사' 건물에 『東亞日報』가 들어있는 것으로 표시되어 있는데, 이는 당시 『東亞日報』가 거기에서 신문을 인쇄하고 있을 때여서 그랬던 것 같다.

<지적도 Ⅱ-1>의 'B'는 1959년 것이어서, 이 연구에서의 대상 기간인 '1945년 8월에서 1948년 8월까지의 해방공간' 이후의 것이기는 하지만, 이 지역의 경우 그때까지 변동이 없었고, 『서울신문』 사옥이 제자리에 표시되어 나와 있다.

1959년 지적도인 'B'에서는 『朝鮮日報』와 『東亞日報』 두 신문사의 발행소 위치까지 함께 볼 수 있다.

2021년 지적도 'C'에는, 1985년에 『서울신문사』와 '대한공론사' 옛터에 들어선 '한국언론회관'(프레스 센터) 건물이 나와 있다. '언론회관'은 『서울신문사』와 '언론재단'의 공동 소유이고, 『서울신문사』는 현재 이 '언론회관'의 3층에서 7층까지를 포함한 여러 층을 사용하고 있다.

다음은 『서울신문』 사옥의 모습을 알아보자.

<사진 Ⅱ-1>에 『서울신문』 옛 사옥과 현재 사옥의 사진이 제시되어 있다.

'A'에는 이 연구의 대상 기간인 해방공간 때의 『서울신문』 사옥의 사진이 제시되어 있고, 'B'에는 1972년 2월에 찍은 항공사진이 제시되어 있고, 'C'에는 『서울신문사』가 공동소유자이면서 그 안에 발행소를 두고 있는 2021년 현재의 '언론회관' 건물 사진이 제시되어 있다.

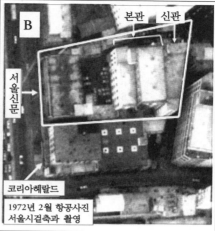

〈사진 Ⅱ-1〉
『서울신문』 사옥

(A) '1945년 광복~1982년
    언론회관 건축 시작
    전의 사옥 모습
(B) 1972년 2월에 찍은
    항공사진: 증축된 신관이
    보임.
(C) 2020년 1월 촬영:
    '서울신문·언론회관'

## 2. 『朝鮮日報』(해방공간 당시: 태평로1가 61)

1945.11.25
市城京 所行發
目丁一通平太

朝鮮日報 (1945년 11월 23일 續刊~2022년 현재)
　발행소: 태평로1가 朝鮮日報社
　(인쇄: 구 경성일보: 태평통 1정목 31-2)
　　→ 태평로1가 61 본사(1957년 11월 1일~)
　　* 태평로1가 61(지번) = 세종로 124(도로명 주소)

　'『朝鮮日報』는 …(1945년 11월) 23일『서울신문』시설에서 일제 치하 폐간 때의 지령을 계승하여 편집 겸 발행인 방응모로 제6,924호부터 속간하였다(p. 225).'
　정진석, '광복 후 6·25 전쟁까지의 언론', 2003.
　------------
1945.11.23.---京城日報 공무국에서 復刊호 인쇄.
1946.03.04.---서울公印社(경성일보사의 개칭)에서 인쇄 시작.
1946.03.06.---서울공인사로 편집국 등 3국 이전.
1946.07.01.---서울공인사에서 철수.
1946.07.31.---청진동의 인쇄소에서 8월 1일 자(7119호) 속간.
1946.08.01.---鮮光印刷所로 옮겨 발행.
1947.08.01.---中央新聞社로 인쇄소 옮김.
1947.11.01.---本社에서 평판기로 인쇄.

　　출처:『朝鮮日報七十年史』, 第一卷, 1990, pp. 490-91.

『朝鮮日報』본사 위치
* 해방공간 기간 중(1945년 8월~1948년 8월)
　　　　　　　태평로1가 61 태평로 본사(本社)
* 그 이후 현재까지(1948년 8월~2022년 2월)
　　태평로1가 61 → 부산 남포동2가 19 임시사옥(1951년 2월 1일~)
　　→ 부산 중앙동4가 35번지로 이전(1951년 2월 22일~)
　　→ 태평로1가 본사(1951년 4월 21일~)
　　→ 수원시 신풍동 249 도립병원 사택에 임시사옥 (1951년 5월 3일~)
　　→ 서울 태평로1가 61 본사(1951년 8월 1일~1969년 9월)
　　→ 태평로1가 신축된 舊관(1969년 9월~)
(본사 건물 터에 코리아나 호텔 신축으로 그 터 뒤편에 별관 신축)
　　→ 정동 별관 신축(편집부서 건물)(1988년~)

** 자료:『조선일보 90년사』(화보·인물·자료), 2010

〈자료 II-2-1〉『朝鮮日報』속간 자료

『朝鮮日報』는 일제(日帝) 총독부(總督府)가 '일도일지'(一道一紙)를 내세워 1940년 8월 11일 강제로 폐간시킨 지 5년 3개월 13일 만인 1945년 11월 23일 강제 폐간 때의 지령을 계승하여 제6,924호로 속간을 했다.

<자료 Ⅱ-2-2>에 『朝鮮日報』의 1945년 11월 23일 자 속간호(續刊號) 제1면이 제시되어 있다.

『朝鮮日報』는 일제에 의한 강제 폐간 때 인쇄시설을 처분했었기 때문에 속간 당시 인쇄시설이 없어서 前 『京城日報』의 인쇄시설을 이용해 속간호를 냈다. 『朝鮮日報』는 그 뒤 근 2년간 외부의 인쇄시설을 이용해 신문을 발행해오다가, 태평로1가 61번지 本社 사옥에 인쇄시설을 마련하고 1947년 11월부터 본사에서 신문을 인쇄하기 시작했다.

『朝鮮日報』는 1945년 11월 23일 태평로1가 61번지 원래의 사옥에 핵심부서들을 두고, 인쇄는 『京城日報』 공무국의 시설을 빌려 속간호를 냈다. 태평로1가 61번지의 이 건물은 『朝鮮日報』가 1920년에 창간된 이래 여섯 번째 사옥으로서, 이는 2018년 5월에 출간된 본 저자의 『일제 강점기 경성을 누비다』에서 『朝鮮日報』의 사옥 위치를 다루는 데서 이미 다루어진 바 있다.

〈자료 II-2-2〉『朝鮮日報』, 1945년 11월 23일,
속간호(續刊號) 제1면
출처: "조선일보 아카이브"

『朝鮮日報』는 2020년 3월 5일 창간 100주년을 맞아, 창간 100주년 기념호를 발행했다.

&lt;자료 Ⅱ-2-3&gt;에 『朝鮮日報』 창간 100주년 기념호의 제호 부분과 1면 2면이 제시되어 있다.

〈자료 Ⅱ-2-3〉『朝鮮日報』 창간 100주년(2020년 3월 5일) 기념호 제호와 1, 2면
출처: '조선일보 아카이브'

이제는 해방 이후의 地番圖를 이용해『朝鮮日報』속간 이후의 사옥 위치를 알아보고자 한다.

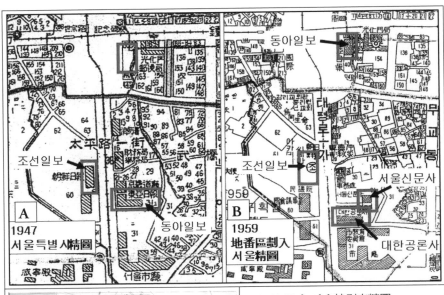

(A) 1947년 서울特別市精圖
   (옛 사옥 지번 : 태평로1가 61)

(B) 1959년 地番區劃入 서울精圖
   (옛 사옥 지번 : 태평로1가 61)

(C) 2021년 서울시 GIS 지도
   (현 사옥 주소 : 세종대로21길 30)
   (지번 : 태평로1가 61-28과 15)

『朝鮮日報』본사 건물:

* 해방공간기간 현 "코리아나호텔" 터
* 1969년 9월에 "코리아나호텔" 뒤편
   별관 (태평로1가 61-28)
* 2022년 현재의 발행소 주소
   "세종대로21길 30"

범례: 태평로1가 61번지
• 빨간 실선 내: 61번지
• 녹색 실선 내: 61번지 28호
• 청색 점선 내: 61번지 28호와 15호
   세종대로21길 30

조선일보
별관
• 정동 1번지 16호
• 세종대로 21길 33

C: 서울시gis지적도 2021,
태평로1가 61번지

〈지적도 II-2〉『朝鮮日報』발행소
위치 변동: 해방공간 때 이후 현재까지

<지적도 Ⅱ-2>에 1947년 판 서울特別市精圖(A)와 1959년 판 地番區劃入서울精圖(B), 2021년 서울시 GIS 지도(C)가 제시되어 있다.

(A)의 '서울特別市精圖'는 1947년 판으로서 이곳 제Ⅱ장에서의 연구대상 기간인 해방공간 기간 내에 작성된 지적도이다. 이 정도(精圖)에는 지번(地番)과 함께 주요 건물들의 위치가 표시되어 있다. '지번 61번지' 터 위에 태평로 큰길에 접해서 『朝鮮日報』의 사옥이 표시되어 있다.

(B)의 '地番區劃入서울精圖'는 1959년도 판으로서 이곳 제Ⅱ장에서의 연구대상 기간(1945.8.15.~1948.8.15.) 이후의 것이다. 하지만, 우리나라에서 경제발전계획이 본격적으로 추진되기 이전이어서 서울시의 지형(地形)에 그간 큰 변화가 없었기 때문에 정부수립 이전 당시의 지번(地番)을 찾는 데 크게 활용될 수 있다.

1959년 지적도인 (B)에도 1947년 지적도인 (A)에서와 같은 위치에 『朝鮮日報』 사옥 터가 표시되어 있다.

(C)는 2021년 '서울시 GIS 지적도'인데, '코리아나 호텔' 자리가 『朝鮮日報』의 以前 사옥이 있었던 자리이다.

『朝鮮日報』는 1969년 '코리아나 호텔'이 착공될 때, 바로 뒤쪽에 새로 마련한 건물로 본사를 옮겨, 2022년 현재까지 이어 내려오고 있다. 『朝鮮日報』의 '일곱 번째 사옥'인 이곳 옮긴 곳의 지번은 앞서 사옥의 지번과 같은 '중구 태평로1가 61번지'이다(도로명 주소는 '중구 세종대로21길 30').

'태평로1가 61번지'의 터가 매우 넓어, 신문사 사옥을 뒤 건물로 옮겼는데도 '지번'의 본번(本番) 61번지에는 변동이 없으나, 부번(副番)인 호(戶)가 달라서, 앞서 사옥 자리인 '코리아나 호텔' 터는 '61번지의 1호'이고, 2022년 현재 사옥이 들어서 있는 터는 '세종대로21길 30'으로서 '서울시 GIS 지적도'(C)에 의하면, '61번지의 28호'와 '61번지의 15호'를 합친 터이다.

(C)에는 『朝鮮日報』의 제작부서들이 들어있는 건물 '조선일보 미술관' 건물의 위치가 표시되어 있다. 이곳 지번은 '정동 1번지의 16호'이며 도로명 주소는 '세종대로21길 33'이다.

『朝鮮日報』의 2022년 1월 11일 자 신문에는『朝鮮日報社』주소로 '도로명 주소: (우) 04519 서울특별시 중구 세종대로21길 30'으로, '지번 주소: 서울특별시 중구 태평로1가 61번지'로 나와 있다. '61번지의 몇 호'인지는 나와 있지 않다(<자료 Ⅱ-2-4>).

---

**朝鮮日報 The Chosunilbo**　　　제31404호　　단기 4355년

우 04519　서울특별시 중구 세종대로21길 30　전화안내 02)724-5114
(지번주소: 서울특별시 중구 태평로1가 61번지)

『朝鮮日報』, 2022년 1월 11일, 화요일, A 34

〈자료 Ⅱ-2-4〉『朝鮮日報』발행소 주소, 2022년 현재

---

다음에는『朝鮮日報』사옥의 모습을 알아보자.

<사진 Ⅱ-2>에는 해방공간 당시의『朝鮮日報』사옥의 모습(A), 그때 그 사옥이 들어서 있던 곳의 2021년 현재의 '코리아나호텔' 모습(B), 그리고 2021년 현재의『朝鮮日報』제작부서들이 들어있는 건물인 '정동 별관'의 모습(C), 그리고 '2020년 카카오 맵 항공사진'(D)에 나온 하늘에서 내려다 본 사옥 사진이 제시되어 있다.

『朝鮮日報』본사는 '코리아나호텔' 신축 때 뒤편에 새로 증축한 건물로 이전을 해, 2022년 현재까지 이르고 있는데, 사방이 건물에 둘러싸여 있어, 건물 사진을 찍지를 못하고, 대신 '2020년 카카오 맵 항공사진'으로, 그 대체적인 윤곽을 짐작해 볼 수 있게 해보았다(사진 D).

〈사진 Ⅱ-2〉 『朝鮮日報』 사옥

(A) 1945~48 해방공간 당시(일제 강점기 때 사진: 해방공간 때 변동 없음)
(B) 그 터에 들어선 '코리아나호텔' (C) 정동 별관
(D) 2020 현재 사옥: 항공사진

* 『朝鮮日報』 본사는 '코리아나호텔' 건물 뒤편에 있고, 건물들에 둘러싸여 있어, 사진을 찍을 수 없어,
  항공사진으로 그 대체적인 모습을 제시해 보았음.

# 3. 『東亞日報』 (해방공간 당시: 세종로 139)

1945.12.3.
실선 4각선 내
所行發
通平太市城京
(內屋社日京)

東亞日報 (1945년 12월 1일 重刊~2022년 현재)
발행소: 太平街(京日社屋 內) 東亞日報社(태평통1가 31-2)
→ 을지로2가 → 釜山 → 세종로 139(1953년 8월 19일~)

 '『東亞日報』는 (1945년) 12월 1일 지령을 제1호로 하여 중간
(重刊)되었다.…동아일보의 광화문 사옥은 이미 한민당의 당사로
사용 중이었기 때문에『京城日報』에 편집국을 차리고 그 공장에
서 인쇄했다(p. 225).'

정진석, '광복 후 6·25 전쟁까지의 언론', 2003.
-------------

 '『東亞日報』는…1945년 12월 1일 속간호를 내놓았다. 『東亞日
報』는 구 사옥에(광화문통 139: 현 세종로 139) 본사를 두었으나
총무국이 있었을 뿐이고 공무국과 영업국 등은 구『京城日報』
사옥인 서울公印社에 두었다(p. 324).'

김민환, 『한국언론사』, 1996.
-------------

1945.12.01.---重刊. 京城日報 사옥에서 인쇄.
1946.02.16.---영업국을 광화문 사옥에서 京日 사옥으로 이전.
1946.07.01.---東本社를 주식회사 東亞日報社로 개편.
1950.10.04.---을지로2가 公印社 별관에서 인쇄.
1950.11.07.---업무국을 세종로 사옥으로 이전.
1951.01.10.---부산 민주신보사에서 인쇄.
1952.02.02.---부산 신사옥에 이사.
1953.08.19.---서울 세종로 사옥에 정착.

 ** 출처: 『東亞日報社史』 卷二, 1978, pp. 370-76.

『東亞日報』 본사 위치
* 해방공간 기간 중(1945년 8월~1948년 8월) 광화문통 139 본사(세종로 139)
* 그 이후 현재까지(1948년 8월~2022년 현재)
　　　세종로 139 본사
　　　　→ 충정로3가 139 사옥(1992년 10월 27~2000년 1월)
　　　　→ 청계천로 1 '광화문 동아 미디어센터'(2022년 현재)

　　　　　** 자료: 동아닷컴

〈자료 II-3-1〉『東亞日報』 중간(重刊) 이후 자료

『東亞日報』는 우리나라가 日本의 식민지배(植民支配)로부터 해방된 지 3개월 보름여 만인 1945년 12월 1일 중간(重刊), 지령 제1호로 중간호를 발행했다.

『東亞日報』는 일제(日帝) 강점기(强占期) 초기인 1920년 4월 1일 창간되었는데, 일제(日帝) 말기 총독부(總督府)의 '일도일지'(一道一紙) 정책에 따라 1940년 8월 10일 강제로 폐간되었다.

<자료 Ⅱ-3-2>에 『東亞日報』, 1945년 12월 1일, 중간호(重刊號) 제1면이 제시되어 있고,

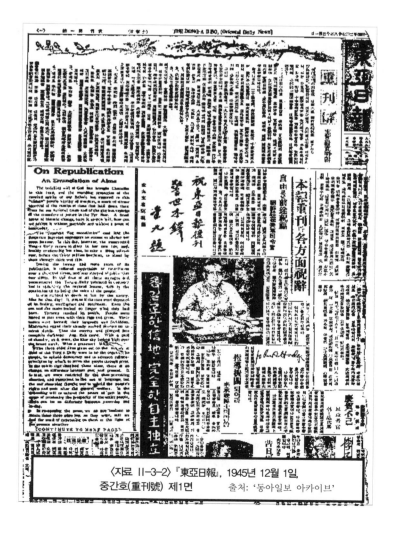

〈자료 Ⅱ-3-2〉『東亞日報』, 1945년 12월 1일,
중간호(重刊號) 제1면    출처: '동아일보 아카이브'

<자료 II-3-3>에 2020년 4월 1일에 발간된 『東亞日報』 창간 100주년 특집호의 제호 부분과 1면 2면이 제시되어 있다.

〈자료 II-3-3〉『東亞日報』 창간 100주년(2020년 4월 1일) 특집호 제호와 1, 2면
출처: '동아일보 아카이브'

『東亞日報』가 해방 후 重刊하는 데 시일이 좀 걸린 것은 1940년 8월의 강제 폐간 때 인쇄시설을 매각 처분해서 신문을 인쇄할 방안을 찾는데 어려움이 있었기 때문이었다.

『東亞日報』는 광화문 사옥이 '이미 한민당의 당사로 사용 중이었기 때문에' 이 건물에는 '총무국'만을 두고 '편집국', '영업국', '공무국'은 『京城日報』 건물에 두고 그 공장에서 신문을 인쇄했었다(출처: 정진석 2003; 김민환 1996).

중간호(重刊號)를 낸 지 2일이 지난 1945년 12월 3일 자『東亞日報』의 제호 (題號)에는 발행소가 '경성시 태평통(京日社屋 內)'으로 나와 있다. 제호에 적힌 사항을『東亞日報社』의 공식적인 입장이라고 본다면 중간(重刊) 당시『東亞日報』의 발행소는『京城日報』사옥 건물 안에 있었다고 볼 수도 있을 것 같다.

본 연구의 대상 기간인 8·15해방 직후『東亞日報社』가 있었던 위치를 자체 社告와 題號下에 난 자료를 통해 알아본 것이 <자료 Ⅱ-3-4>와 <자료 Ⅱ-3-5>에 제시되어 있다.

<자료 Ⅱ-3-4>에서 보면 ① 1945년 12월 12일 자 '광고부' 사고, 1946년 1월 11일 자와 일 개월쯤 뒤인 2월 14일 자 '시내판매소' 사고에 광고부와 시내판 매소가 '광화문가 139번지 東亞日報社 內'에 있었고, ② 2일 뒤인 1946년 2월 16일 자 社告에 '영업국'이 '태평가 1정목 31번지 以前의 京城日報 社屋 3층으로 이전'했다고 나와 있다.

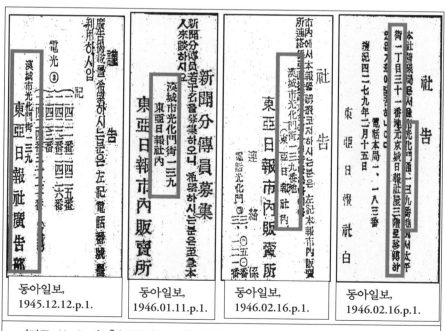

〈자료 Ⅱ-3-4〉『東亞日報』의 '社告'에 나와 있는 自社 주소:
　　　　自社의 주소가 '漢城市 光化門街 139번지'로 나와 있음.

48

<자료 II-3-5>에는 『東亞日報』 신문 題號下에 나와 있는 東亞日報社 주소가 제시되어 있는데, ① 1945년 12월 3일 重刊 첫 호에 '太平通(京日社屋 內) 東亞日報社'로 나와 있으며, 다음 해인 1946년 3월 23일 자 제112호에서까지도 '太平通(京日社屋 內) 東亞日報社'로 나와 있었고, ② 1946년 3월 29일 발행 제113호부터는 (京日社屋 內)라는 문구가 빠지고 '太平通(路) 東亞日報社'로 만 나와 있다. 東亞日報의 題號下에 나와 있는 自社 주소는 1950년 6월 25일 북한의 남침이 시작된 직후인 6월 27일까지도 '太平路 東亞日報社'로 나와 있었다.

| 〈자료 II-3-5〉 『東亞日報』 신문 題號下에 나와 있는 발행소 주소 | | |
|---|---|---|
| 년 월 일 | 발행소 위치 | 비 고 |
| 1945년 12월 3일 | 太平通(京日社屋 內) 東亞日報社 | 12월 1일 重刊 |
| 1946년 3월 23일 | 太平通(京日社屋 內) 東亞日報社 | 제112호 |
| 1946년 3월 29일 | 太平街 東亞日報社 | 제113호 |
| 1946년 6월 26일 | 太平通 東亞日報社 | |
| 1946년 10월 11일 | 太平路 東亞日報社 | |
| 1950년 6월 27일 | 太平路 東亞日報社 | |

　해방공간 초기에『東亞日報』의 발행소가『京城日報』사옥 건물 안에 있었다
는 것을 간접적으로 보여주는 또 다른 자료가 있다.

　<지적도 Ⅱ-3>의 (A)에 제시되어 있는 '1947년 서울特別市精圖'에서 보면 옛『京
城日報』사옥 건물에『東亞日報』라고 적혀있다.『東亞日報社史』에도 '1953.08.19.-
서울 세종로 사옥에 정착'으로 나와 있다.

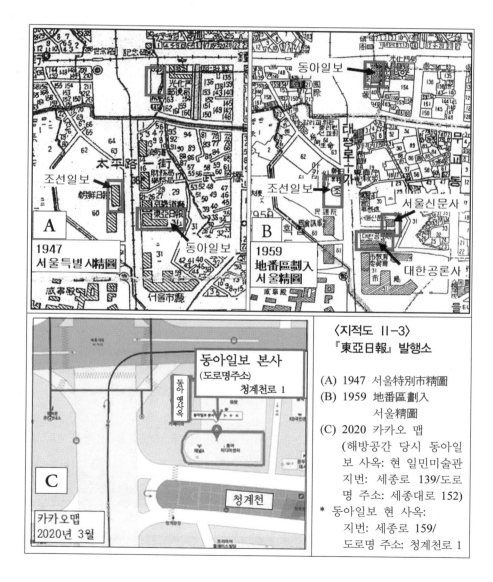

〈지적도 ||-3〉
『東亞日報』발행소

(A) 1947 서울特別市精圖
(B) 1959 地番區劃入
　　　서울精圖
(C) 2020 카카오 맵
　　(해방공간 당시 동아일
　　보 사옥: 현 일민미술관
　　지번: 세종로 139/도로
　　명 주소: 세종대로 152)
* 동아일보 현 사옥:
　　지번: 세종로 159/
　　도로명 주소: 청계천로 1

  <지적도 II-3>에 '1947년 지적도(A)', '1959년 지적도(B)'와 2020년 '카카오 맵(C)'이 제시되어 있다.

  (A)의 1947년 지적도가 이 연구의 연구대상 시기인 1945년 8월 15일 해방에서 1948년 8월 15일 정부수립 기간 안에 드는 지적도인데, 여기에는 바로 앞에서 이미 언급되었던 바와 같이 『東亞日報』의 발행소가 옛 『京城日報』 사옥에 들어있는 것으로 나와 있다.

  (B)는 이 연구의 연구대상 시기의 끝인 1948년 8월 15일이 10년 지난 1959년 지적도인데, 여기에는 『東亞日報社』의 위치가 '세종로 139번지'의 본래의 사옥으로 나와 있다.

  (C)는 2020년 현재의 '카카오 맵 지적도'인데, 『東亞日報』의 전(前) 사옥에는 '일민미술관'이 들어서 있고, 『東亞日報社』는 그 바로 남쪽 청계천 변에 면한 큰 건물로 옮겨가 있는 것이 이 지도에 나와 있다.


  『東亞日報』는 1990년대에 들어 발행소를 몇 차례 옮겨왔다.
  <자료 II-3-6>에 『東亞日報』 발행소의 1990년대 초 이후 2022년 현재까지의 이전(移轉) 자료가 제시되어 있다.
  『東亞日報』는
  * 1992년 10월 18일에 '충정로 사옥'(충정로3가 145-1)으로 이전(<동아일보> 1992.10.09 기사),
  * 2000년 1월 1일에 '광화문 사옥'으로 복귀(<동아닷컴> 자료),
  * 2014년 1월 1일에 바로 옆에 신축한 '동아 미디어센터' 빌딩(청계천로 1 / 서린동 159-1)으로 발행소를 옮겨, 현재에 이르고 있다.


  <자료 II-3-6>에 제시되어 있듯이, 『東亞日報』는 발행소가 '충정로 사옥'으로 옮겨가 있는 기간에도, 신문의 제호(題號)에는 발행소의 주소가 계속 '세종로 139'로 나와 있었으며(B, B-1), 2014년 1월 1일 옛 사옥(社屋)(현 일민미술관)에서 바로 옆 신축한 '동아 미디어센터'로 옮기고 나서부터는 발행소 주소를 바꾸어 도로명 주소 '청계천로 1'(지번: 서린동 159-1)로 표기하고 있다.

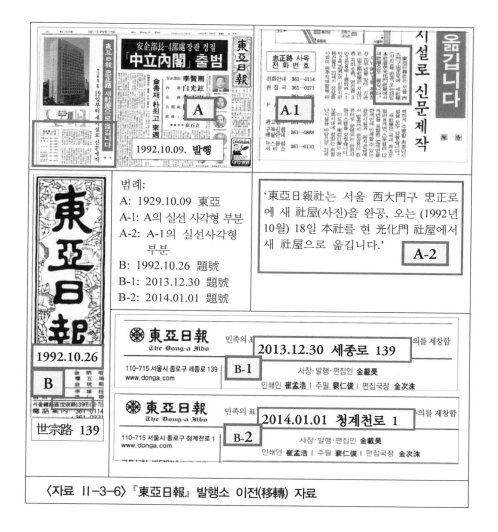

범례:
A: 1929.10.09 東亞
A-1: A의 실선 사각형 부분
A-2: A-1의 실선사각형
    부분
B: 1992.10.26 題號
B-1: 2013.12.30 題號
B-2: 2014.01.01 題號

'東亞日報社는 서울 西大門구 忠正로
에 새 社屋(사진)을 완공, 오는 (1992년
10월) 18일 本社를 현 光化門 社屋에서
새 社屋으로 옮깁니다.'  A-2

〈자료 Ⅱ-3-6〉『東亞日報』 발행소 이전(移轉) 자료

다음에는 『東亞日報』 사옥의 모습을 알아보자.

<사진 Ⅱ-3>에는 일제(日帝) 말기 당시의 『東亞日報』 사옥의 모습(A), 1972
년에 찍은 항공사진에서의 동아일보 사옥 모습(B), 2020년 10월 당시 '옛 사옥'
과 '현 사옥'의 모습(C, D)이 사진으로 제시되어 있다.

(A)에는 건물이 3층인데 (C)와 (D)에는 건물이 6층인 것은, 『東亞日報』가
1963년 이 건물에 3층을 더 올려 '동아방송'(라디오)을 개국하였기 때문이다.

52

세종로 139 　　東亞日報社報

「新聞總覽」, 日本電報通信, 1939, p. 443

일민미술관
동아일보
전 사옥 터

코리아나호텔
조선일보
전 사옥 터

서울신문 본관
1939년 건축

서울신문 신관
1965년 건축

코리아헤럴드
옛 경성일보사

1972년 2월
항공사진
서울시 건축과 촬영

서울시청

광화문우체국

東亞日報 사옥

東亞日報
옛 사옥
현 일민회관

2020년 10월

東亞日報 사옥

교보문고

광화문
우체국

東亞日報
옛 사옥

2020년 10월

〈사진 II-3〉『東亞日報』사옥

(A) 해방공간(1945년 8월~'48년 8월)
　　당시 東亞日報 사옥
　　(해방 10년 전 사진)
(B) 1972년 서울시 건축과 촬영 항공사진
(C) 2020년 10월 모습(원래의 3층에
　　위로 증축: 옛 동아방송 자리)
(D) 2020년 10월 촬영: 東亞日報 사옥
　　모습

# 4. 『京鄕新聞』 (해방공간 당시: 소공동 74)

京鄕新聞 (1946년 10월 6일 창간~2022년 현재)
　발행소: 소공동 74(1946.10.06.~)
　　→ 정동 22(1974년 말~현재)

　'… 미 군정이(1946) 6월 16일『해방일보』를 폐간한 뒤에 조선공산당 건물이면서『해방일보』사옥이었던 근택인쇄소를 가톨릭 서울교구유지재단에 불하하여 이 시설을 이용하여『京鄕新聞』이 창간되었다. 사장 양기섭, 부사장 윤형중, 주간 정지용, 편집국장 염상섭…' '『京鄕新聞』이라는 제호는 1906년 10월에 천주교에서 창간한 주간신문이었는데, 한일합방 후에 폐간되었다가 같은 이름의 일간지로 창간된 것이다(pp. 256-57).'

　정진석, '광복 후 6·25 전쟁까지의 언론', 2003.

제호: 1946년 10월 6일 창간호
所　行　發
社　聞　新　鄕　京
四七(町川谷長)洞公小　市城京

『京鄕新聞』 본사 위치
* 해방공간 기간 중(1945년 8월~1948년 8월)
　소공동 74 본사(1946년 10월 6일~1948년 8월)
* 그 이후 현재까지(1948년 8월~2022년)
　소공동 74 본사
　→ 대구시 동인동 179(1950년 1월 12일~)
　→ 부산시 신창동 1가 34 대한적십자사 부산지사(1951년 5월 19일~)
　→ 소공동 74 본사(1953년 8월 2일~1959년 1월 30일 폐간)
　→ 소공동 74 본사(1960년 4월 27일 복간~)
　→ 정동 22 신사옥(정동길 3) (1974년 11월~)
　(MBC와 통합) (1974년 11월~)
　(MBC와 분리) (1981년 4월~)
　(한화그룹이 경향신문 인수) (1990년~)
　(한화그룹에서 분리, 사원주주회사로 출범)(1998년 3월~현재까지)

　*** 자료: 『京鄕新聞五十年史』, 1996
　　www.khan.co.kr '경향신문, 회사소개'

〈자료 Ⅱ-4-1〉『京鄕新聞』 창간과 그 이후 자료

『京鄕新聞』은 1946년 10월 6일 '소공동 74번지' 사옥에서 창간했다.

『京鄕新聞』은 원래 구한말(舊韓末) '종현 천주당'(鍾峴 天主堂: 명동 가톨릭 성당)에서 1906년 10월 19일에 주간(週刊)으로 창간했던 신문의 제호(題號)였 는데, 1945년 해방 후 가톨릭 서울교구유지재단이 일간 신문(日刊新聞)을 내면 서 신문의 제호로 이 옛 주간지의 제호를 택한 것이다.

새로 창간된 『京鄕新聞』의 발행소 '소공동 74번지' 건물은 ① 일제 때 조선 은행권 화폐를 인쇄하던 '근택인쇄소'(近澤印刷所)가 들어있었던 '근택 빌딩' 으로서, ② 해방 후 조선공산당이 접수해서 '조선정판사'(朝鮮精版社)로 이름 을 바꾸어 그곳에서 당기관지(黨機關紙) 『해방일보』를 발행하고 있었는데 뒤에 '정판사 위조지폐 사건'이 일어나 ③ 미 군정(美軍政) 당국이 그 건물과 시설을 접수해 관리하다가, ④ 1946년 '가톨릭 서울교구유지재단'에 불하를 한 건물이다.

<자료 Ⅱ-4-2>에 『京鄕新聞』의 1946년 10월 6일 창간호(創刊號) 제1면이 제 시되어 있고,

〈자료 Ⅱ-4-2〉『京鄕新聞』, 1946년 10월 6일
창간호(創刊號) 제1면,
출처: 호진위더스의 마이크로필름

&lt;자료 Ⅱ-4-3&gt;에 『京鄕新聞』 창간 50주년(1996.10.06) 특집호 1면, 2면과 창간 70주년(2016.10.06) 특집호의 제호가 제시되어 있다.

〈자료 Ⅱ-4-3〉『京鄕新聞』 창간 50주년(1996.10.06) 특집호 1면, 2면/
창간 70주년(2016.10.06) 특집호 제호
자료: 50주년 지면: 경향신문사 / 70주년 제호: 서울정보시스템의 마이크로필름

<지적도 Ⅱ-4>에 『京鄕新聞』 사옥 터에 관한 지적도 셋이 제시되어 있다.

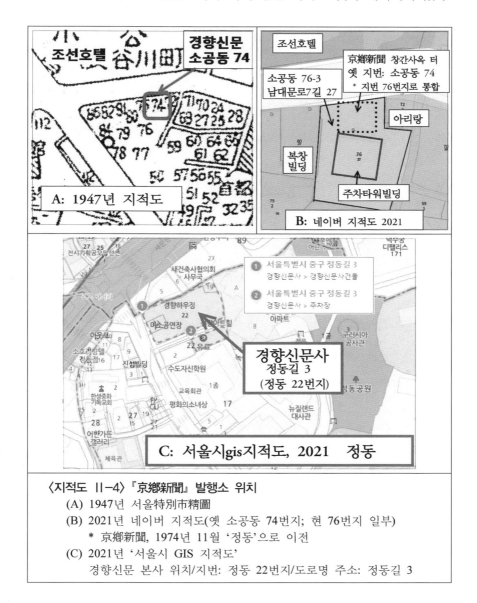

〈지적도 Ⅱ-4〉 『京鄕新聞』 발행소 위치
   (A) 1947년 서울特別市精圖
   (B) 2021년 네이버 지적도(옛 소공동 74번지; 현 76번지 일부)
       * 京鄕新聞, 1974년 11월 '정동'으로 이전
   (C) 2021년 '서울시 GIS 지적도'
       경향신문 본사 위치/지번: 정동 22번지/도로명 주소: 정동길 3

'지적도 (A)'는 『京鄕新聞』이 1946년 10월에 창간해서 1974년 11월 '문화방송'과의 통합으로 신문사를 정동(貞洞)으로 옮겨갈 때까지 이 신문의 발행소가 있었던 '소공동 74번지'의 위치를 보여주는 지적도이고, '지적도 (B)'는 그 '소공동 74번지' 터가 2022년 현재 어떻게 변해 있는지를 보여주는 지적도이고, '지적도 (C)'는 『京鄕新聞』이 1974년 '정동'으로 옮긴 이래 신문을 발행해오고 있는 '정동' 사옥 터의 위치를 보여주는 2021년 현재의 지적도이다.

(A)는 1947년 판 '서울特別市精圖'이고, (B)는 2021년 '네이버 맵 지적도'이고, (C)는 2021년 '서울시 GIS 지적도'이다.

1947년 판 지적도 (A)에서 보면 『京鄕新聞』 '소공동 74번지' 터가 나와 있다. 2021년 판 지적도 (B)에서는 '74번지'가 사라지고 그 터가 '76번지' 터에 흡수 통합되었음을 보여주고 있다. 2021년 판 '서울시 GIS 지적도' (C)에서 '점선 사각형'으로 표시된 터가 '京鄕新聞 빌딩'(1974~2022 현재) 자리이다. 도로명 주소는 '정동길 3번지'이고, 지번 주소는 '정동 22번지'이다.

다음에는 『京鄕新聞』 사옥의 모습을 알아보자.

<사진 Ⅱ-4-1>에서 (A)는 '해방공간' 당시의 『京鄕新聞』 소공동 사옥의 모습이고, (B)는 『京鄕新聞』 '소공동 사옥'이 들어있던 곳의 2021년 현재의 모습인데, 『京鄕新聞』의 옛 사옥 건물은 헐리고, 그 자리는 '롯데백화점 주차타워 빌딩'의 앞부분 일부와 그 빌딩 앞 공간 터로 되어있다.

사진 (C)는 2020년 12월 현재 『京鄕新聞』 '정동' 본사 건물 사진이다.

〈사진 Ⅱ-4-1〉 『京鄕新聞』
  (A) 소공동 사옥 사진
  (B) 옛 사옥 터의 2021
      년 현재 모습
  (C) 『京鄕新聞』의 2020
      년 12월 정동 사옥
      사진
* (B) 옛 소공동 사옥은 헐려서
  없어지고, '롯데백화점 주차
  타워'가 들어서 있는데, 그 빌
  딩의 일부와 그 앞 빈 공간이
  옛 사옥 터로 추정됨.

## 5. 〈제 Ⅱ 장〉 마무리

이상 <제 Ⅱ 장>에서는 '1945년 8월 15일 解放에서 1948년 8월 15일 政府樹立까지 기간'에 제호(題號)를 바꾸어 발행하기 시작했거나, 속간(續刊), 중간(重刊), 또는 창간(創刊)을 해서, 이 글을 쓰고 있는 2022년 현재까지 발행되고 있는 4개 신문 즉 『서울신문』, 『朝鮮日報』, 『東亞日報』, 『京鄕新聞』에 관해

① 그 당시 발행소 위치를 당시와 현재의 지적도상에서 확인해 보고,

② 그 당시 이들 각 신문의 사옥 사진과 그들 사옥이 있던 곳의 현재의 모습 사진과 2020~2022년 현재의 이들 4개 신문의 사옥 사진을 통해 그간의 변화 상을 알아보았다.

다음 <제 Ⅲ 장>, <제 Ⅳ 장>, <제 Ⅴ 장>에서는 '解放에서 政府樹立 기간'에 발간은 되었으나, 그 뒤에 폐간(廢刊) 또는 종간(終刊)되어 사라져 없어진 여러 新聞들의 사옥 위치를 알아보고자 한다.

이 연구가 신문사 발행소의 위치를 알아보는 것이기 때문에 가까운 지역을 묶어 지역 단위로 알아보고자 한다.

우선 <제 Ⅲ 장>에서는 중구(中區)의 '을지로' 지역에서 발행되었던 신문들의 경우를 알아보고, <제 Ⅳ 장>에서는 중구(中區)의 '기타 지역'에서 발행되었던 신문들의 경우를 알아보고자 한다. <제 Ⅴ 장>에서는 종로구(鐘路區)와 서대문구(西大門區)에서 발행되었던 신문들의 경우를 알아보고,

이어 <제 Ⅵ 장>에서는 본 연구의 대상 기간인 '1945년 8월 15일~1948년 8월 15일' 기간에 '일간(日刊)'으로 通信을 발행했던 '통신(通信)'들의 발행소 위치와 그 터의 2022년 현재 모습을, 지역별로 묶어 알아보고자 한다.

# 제 III 장

/

## 중구(中區) '을지로' 지역에서
## 발행되었던 신문들: A

A: 을지로1가, 2가, 3가, 4가, 5가에서 발행되었던 신문들

1) 을지로1가
　① 獨立新報, ② 朝鮮人民報, ③ The Seoul Times, ④ 中外經濟新報,
　⑤ 朝鮮中央日報, ⑥ 을지로1가 발행 5개 신문들의 사옥 위치,
　　사옥 사진, 그곳의 현재 모습

2) 을지로2가 199-34
　① 中央新聞(199-34) 사옥 위치, 사옥 사진, 그곳의 현재의 모습,
　② 文化日報(199-34), ③ 文化時報(199-34)

3) 을지로2가 199번지 내 '副番(몇 호인지) 미상'의 기타 10개 신문들
　① 大韓獨立新聞, ② 民報, ③ 獨立新報, ④ 여성신문,
　⑤ The Korea Union Times, ⑥ 第3特報, ⑦ 新民日報, ⑧ 工業新聞,
　⑨ 民衆日報, ⑩ 現代日報, ⑪ 을지로2가 199번지 범위

4) 을지로2가 지역 내 '지번이 알려진' 다른 신문
　① 을지로2가 117: 水産經濟新聞,
　② 水産經濟新聞의 사옥 위치, 그곳의 현재 모습

5) 을지로2가 지역 내 '지번 미상'인 신문들
　① 우리新聞, ② 大公日報, ③ 부녀신문, ④ 을지로2가의 범위

6) 을지로3가, 을지로4가, 을지로5가 발행 신문들
　① 을지로3가: 國際日報, ② 을지로4가: 中央經濟新聞,
　③ 을지로5가: 朝鮮土建日報

서울시 중구(中區) 지역에서는 우리나라가 1945년 8월 15일 일제의 식민통 치에서 解放되자 참으로 많은 신문들이 창간 발행되기 시작했다.

이들 신문 가운데 일부는 1948년 8월 15일 우리 政府樹立 이후에까지 이어 졌으나, 대다수 신문들은 정부수립 이전에 폐간 또는 종간되었다.

창간 시기는 알려져 있으나 종간 시기가 확인 안 되는 신문들도 있다.

창간 시기와 종간 시기 모두 아직은 확인 안 되는 신문도 몇 있고, 발행소 주소에 관한 자료가 없어서 발행소 위치를 연구자가 아직 찾지를 못하고 있는 신문도 몇 있다.

신문의 제호(題號)가 바뀌어 발행된 신문들도 있다.

중구(中區)에서 발행되었던 신문들이 많아, 중구(中區)를 A(을지로)와 B(중구 의 기타 지역) 두 지역으로 나누어, 이들 신문의 발행소 위치를 알아보았다.

## A. 을지로1가, 2가, 3가, 4가, 5가에서 발행되었던 신문들

<표 Ⅲ-A>에 서울 중구(中區) '을지로1가, 2가, 3가, 4가, 5가'에서 발행 되었던 신문들의 '신문 이름' '발행 기간' '발행소 위치' 등이 제시되어 있다.

을지로는 7가(街)까지 있는데, 6가, 7가 지역에서는 '해방에서 정부수립 기 간' 사이에 발행된 일간 신문이 없었던 것 같다.

일간 신문이 발행되었던 을지로1가, 2가, 3가, 4가, 5가 중에서 을지로2가에 서 가장 많은 신문들이 발행되었다.

| 〈표 Ⅲ-A〉 해방 후 美軍政期에 서울 中區에서 발행되었던 신문들: 을지로1가, 2가, 3가, 4가, 5가 | | | | |
|---|---|---|---|---|
| 지역 | | 신문 이름 | 발행 기간 | 사옥(발행소) | 비 고 |
| 을지로 1가 | 1 | 독립신보 (獨立新報) | 1946.05.01. ~'49.07.20. | 을지로1가 96의 3 | 창간 때 을지로2가 199 → 4개월 후 **을지로1가 96-3** |
| | | 조선인민보 (朝鮮人民報) | 1945.09.08. ~'46.09.06. | 을지로1가 165 | 종로2가 YMCA회관 → 을지로2가 20 → **을지로1가 165** |
| | | 서울타임스 *(Seoul Times) | 1945.09.06. ~'49.02. | 을지로1가 101 | 창간 때 종로1가 42 → **을지로1가 101** |
| | | 중외경제신보 (中外經濟新報) | 1946.05.24.~?. | 을지로1가 (번지 미상) | |
| | | 조선중앙일보 (朝鮮中央日報) | 1947.07.01. ~'52.04.15. | 남대문로3가 105 → **을지로1가** (번지 미상) | 서울夕刊 → **朝鮮中央日報** |
| 을지로 2가 | 2 | 중앙신문 (中央新聞) | 1945.11.01. ~'48.04.08. | 을지로2가 199-34 | 일제 때『朝鮮商工新聞』의 사옥 시설을 인수해 발행 |
| | | 문화일보 (文化日報) | 1947.03.11. ~'47.12.?. | 을지로2가 199-34 | 『日刊 藝術通信』에서 改題 * 『藝術通信』 발행소: **'을지로2가 199-34'** |
| | | 문화시보 (文化時報) | 1947.12.16.~?. | 을지로2가 199-34 | 『문화일보』 판권 인수 * 『문화일보』 발행소: **'을지로2가 199-34'** |
| | 3 | 대한독립신문 (大韓獨立新聞) | 1945.11.03. ~'47.02.14. | 을지로2가 199 | 『大韓獨立新聞』 → 『民報』 → 『國際新聞』 |
| | | 민보 (民報) | 1947.02.15. ~'48.06.15. | 을지로2가 199 | 『大韓獨立新聞』에서 改題 |
| | | 독립신보 (獨立新報) | 1946.05.01. ~'49.07.20.? | 을지로2가 199 | → 을지로1가 96-3으로 이전 |
| | | 여성신문 | 1947.04.20. ~'48.09.20. | 을지로2가 138 | 『婦女新聞』에서 改題 |
| | | The Korea Union Times | 1948.05.31. ~??? | 을지로2가 199 | |
| | | 제3특보 (第3特報) | 1946.10.28. ~'46.12.21. | 을지로2가 199 | |
| | | 신민일보 (新民日報) | 1948.05.26.~?. | 을지로2가 199 | |

| | | | | | |
|---|---|---|---|---|---|
| 을지로2가 | 3 | 공업신문<br>(工業新聞) | | 을지로2가 199 | |
| | | 민중일보<br>(民衆日報) | 1945.09.22.<br>~'48.12.02 | 을지로2가 199 | '견지동' → 을지로2가<br>→ 남산동2가 1번지 |
| | | 현대일보<br>(現代日報) | 1946.03.25.<br>~'48.11.?. | 을지로2가 199 | |
| | 4 | 수산경제신문<br>(水産經濟新聞) | 1946.06.~?. | 을지로2가 117 | |
| | 5 | 우리신문<br>(우리新聞) | 1947.02.10.<br>~'48.05.26. | 을지로2가<br>문화빌딩 내 | |
| | | 대공일보<br>(大公日報) | 1945.11.10.<br>~'49.10.20. | 을지로2가<br>(번지 미상) | |
| 을지로3가 | 6 | 국제일보<br>(國際日報) | 1946년 말<br>발행 중 | 을지로3가 302 | 『國際日報』<br>1947.07.16.인가,<br>종로2가 19 |
| 을지로4가 | | 중앙경제신문<br>(中央經濟新聞) | 1946년 말<br>발행 중 | 을지로4가 187 | |
| 을지로5가 | | 조선토건일보<br>(朝鮮土建日報) | | 을지로5가 255 | 신문광고 |

출처: 『韓國新聞百年:史料集』, 1975./ 『韓國新聞百年誌』, 1983./ 『朝鮮年鑑: 1947年版』,1946./
정진석, '광복 후 6·25 전쟁까지의 언론,' 2003./국립중앙도서관, '대한민국 신문 아카이브'

## 1) 을지로1가

1945년 8월 15일 해방 직후의 해방공간 기간에 '을지로1가'에서 발행되었던 신문에는 『獨立新報』, 『朝鮮人民報』, 『서울타임스』(Seoul Times), 『中外經濟新報』, 『朝鮮中央日報』의 5개 신문이 있었다.

『獨立新報』, 『朝鮮人民報』, 『서울타임스』 3개 신문의 경우는 그 발행소가 근접해 있었기 때문에 그 위치를 알아보는 작업은 함께 다루어 보고자 한다.

『中外經濟新報』의 경우는 발행소의 위치가 '을지로1가'로만 알려져 있고 지번(地番)이 아직 확인 안 되고 있기 때문에, 이 신문의 '을지로 1가' 발행소 위치를 알아보는 작업은 다음으로 미루어야 할 것 같다.

| 지역 | | 신문 이름 | 발행 기간 | 사옥(발행소) | 비 고 |
|------|---|-----------|-----------|-------------|-------|
| 을지로<br>1가 | 1 | 독립신보<br>(獨立新報) | 1946.05.01.<br>~'49.07.20. | 을지로1가<br>96의 3 | 창간 때 을지로2가 199<br>→ 4개월 후<br>**을지로1가 96-3** |
| | | 조선인민보<br>(朝鮮人民報) | 1945.09.08.<br>~'46.09.06. | 을지로1가 165 | 을지로2가 20 →<br>**을지로1가 165** |
| | | 서울타임스<br>(Seoul Times) | 1945.09.06.<br>~'49.02. | 을지로1가 101 | 창간 때 종로1가 42<br>→ **을지로1가** 101 |
| | | 중외경제신보<br>(中外經濟新報) | 1946.05.24.<br>~??. | 을지로1가<br>(번지 미상) | 창간 때 **을지로1가**<br>→ 양동 34 |
| | | 조선중앙일보<br>(朝鮮中央日報) | 1947.07.01.<br>~'52.04.15 | 남대문로3가<br>105 → 을지로1가<br>(번지 미상) | 서울夕刊<br>→ 朝鮮中央日報 |

〈표 Ⅲ-A-을1가-1〉 서울 중구(中區) '을지로1가'에서 발행되었던 신문들

① 『獨立新報』 (을지로1가 96의 3)

**獨立新報 (1946.05.01.~ 1949.07.20.?)**
　　발행소: 을지로2가 199 → 을지로1가 **96의 3**

　'(『독립신보』는) 사장 장순각, …고문은 인민당 당수 여운형, 김규식, 백남운이었다. 좌익계 신문으로 신탁통치안을 놓고 좌우익이 찬반양론으로 대립할 때(1946.05.01) 창간, 신탁통치 찬성을 들고 나왔다(p. 255).'
　'마지막까지 남은 좌익신문으로…1949년 7월(좌익계열의 8월 총공세 관련 보도가) 경찰국에 발각되어 압수된 후 발행을 계속하지 못한 것 같다(p. 256).'

　정진석, '광복 후 6·25 전쟁까지의 언론', 2003.

--------------------
**1946년 9월 5일 자 社告**
　'폐사는 『내외경제신보사』를 흡수합병하고 좌기 장소로 이전하였아옵기 자에 사고함. 서기 1946년 9월 4일 『독립신보사』' '경성부 중구 **황금정1정목 96의 3**'

〈자료 Ⅲ-A-을1가-1-①-1〉 『獨立新報』 발행 자료

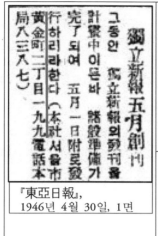

『東亞日報』,
1946년 4월 30일, 1면

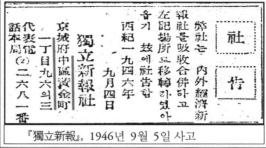

『獨立新報』, 1946년 9월 5일 사고

〈자료 Ⅲ-A-을1가-1-①-2〉
『獨立新報』 발행소에 관한 『東亞日報』 기사와
『獨立新報』 사보
* 을지로2가 199에서 창간, 1946년 9월 4일
  '을지로1가 96-3'으로 이전

독립신보는 1946년 5월 1일 "을지로2가 199번지"에서 창간한 뒤 '을지로1 가 96-3번지'로 이전했다(<자료 Ⅲ-A-을1가-①-2> 『東亞日報』 記事, 『獨立新報』 社告).

『獨立新報』가 '을지로1가 96-3'에서 발행될 때의 그 신문 1면의 일부가 <자료 Ⅲ-A-을1가-①-3>에 제시되어 있다.

『獨立新報』가 창간했을 때의 '을지로2가' 사옥 터 위치는 '을지로2가' 지역을 다룰 때 다시 다루기로 하고, 여기서는 '을지로1가 96-3번지'로 옮겼을 때의 위 치를 알아보겠다.

68

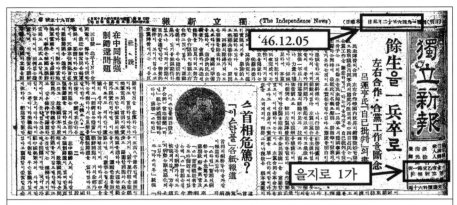

〈자료 Ⅲ-A-을1가1-①-3〉『獨立新報』, 1946년 12월 5일, 1면
출처: 국립중앙도서관 '대한민국 신문 아카이브' www.nl.go.kr/newspaper

② 『朝鮮人民報』 (을지로1가 165)

朝鮮人民報 (1945.09.08.~1946.09.06.)
　발행소: 종로2가 YMCA회관 내
　→ 을지로2가 20 → 을지로1가 165

--------------------

　'미군이 서울에 입성하기 하루 전인 1945년 9월 8일 『京城日報』에서 나온 기자들이 종로의 중앙기독교청년회관에 편집실을 두어 창간한… 신문이다.'
　'김정도가 사장 겸 발행인을, 고재두가 부사장을 맡았다. 그러나 10월 하순에 들어 당시 진보파 언론인의 거두였던 홍증식이 새로 편집 겸 발행인이 되었다.'
　'해방 후 서울에서 처음 나온 일간 신문으로.…'
　'이 신문은 진보적 민주주의를 표방하며, 주로 여운형이 주도하는 진보파의 정치적 입장을 반영하였다'
(p. 329).
김민환, 『한국언론사』, 1996.

〈자료 Ⅲ-A-을1가1-②-1〉『朝鮮人民報』 발행 자료

『朝鮮人民報』는 해방 후 서울에서 처음 나온 신문으로, 1945년 9월 8일 '종로2가 9번지 중앙기독청년회관 YMCA'에서 창간, '을지로2가 20번지'로 옮겼으며(1946년 3월 20일 자 제호 밑), 다시 '을지로1가 165번지'로 발행소를 옮겼다.

『朝鮮人民報』는 '좌익을 대표하는 가장 극렬성을 보인 신문'의 하나로, …태평양방면 미 육군 포고령 제2호 위반으로 무기정간된 동보는 그 후 속간되지 못하고 폐간되었다(『韓國新聞百年誌』, pp. 595~6).

『朝鮮人民報』의 '종로2가'와 '을지로2가' 때의 발행소 위치는 각기 해당 지역을 다룰 때 다루기로 하고, 여기에서는 발행소를 '을지로1가 165번지'로 옮겼을 때의 위치를 알아보겠다.

<자료 Ⅲ-A-을1가-1-②-2>에 『朝鮮人民報』의 1945년 9월 8일 창간호 1면의 윗부분이 제시되어 있다.

『朝鮮人民報』의 '을지로1가 165번지'에서 발행되었던 때의 신문 지면은 아직 찾지를 못하고 있다.

〈자료 Ⅲ-A-을1가-1-②-2〉『朝鮮人民報』 1945년 9월 8일 자 1면
출처: 『韓國新聞百年誌』, p. 594

③ The Seoul Times (을지로1가 101)

| The Seoul Times (1945.09.06.~1949.02.02.) |
|---|

발행소: 종로1정목 42 → 황금정1정목 101

‘(The Seoul Times는) 민원식과 백남진의 주관하에 1945년 9월 6일 창간…’
‘… (뒤에) 을지로 입구 前 합동통신 3층에서 (발행)…(p. 309)’

『韓國新聞百年(史料集)』, 1975.

\* 합동통신 주소: 을지로1가 101

〈자료 Ⅲ-A-을1가-1-③-1〉 The Seoul Times 발행 자료

The Seoul Times는 ‘종로1가 42번지’에서 창간했으며(제7호 제호에 나온 자료), 후에 ‘을지로1가 101번지’ 『合同通信』 사옥으로 이전해 3층에서 발행을 했다(『韓國新聞百年(史料集)』, 1975. p. 309).

이 英字紙가 『合同通信』 사옥으로 이전한 시기는 1946년 2월 以前이었다.

The Seoul Times의 ‘종로1가’ 창간 발행소의 위치는 ‘종로1가’ 지역을 다룰 때 다시 다루기로 하고, 여기서는 ‘을지로1가 101번지’로 옮겼을 때의 발행소 위치를 알아보겠다.

<자료 Ⅲ-A-을1가-1-③-2>에 The Seoul Times가 을지로1정목 101번지에서 발행되던 때인 1946년 2월 14일 자 신문 1면의 윗부분이 제시되어 있다.

〈자료 Ⅲ-A-을1가-1-③-2〉 The Seoul Times, 1946년 2월 14일 자 신문. 1면
Address: No. 101, 1 Chung Mok, Whang Gum Chung. 황금정1정목 101
*출처: 국립중앙도서관 '대한민국 신문 아카이브'

④ 『中外經濟新報』 (을지로1가, 번지 미상)

'46.05.24.
황금정1정목

中外經濟新報 (1946.05.24.~'47.04.15.?
         신문 아카이브 나와 있는 마지막 신문)
발행소: 서울시 황금정1정목(번지 미상)
         → 서울시 양동 34-48
--------------------
1946년 5월 24일 창간된…日刊經濟紙.
    '편집 겸 발행인 金永植, 인쇄인 우옥철,
      발행소는 황금정1정목…(p. 737)'

        『韓國新聞百年誌』, 1983.

* 『中外經濟新報』, 1946.12.27.
      신문 社告
* '시내판매소 지방지국' 모집
  社告에는 발행소 위치가
  '양동 34번지의 48'
    (御成町 町會事務所 越便)로
                 나와 있음.
  (어성정: '양동'의 일제 때 이름)

〈자료 Ⅲ-A-을1가-1-④-1〉『中外經濟新報』 발행 자료

　　<자료 Ⅲ-A-을1가-1-④-1>에 『中外經濟新報』의 간략한 발행 자료가 제시되어 있다.

　　『中外經濟新報』의 발행소 주소가 『韓國新聞百年誌』(1983) 자료에는 '을지로1 가'로만 나와 있는데, 이 신문 1946년 12월 27일 자 제호 난에는 '서울시 양동 34번지'로 나와 있고, 社告에는 '양동 34번지의 48'로 나와 있다.

　　『中外經濟新報』의 '양동 34번지' 사옥 위치에 관해서는 다음 제 Ⅳ 장 '1. 중구 (中區)의 기타 지역에서 발행되었던 신문들' 부분에서 다루어지게 된다.

　　<자료 Ⅲ-A-을1가-1-④-2>에 『中外經濟新報』가 '을지로1가'에서 발행되던 때 인 1946년 5월 24일 자 신문 1면 윗부분이 제시되어 있다.

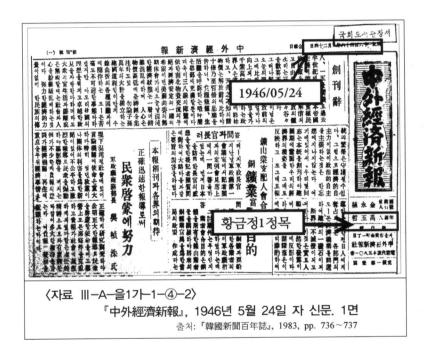

〈자료 Ⅲ-A-을1가-1-④-2〉
『中外經濟新報』, 1946년 5월 24일 자 신문. 1면
출처: 『韓國新聞百年誌』, 1983, pp. 736～737

⑤『朝鮮中央日報』(을지로1가 : 번지 미상)

발행소:
을지로1가

朝鮮中央日報 (1947.07.01.- ?)

　서울夕刊 (1947.01.30.~'47.07.?)

　　　→ 朝鮮中央日報 (1947.07.01.~)

　　　발행소: 서울시 황금정1정목 (번지 미상)

　'『서울夕刊』을 改題, 1947년 7월 1일 자 제82호로 紙齡을 계승한 타블로이드 版 2면제의 左翼系 日刊時事紙.' '발행 겸 편집인쇄인 李達永, 편집국장 柳海鵬…' '일제 때의 민족지였던 동일 제호의『朝鮮中央日報』(1933년 2월에 창간, 발행인 呂運亨, 1886~1947))의 '진보적 전통과『서울夕刊』의 모든 좋은 부분까지 계승'할 것을 속간사…에서 밝힌…'

　　　　　　　　　　　『韓國新聞百年誌』, p. 642

　* 서울夕刊 발행소: 남대문로3가 105

〈자료 Ⅲ-A-을1가-1-⑤-1〉『朝鮮中央日報』발행 자료

〈자료 Ⅲ-A-을1가-1-⑤-2〉『水産經濟新聞』,
　　　　　　　　　　1947.06.27. p.2 기사

　* '『서울夕刊』,『朝鮮中央日報』로 개제(改題)'

　*『서울夕刊』, 1947.03.19. 제호에 발행소 주소 '남대문로3가 105'로 나와 있음.

　　　　　　　출처: 국립중앙도서관 '대한민국 신문 아카이브'

『朝鮮中央日報』는 『서울夕刊』(발행소: 남대문로3가)을 이어받아 제호를 바꾸어 1947년 7월 1일 '을지로1가(주소 미상)'에서 발간을 시작한 좌익계(左翼系) 신문이다.

<자료 Ⅲ-A-을1가-1-⑤-3>에 『朝鮮中央日報』가 '을지로1가'에서 발행되던 때인 1948년 3월 28일 자 신문 1면의 윗부분이 제시되어 있다.

〈자료 Ⅲ-A-을1가-1-⑤-3〉『朝鮮中央日報』 1948년 3월 28일 자 신문 1면
출처: 국립중앙도서관 '대한민국 신문 아카이브'

⑥ '을지로1가' 발행 5개 신문들의
사옥 위치, 사옥 사진, 그곳의 현재 모습

'을지로1가'에서 발행되었던 『獨立新報』, 『朝鮮人民報』, 『Seoul Times』 등 3개 신문의 발행소 위치와 사옥 사진 그리고 그 발행소의 현재의 모습을 알아보자.

'을지로1가'에서는 이 밖에도 『中外經濟新報』와 『朝鮮中央日報』가 발행되었으나, '번지(番地)'를 아직 찾지 못하고 있어, 이들 두 신문의 발행소가 어디에 있었는지 알아보는 작업은 다음 기회로 미루게 되었다.

<지적도 Ⅲ-A-을1가-1-⑥>에 '1947년 지적도(A)'와 '2021년 서울시 GIS 지적도(B)'가 제시되어 있다.

1947년 지적도(A)에 『獨立新報』가 있었던 '을지로1가 96번지'와 『朝鮮人民報』가 있었던 '을지로1가 165번지', 그리고 『Seoul Times』가 들어있었던 『合同通信』의 사옥 터 '을지로1가 101번지'가 '굵은 실선 사각형'으로 표시되어 있다.

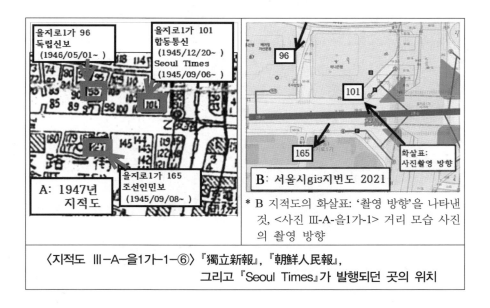

〈지적도 Ⅲ-A-을1가-1-⑥〉『獨立新報』, 『朝鮮人民報』, 그리고 『Seoul Times』가 발행되던 곳의 위치

이 지역에는 초대형 건물들이 들어서면서 地番들이 통폐합되어 많이 변했지만, ① (A)의 1947년 지적도 위의 지번들을 기준으로, ② 도로망이 크게 변하지 않고 있는 (B)의 2021년 지번도 상에, 이제는 사라져 없어진 3개의 옛 지번인 '96번지' '165번지' '101번지' 터의 위치를 추정해 '굵은 실선 사각형'으로 표시를 해보았다.

다음 <사진 Ⅲ-A-을1가-1-⑥>에서는 이들 3개 신문사가 들어있던 건물들의 사진을 찾아보고 이들 건물이 서 있던 터의 2020년 현재의 모습을 알아보는 작업이 제시되어 있다.

『獨立新報』와 『朝鮮人民報』가 들어있던 건물의 사진은 연구자가 아직 찾지를 못하고 있어서, 해방 직후 Life誌에 실렸던 서울 중심가 항공사진에서 추정을 해보았다.

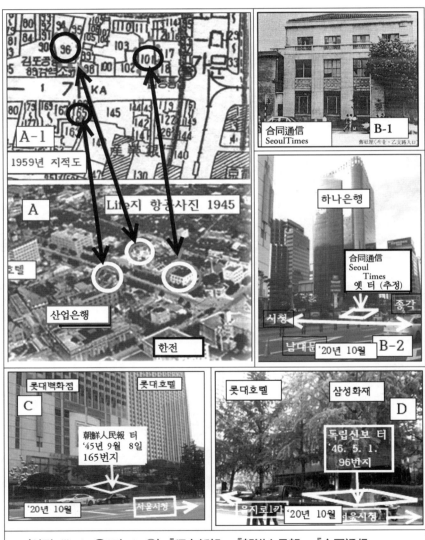

〈사진 Ⅲ-A-을1가-1-⑥〉『獨立新報』, 『朝鮮人民報』, 『合同通信』,
Seoul Times가 들어있던 건물의 사진(A, B-1.)과
그 건물 터의 현재의 모습 사진(D, C, B-2)

<사진 Ⅲ-A-을1가-1-⑥>의 (A)는 해방 직후 Life誌에 실렸던 항공사진인데, (A-1)의 1959년 지적도에서 확인한 3개 신문사 발행소 지번들의 위치를 참작해, 그 항공사진(A)에서 이들 3개 신문사의 건물들을 추정해 '실선 원'으로 표시해 보았다.

이 추정작업에서는 그 건물들의 어렴풋한 윤곽과 그 주변 분위기만 느낄 수 있을 뿐이어서, 좀 더 본격적으로 이들 신문사 건물 사진 찾기에 나서야 할 것 같다.

다만 101번지 『合同通信』 사옥 3층에 들어있었던 Seoul Times의 경우는 『합동통신사』의 사옥 사진이 있어서, (B-1)에 제시해 놓았으며, 그 터의 2020년 현재 모습이 (B-2)에 제시되어 있다.

<지적도와 사진 Ⅲ-A-을1가-1-⑥>의 (C)에는 『朝鮮人民報』 터의 2020년 현재의 모습이, (D)에는 옛 『獨立新報』 터의 2020년 현재의 모습이 제시되어 있다.

## 2) 을지로2가 199-34

① 中央新聞(199-34), 사옥 위치, 사옥 사진, 그곳의 현재의 모습
② 文化日報(199-34), ③ 文化時報(199-34),

| 〈표 Ⅲ-A-을2가-2〉 '을지로2가 199의 34'에서 발행되었던 『中央新聞』, 『文化日報』, 『文化時報』 | | | | | |
|---|---|---|---|---|---|
| 지역 | | 신문 이름 | 발행 기간 | 사옥(발행소) | 비 고 |
| 을지로 2가 | 2 | 중앙신문 (中央新聞) | 1945.11.1. ~'48.4.8. | 을지로2가 199-34 | 일제 때 『朝鮮商工新聞』 의 사옥 시설을 인수해 발행 |
| | | 문화일보 (文化日報) | 1947.3.11. ~'47.12.?. | 을지로2가 199-34 | 藝術通信 → 文化日報 → 文化時報 |
| | | 문화시보 (文化時報) | 1947.12.16.~?. | 을지로2가 199-34 | |

해방 직후 발행된 신문들 가운데는 발행소 지번이 '을지로2가 199번지'였던 신문이 12개나 된다.

이들 12개 신문, 즉 『中央新聞』, 『文化日報』, 『文化時報』, 『大韓獨立新聞』, 『民報』, 『獨立新報』, 『여성신문』, The Korea Union Times, 『第3特報』, 『新民日報』, 『民衆日報』, 『現代日報』는 모두 '題號下 발행소란'에 발행소 지번을 '을지로2가 199번지'라고만 적고 있다.

그런데 아래 <지적도 Ⅲ-A-을2가-2-①>에서 보듯이 '을지로2가 199번지'가 넓어서, '번지(番地) 밑 호수(戶數)인 부본(副本)'을 모르면 그 정확한 위치를 알 수가 없다.

〈지적도 III-A-을2가-2-①〉 을지로2가 199번지:
* 지역이 넓어 '번지 아래 호수'를 모르고는 정확한 위치를 알 수 없음.

다만 『中央新聞』의 경우는 이 신문사의 위치에 관한 단서가 몇 있어서 그 정확한 위치를 추정해 낼 수가 있었다,

또한 『文化日報』, 『文化時報』의 경우도 『藝術通信』과 『文化時報』가 낸 한 광고에서 번지의 호수가 나와 있어 이 두 신문사가 들어있던 건물의 위치를 알아낼 수 있었다.

그 밖의 9개 신문의 경우는 연구자가 아직 아무런 단서도 찾지를 못해, 발행소의 정확한 위치를 추정치 못하고 있다.

따라서 여기 '을지로2가 199번지' 부분에서는 『中央新聞』에 관한 것을 먼저 다루고, 『中央新聞』 사옥 건물에 들어있었던 다른 두 신문 『文化日報』, 『文化時報』를 다루고, 나머지 9개 신문의 경우는 따로 한데 묶어서 다루고자 한다.

① 『中央新聞』(을지로2가 199의 34)

中央新聞(1945.11.01.~ 1948.04.08.)
발행소: 황금정2정목 199(추정을 통해 34호임이 확인됨)

------------------------------

'(『중앙신문』은) (일제 때) 일어 신문 『朝鮮商工新聞』의 사옥과
시설을 50만 원에 매수하여 편집 겸 발행인 김형수, … 편집국장
이상호로 창간하였다. … 좌경적인 색채를 띠고 있었다. (경영난으
로 인한 임금 체불 등으로) 분쟁이 계속되면서 8월 25일부터 휴간
에 들어갔다(p. 248).'

'(1946년) 9월 6일 미군 헌병대는 『중앙신문』의 오쾌일…등 편
집국원과 영업 관계 중요 간부 4명을… 연행하면서 (중앙신문에)
정간을 명했다(p. 250).'

'안팎으로 어려움에 처했던 『중앙신문』은 거의 8개월의 휴간
끝에 자본금 1천만 원의 주식회사를 조직하여 이듬해인 1947년
4월 19일에야 속간할 수 있었다(pp. 249-50).'

'… 1948년 4월 8일 군정법령 88호의 발행신청 요건의 미비를
이유로 판권이 취소되었다(p. 250).'

정진석, '광복 후 6·25 전쟁까지의 언론', 2003.

------------------------------

* 제호 하 발행소: 1946년 8월 16일 자: '황금정2정목 199번지'

〈자료 Ⅲ-A-을2가-2-①-1〉 『中央新聞』의 발행 자료

『中央新聞』은 일제 때 일본인들이 발행하던 『朝鮮商工新聞』의 사옥과 시설
을 50만 원을 주고 사서 그 사옥에서 1945년 11월 1일 창간을 했다. 일제 때의
『朝鮮商工新聞』의 사옥이 해방 후 『中央新聞』의 사옥으로 이어지게 되었다.

<자료 Ⅲ-A-을2가-2-①-2>에『中央新聞』1946년 6월 4일 자 1면 윗부분이 제시되어 있다.

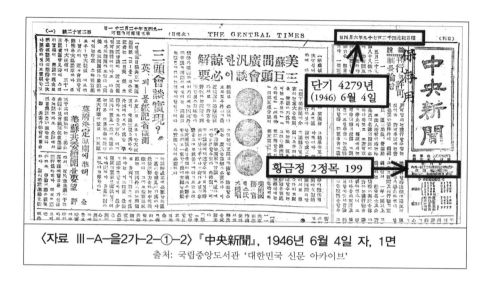

〈자료 Ⅲ-A-을2가-2-①-2〉『中央新聞』, 1946년 6월 4일 자, 1면
출처: 국립중앙도서관 '대한민국 신문 아카이브'

『中央新聞』의 발행소는 어디에 있었을까. 이 신문의 제호 밑에 나와 있는 발행소 위치는 '황금정2정목(현재의 을지로2가) 199번지'로 되어있다. 을지로2가 199번지는 여러 하위 지번으로 분할이 되어있고 건물 여러 채가 들어서 있는데 그중 어디의 어느 건물이『中央新聞』의 발행소였을까.

앞서 나온 책『일제 강점기 경성을 누비다』제Ⅱ장 제2절에서 '일제(日帝) 식민통치 기간 중 발행되기 시작한 일본인 일간 신문들의 사옥 위치'를 다룰 때 제1항『朝鮮商工新聞』부분에서 그 신문사의 사옥 위치, 따라서 해방 후『中央新聞』의 사옥 위치를 몇 가지 단서들에 입각한 추정을 통해 알아낸 바 있다. 발행소 지번이 '을지로2가 199번지의 34호'로 확인되었다.

이 추정 과정이『경성을 누비다』의 'Ⅱ장 2절 1항'에 자세히 나와 있지만 되돌아가는 번거로움을 피해 여기서 간략히 다시 정리해 보면 다음과 같다.

　㉠ 『朝鮮商工新聞』의 사옥을 『中央新聞』이 접수해 신문을 발행했다는 것을 우리나라 언론사에 관한 저술과 논문에서 보아 알고 있는 상태에서,

　㉡ 이 신문발행소 지번에 관한 직접적인 자료를 찾던 중, 『新聞評論』, 1975년 7월호에서 당시 언론계 원로들이 '해방 후 韓國의 新聞街'에 관한 대담에서 **'中央新聞은 지금의 을지로2가 흥사단본부 자리'**에 있었다고 한 것에 주목,

　㉢ 흥사단(興士團) 자료를 찾아보다가 연세대 도서관 국학자료실 전문가의 도움으로 흥사단 단보(團報) 『월간: 기러기』와 『흥사단운동 70년사』를 알게 되었는데, 여기에서 흥사단본부가 있던 건물의 지번(地番)이 '을지로2가 199의 34'였다는 것을 알게 되었고,

　㉣ 중구청(中區廳) 지적과에 가서 '을지로2가 199번지 34호'의 구(舊) 토지대장과 구 건축물대장을 발부받아 보았더니, 1940년 6월 6일에 소유권이 일본인 제등오길(齊藤五吉)로 등록이 되어있고, 1945년 8월 25일(8·15해방 10일 뒤)에 金海亨洙에게로 소유권이 이전 등기되어 있었다.

　㉤ 齊藤五吉은 『朝鮮商工新聞』의 사장이었던 사람이고, 金海亨洙는 해방 직후 『朝鮮商工新聞』을 50만 원으로 사서 그 사옥에서 『中央新聞』을 창간한 金亨洙의 일본식으로 개명했었던 이름이다.

　㉥ 이상의 여러 단계를 거쳐 일제 때의 『朝鮮商工新聞』 사옥 즉 해방 직후 『中央新聞』 사옥 터의 지번(地番)이 '을지로2가 199번지의 34호'였다는 것이 확인될 수 있었다.

　『中央新聞』 사옥 터의 정확한 지번(地番)이 '을지로2가 199번지의 34호'였다는 것이 밝혀졌으니까 다음 단계로 넘어가 ① 지적도상에서 그 위치를 알아보고 ② 이어서 『中央新聞』 사옥 건물의 모습과 그 터의 현재의 모습을 사진을 통해 알아볼 차례이다.

　이 작업도 '일제 강점기' 때의 『朝鮮商工新聞』 부분에서 이미 다루어진 것이기는 하지만 되돌아가 확인해 보는 불편함을 피하기 위해 여기에 간단히 제시해 보겠다.

<지적도 Ⅲ-A-을2가-2-①-1>에 2020년도 서울시 GIS 지도 '을지로2가 199번지' 부분이 제시되어 있다.

이 지적도 가운데 부분에 '굵은 실선'으로 표시된 곳이 '을지로2가 199번지' 터이고, 그 안에 '점선'으로 표시되어 있는 곳이 '199번지 34호' 터이다.

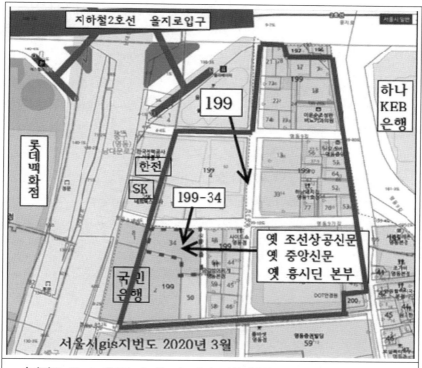

〈지적도 Ⅲ-A-을2가-2-①-1〉해방 직후 『中央新聞』 사옥이 있었던
'을지로2가 199-34' 터의 2020년 현재의 위치

이 터 '을지로2가 199-34' 지번에 일제(日帝) 때에는 일본인 신문 『朝鮮商工新聞』의 사옥이 있었고, 해방 직후에는 일본인 신문의 이 사옥을 인수해 『中央新聞』이 발행되었고, 그 뒤에는 흥사단본부가 이 건물에 들어서 있었다.

&lt;사진 Ⅲ-A-을2가-2-①-1&gt;에 일제 때『朝鮮商工新聞』의 사옥 사진이 제시되어 있다.

앞에서 일제 때 일본인 발행 신문을 다루는 부분에서 이미 다루어졌었지만, 다시 한번 간단히 설명하자면, 'A' 쪽 건물은 일본인 발행의『朝鮮商工新聞』이었고, 'B' 쪽 건물은 역시 일본인 발행의『朝鮮日日新聞』이었는데, 조선총독부의 '一道一紙' 방침에 따라 1942년에『朝鮮日日新聞』이 폐간되고『朝鮮商工新聞』에 흡수 통합이 되었다. 따라서 해방 당시『朝鮮商工新聞』은 'A' 쪽과 'B' 쪽 두 건물을 아울러 사옥으로 사용하고 있었을 것으로 생각된다.

해방 직후『中央新聞』이『朝鮮商工新聞』의 사옥과 시설을 접수해 신문을 발행했으니까 &lt;사진 Ⅲ-A-을2가-2-①-1&gt;에 나와 있는 'A' 쪽과 'B' 쪽 두 건물이『中央新聞』의 소유였을 것 같다.

다만『中央新聞』이 이 두 건물을 다 신문사 사무실로 사용했을 것 같지는 않다.『中央新聞』이 접수한『朝鮮商工新聞』은 바로 앞에서 언급이 있었지만 실제로는 그 몇 해 전까지『朝鮮商工新聞』과『朝鮮日日新聞』각각의 사옥이었던 2개의 독립된 신문사의 건물이었으니까『中央新聞』하나가 신문발행에 이 두 건물이 다 필요했을 리가 없다.

『中央新聞』이 두 건물 가운데 어느 하나만을 자기네 신문사로 쓰고, 다른 건물 즉 몇 해 전까지 독립된 신문사 사옥이었던 다른 건물은 임대했을 것 같다.

다음 항(項)에서 좀 더 자세히 다루어지겠지만, 해방 직후『中央新聞』과 같이 '을지로2가 199번지'에서 발행되던 신문이 여럿 있었는데, 발행소 위치가 199番地라고만 나와 있고 그 아래 號數가 알려지지 않고 있는 신문들 중 몇몇 신문은『中央新聞』의 별관 건물에서 신문을 발행하지 않았을까 생각되기도 한다.

『中央新聞』사옥 터의 현재의 모습이 <사진 Ⅲ-A-을2가-2-①-2, 3>에 제시되어 있다.

일제 때『朝鮮商工新聞』사옥이었고 해방 직후『中央新聞』사옥이 들어서 있던 터인 '199번지 34호' 터에는 2020년까지 '국민은행 주차타워 빌딩'이 들어 서 있었는데 2022년 현재 헐려 공터가 되어있다(<사진 Ⅲ-A-을2가-2-①-3>).

<사진 Ⅲ-A-을2가-2-①--2> 일제 때의
朝鮮商工新聞, 해방 직후 中央新聞
사옥 터의 2010년 현재 모습

조선일일신문은 조선상공신문 사장이 1930년 매수, 자매지로 별도 발행해오다가, 1942년 총독부 정책에 따라 폐간되자, 조선상공신문이 이를 흡수 통합했음

<사진 Ⅲ-A-을2가-2-①-1> 1945년 8월
해방 당시의 朝鮮商工新聞.
해방 직후 中央新聞 사옥 사진.
* (   ) 안의 연도는 사옥에 관한 것임.

<사진 Ⅲ-A-을2가-2-①--3> 일제 때의
朝鮮商工新聞, 해방 직후 中央新聞
사옥 터의 2021년 현재 모습

남대문로2가에 있던 "국민은행 본점"은 다른 곳으로 이전을 했고, 그 자리

에는 2022년 현재 "Apple 명동"이 들어서 있고, "국민은행의 Gold & Wise"도 이전을 가 그 자리에는 "Stanford Hotel"이 들어서 있다(<사진 Ⅲ-A-을2가-2-①-2>).

그 어떤 연구의 경우나 연구를 하다 보면 일찍 찾아졌더라면 연구가 좀 더 수월했을 자료가 뒤늦게 찾아지는 경우가 있을 수 있다. 일제 때의『朝鮮商工新聞』사옥 위치, 따라서 해방 직후의『中央新聞』사옥 위치를 찾는 작업에서도 그런 일이 있었다.

2012년 초 문득 1933년 판 '京城精密地圖'를 본 적이 있었던 기억이 나서, 거기에 혹시『朝鮮商工新聞』사옥 위치가 표시되어 있을지도 모른다는 생각이 들었다.

<지적도 Ⅲ-A-을2가-2-①-2>의 'A'에 1933년 판 그 지도가 제시되어 있는데,『(朝鮮)商工新聞』발행소의 위치가 표시되어 있다. 위에서 간접적인 자료들을 통해 추정해낸 위치가 맞았음을 뒷받침해주고 있다. 'B'에는 1947년 판 지적도가 제시되어 있는데, 1947년 판인 이 지적도는 해방 직후 서울에서 발행되었던 신문과 통신들의 사옥 위치를 찾는 이 연구에서 주요 자료의 하나로 크게 활용되어 온 것이었는데, 지번(地番)의 부번(副番) 즉 번지(番地) 아래 호(號)의 구분이 분명치 않은 부분이 많아서였는지 호(號) 구분이 보다 분명하게 나와 있는 1959년 판 지적도가 이용되는 경우가 많았다.

『中央新聞』사옥 위치를 찾는 과정에서도 처음에 그러했던 것 같다. 1947년 판 지적도에서『中央新聞』이 눈에 띈 것은 그 위치 추정작업이 끝난 뒤의 일이었다. 다만 1947년 판 지적도에서 보면『中央新聞』발행소가 있었던 '블럭'이 어디였는지는 알 수 있으나 좀 더 정확한 위치를 알기는 어렵게 되어있다.

『中央新聞』발행소가 있었던 대체적인 위치는 연세대 신문방송학과의 한 원로교수로부터 절친한 친구 언론인이『中央新聞』에 다녔었는데 그 신문사의 위치가 옛 보사부(保社部) 건물 뒤쪽이었다는 이야기를 듣기도 했었다.

『中央新聞』발행소의 정확한 위치를 알고 나니 위의 자료들이 하나로 수렴됨을 알 수 있었다.

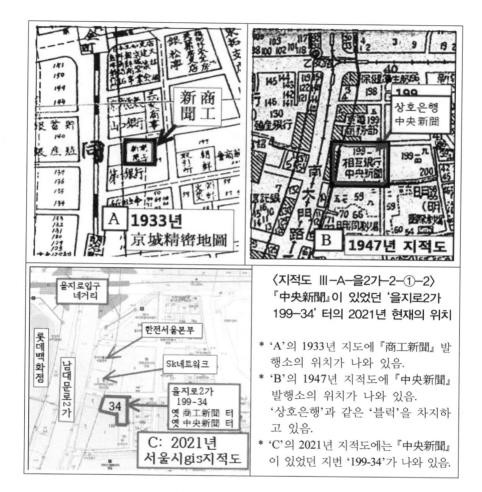

〈지적도 Ⅲ-A-을2가-2-①-2〉
『中央新聞』이 있었던 '을지로2가
199-34' 터의 2021년 현재의 위치

* 'A'의 1933년 지도에 『商工新聞』 발
  행소의 위치가 나와 있음.
* 'B'의 1947년 지적도에 『中央新聞』
  발행소의 위치가 나와 있음.
  '상호은행'과 같은 '블럭'을 차지하
  고 있음.
* 'C'의 2021년 지적도에는 『中央新聞』
  이 있었던 지번 '199-34'가 나와 있음.

『中央新聞』은 일제 때 일본인들이 내던 『朝鮮商工新聞』을 접수해 들어가 발행한 신문이다. 때문에 『中央新聞』의 사옥 모습은 1939년에 발간된 『新聞總覽』에 나와 있는 『朝鮮商工新聞』 사옥 사진으로 짐작해 볼 수가 있다.

『中央新聞』이 종간되고 나서, 그 건물을 '흥사단'이 매입해 흥사단의 본부(本部)를 차려놓고 있었다. 흥사단본부는 몇 년 뒤 다른 곳으로 옮겨갔다.

흥사단 사무국으로부터 '을지로2가 199-34'에 본부가 있었던 당시의 '본부 건물 사진' 두 컷을 구할 수 있었다. 흥사단본부에서 구한 해당 건물 사진이 해방 전의 『新聞總覽』에 나와 있는 해당 건물 사진보다 훨씬 사실적(寫實的)이어서 <사진 Ⅲ-A-을2가-2-①-4>에 제시해 보았다.

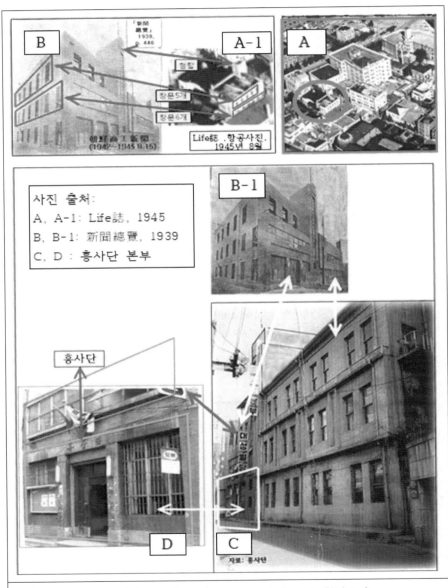

〈사진 Ⅲ-A-을2가-2-①-4〉 옛『中央新聞』 사옥 모습 찾아보기:
　＊『新聞總覽』(1939) 사진, Life誌(1945) 사진, 흥사단본부 사진, 이들 3개 사진의 대조를 통한

<사진 Ⅲ-A-을2가-2-①-4>에 4개의 건물 사진이 제시되어 있다.

㉮ Life誌에 실린 1945년 8월 당시의 서울시 중심부 항공사진에서 을지로2 가 199번지 안의『中央新聞』사옥 부분(A, A-1)), ㉯ 일제(日帝) 말『新聞總覽』에 실렸던『朝鮮商工新聞』사옥 사진(B, B-1), ㉰ 일제 때『朝鮮商工新聞』의 사옥을 해방 직후 金亨洙가 접수해『中央新聞』을 창간 발행해오다가 홍사단(興士團)에 넘겨 홍사단본부가 들어서 있던 건물(C, D).

우선 (A-1)과 (B) 사진에서 건물의 창문 구조 등으로 보아 두 건물이 같은 건물임을 확인할 수 있다. 다음 (B-1)과 (C) 사진의 경우 촬영 방향이 다르지만 건물 구조로 보아 어느 건물이 어느 건물인지를 알 수가 있다(흰 줄 화살표로 표시). 다음으로 홍사단본부에서 제공받은 (C) 사진에서 보면, 두 건물 중 먼 쪽 건물 첨탑에 '홍사단본부' 간판이 아래위로 걸려 있고, 그 아래쪽에 '대성빌딩' 간판이 걸려 있어, 이들 간판이 걸려 있는 건물이 홍사단본부가 들어있던 건물임이 추정된다. 끝으로 홍사단본부에서 제공받은 또 다른 사진 (D)에 홍사단본부 건물 입구가 보여, 홍사단본부가 이 건물에 들어있었음을 알 수가 있다.

이상 관련된 사진들의 대비를 통해 비록『中央新聞』간판이 걸려 있는 사진은 아니지만『中央新聞』이 발행되던 건물의 모습을 찾아내 보았다.

『中央新聞』에서 근무했던 언론인이나 직원들 혹은『中央新聞』에 관해 알고 있는 사람들의 증언이 찾아진다면 그 속에서『中央新聞』이 신문제작에 실제로 사용했었던 작업공간이 어느 건물의 어느 부분이었는지를 알 수 있는 자료가 나올 수도 있을 것 같다.

② 『文化日報』, ③ 『文化時報』 :

'을지로2가 199-34'의 다른 두 신문,

* 藝術通信 → 文化日報 → 文化時報

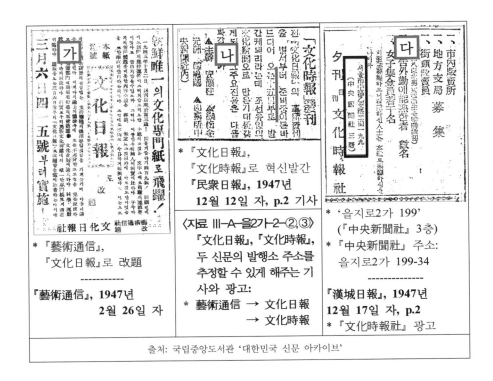

출처: 국립중앙도서관 '대한민국 신문 아카이브'

『藝術通信』이 1947년 3월 6일 자로 『文化日報』로 제호를 바꾸고(가), 『文化日報』가 1947년 12월 15일 자로 『文化時報』로 제호를 바꾸어 발행(나)을 했었다.

『文化時報』의 사고(社告)에, 자사(自社)의 발행소가 '을지로2가 199, 『中央新聞社』 3층'(다)이라고 나와 있다. 『中央新聞社』의 발행소 주소는 '을지로2가 199번지의 34호'이니까, 『文化時報』의 발행소 주소도 '을지로2가 199번지의 34호'였음을 알 수 있다.

『文化日報』가 『文化時報』로 되면서, 발행소를 이전했다는 언급이 없는 것으로 보아, 『文化日報』의 발행소도 地番이 '을지로2가 199번지의 34호'였을 것이라는 추정을 해보았다.

② 文化日報 (을지로2가 199-34)

文化日報 (1947.03.11.- ?)
　　발행소: 을지로2가 199
　◇ 일간 藝術通信(1945.10.02.~) → 文化日報('47.03.11.~)

'일간 藝術通信을 개제, 紙齡을 계승하여 1947년 3월 11일 제 418호를 첫 호로 하여 출발한… 日刊 文藝專門紙.' '주필 김영건, 편집국장 이용악. 발행소는 서울시 중구 을지로2가 199. 太陽堂 인쇄소에서 인쇄.' '左翼紙로서 朝鮮人民報 現代日報 中央新聞이 정간된 후, 좌익계열이 제2차 미소 공동위원회의 촉진에 돌진하기 위해 창간된 同報는 논조와 편집체제가 여타 좌익지와 동일하였다. p. 474.'

『韓國新聞百年(史料集)』, 1975

〈자료 Ⅲ-A-을2가-2-②-1〉『文化日報』 발행 자료

　『文化日報』는 『藝術通信』을 이어받아, 題號를 바꾸고, 紙齡은 계승해서, 1947년 3월 11일부터 '을지로2가 199'에서 발행을 시작했다(<자료 Ⅲ-A-을2가-2-②-1>). 『文化日報』 발행소 주소가 1947년 4월 5일 자 신문 제호 난에는 '을지로2가'로만 나와 있다(<자료 Ⅲ-A-을2가-2-②-2>).

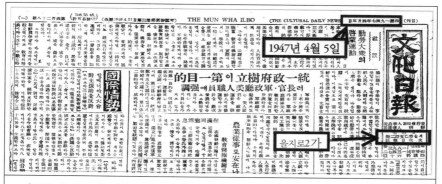

〈자료 Ⅲ-A-을2가-2-②-2〉『文化日報』, 1947년 4월 5일 자, 제1면
출처: 국립중앙도서관 '대한민국 신문 아카이브'

『文化日報』의 전신(前身)『藝術通信』의 제호 난에는『藝術通信』의 발행소가 '을지로2가 199'로 나와 있다(<자료 Ⅲ-A-을2가-2-②-3>).

『文化日報』의 발행소가 '을지로2가 199'임을 짐작할 수 있다.

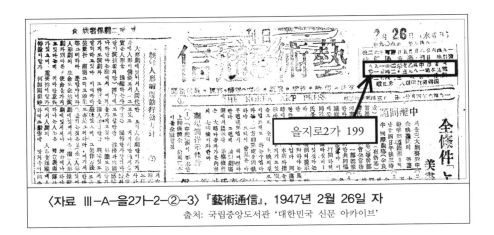

을지로2가 199

〈자료 Ⅲ-A-을2가-2-②-3〉『藝術通信』, 1947년 2월 26일 자
출처: 국립중앙도서관 '대한민국 신문 아카이브'

③ 文化時報 (을지로2가 199-34)

을지로2가

文化時報 (1947.12.16.~ ?)
　　발행소: 서울 을지로2가 199-34
　　◇ 藝術通信 → 文化日報 → 文化時報

'(『문화시보』는)『문화일보』의 판권을 인계받은 안석주가 발행 편집 겸 인쇄인·주간으로 1947년 12월 16일에 창간한 일간 신문,…' '고문에 오세창·변영만·고의동을 추대하였고 편집위원에는 채동선·박종화·이헌구·오종식·이하윤·유치진…; 편집부장은 김광주.' '주로 全조선문필가협회에 가입된 회원들의 시·논단·번역·수필·단편 등을 실어 그들의 창작 활동 무대 역할을 했고 문화예술계 상황·과학·가정란 등으로 편집되었다(p. 237).'

『韓國新聞百年(史料集)』, 1975.

-----------------------------------

* 『文化時報』가『漢城日報』에 낸 회사광고에『文化時報』가 '中央新聞社 3층'에 있는 것으로 나와 있음.『中央新聞社』가 있었던 곳은 '을지로2가 199-34'였음.

〈자료 Ⅲ-A-을2가-2-③-1〉『文化時報』 발행 자료

『文化時報』는 『文化日報』를 이어받아 제호를 바꾸어, 1947년 12월 16일 ‘을지로2가’에서 발행을 시작했다.

『文化時報』의 제호 밑에 나오는 발행소 난에는 ‘몇 번지의 몇 호’까지는 정확한 주소가 안 나와 있지만, 『文化時報』에 난 社告(<자료 Ⅲ-A-을2가-2-③-2>)에서, 발행소의 정확한 주소가 ‘을지로2가 199-34’임을 알 수가 있었다.

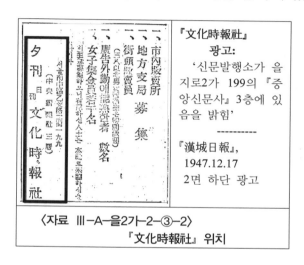

〈자료 Ⅲ-A-을2가-2-③-2〉
『文化時報社』 위치

『文化時報社』의 1947년 12월 16일 자 신문 1면의 윗부분이 <자료 Ⅲ-A-을2가-2-③-3>에 제시되어 있다.

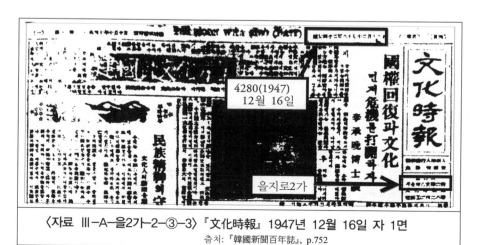

〈자료 Ⅲ-A-을2가-2-③-3〉 『文化時報』 1947년 12월 16일 자 1면
출처: 『韓國新聞百年誌』, p.752

『文化日報』와『文化時報』, 이 두 신문의 발행소 위치인 '을지로2가 199-34'의 위치는, 바로 앞『中央新聞』부분의 <지적도 Ⅲ-A-을2가-2-①-2>에서 확인을 할 수가 있다.

### 3) 을지로2가 199번지 내 '副番(몇 호인지) 미상'의 기타 10개 신문들 (199번지의 '몇 호'인지가 확인 안 되는 신문들)

① 『大韓獨立新聞』, ② 『民報』, ③ 『獨立新報』, ④ 『여성신문』,
⑤ The Korea Union Times, ⑥ 『第3特報』, ⑦ 『新民日報』, ⑧ 『工業新聞』,
⑨ 『民衆日報』, ⑩ 『現代日報』, ⑪ 을지로2가 199번지 범위

해방 직후 서울 '을지로2가 199번지' 블록에서 나온 일간 신문들 가운데 발행소 주소가 '을지로2가 199번지'로만 알려져 있고 '199번지의 몇 호'인지가 확인 안 되고 있어 그 정확한 위치를 알 수 없는 신문이 10개나 된다.

해방 직후 당시에는 규모가 작고 자체의 인쇄시설도 갖추고 있지 않은 신문사들이 다수였던 것으로 알려져 있다. 사무실 2~3개 정도만 가지고도 신문을 발행한 신문사들이 대부분이었던 것 같다. 당시의 기준으로 규모가 큰 건물의 경우에는 한 건물에 다른 신문사가 같이 들어있는 경우도 있었을 것 같다.

바로 앞항에서 다룬『中央新聞』사옥의 경우 지상 3층의 건물이 2동이나 되었으니까 발행소 지번이 '을지로2가 199번지'로만 나와 있는 10개 신문들 가운데 하나나 둘쯤은 이 건물에 들어있지 않았을까 하는 생각이 들기도 하지만, 이를 확인해 줄 자료를 아직은 찾지를 못하고 있다.

<표 Ⅲ-A-을2가-3>에 발행소의 위치가 '을지로2가 199번지'로만 알려진 10개 신문이 제시되어 있다.

이들 10개 신문의 경우 우선 각각의 제호(題號), 발행 기간(期間), 계보(系譜), 성격, 그리고 간단한 발행 사항 등을 알아보고자 한다.

| 지역 | | 신문 이름 | 발행 기간 | 사옥(발행소) | 비 고 |
|---|---|---|---|---|---|
| 을지로2가 | 3 | 대한독립신문<br>(大韓獨立新聞) | 1945.11.03.<br>~'47.02.14. | 을지로2가 199 | 大韓獨立新聞<br>→ 民報 |
| | | 민보<br>(民報) | 1947.02.15.<br>~'48.06.15. | 을지로2가 199 | |
| | | 독립신보**<br>(獨立新報) | 1946.05.01.<br>~49.07.20.? | 을지로2가 199 | → 을지로1가<br>96-3으로 이전 |
| | | 여성신문 | 1947.04.20.<br>~'48.09.20. | 을지로2가 199 | |
| | | Korea Union<br>Times | 1948.05.31.<br>~? | 을지로2가 199 | |
| | | 제3특보<br>(第3特報) | 1946.10.28.<br>~'46.12.21. | 을지로2가 199 | 第3特報<br>→ 新民日報<br>(뒤에 관수동<br>125로 이전) |
| | | 신민일보*<br>(新民日報) | 1947.01.07.<br>~?. | 을지로2가 199 | |
| | | 공업신문<br>(工業新聞) | 1945.10.24.~ | 청진동 188→<br>을지로2가 199<br>→ 수송동 27 | *을지로2가 199<br>(1947.07.26.~'47.12.?) |
| | | 민중일보***<br>(民衆日報) | 1945.09.22.<br>~'48.12.02 | 을지로2가 199 | |
| | | 현대일보<br>(現代日報) | 1946.03.25.<br>~'48.11.?. | 을지로2가 199 | 現代日報 →<br>民國日報 |

**〈표 Ⅲ-A-을2가-3〉 발행소의 지번이 '을지로2가 199'로만 알려진 10개 신문**

* 新民日報가 옮겨간 발행소 즉 '종로구 관수동 125'의 경우는 뒤 종로구 편에서 다루게 됨.
** 獨立新報가 옮겨간 발행소 즉 '을지로1가 96-3' 위치의 경우는 앞항에서 다루었음.
*** 工業新聞이 '청진동'과 '수송동'에서 발행되던 때의 위치는 뒤 종로구 편에서 다루게 됨.

<표 Ⅲ-A-을2가-3>에 10개 신문이 제시되어 있으나, 『大韓獨立新聞』은 『民報』로 이어졌고, 『第3特報』는 『新民日報』로 이어졌는데, 이들 신문이 판권을 인수해 발행하면서 발행소 위치를 옮긴 것 같지 않기 때문에, 알아보아야 할 발행소 위치는 실제로는 여덟 곳이 된다.

발행소의 위치는 이들 10개 신문 모두가 '을지로2가 199번지'에 있었다는 것밖에 알려지지 않았기 때문에 함께 묶어 지적도상에서 '을지로2가 199번지'의 경계와 범위를 제시하는 것으로 대신하고자 한다.

이들 10개 신문사의 경우 발행소가 들어있던 건물의 사진도 아직 찾지를 못하고 있다. 또한 신문사가 있었던 곳의 정확한 위치를 알 수 없기 때문에 이들 신문사가 있었던 곳의 현재의 모습 사진도 제시를 못 하고 있다.

① 『大韓獨立新聞』 (을지로2가 199)

大韓獨立新聞 (1945.11.03.~1947.02.14.)
　　발행소: 황금정2정목 199 (을지로2가 199)
　◇ 大韓獨立新聞 → 민보(民報 1947.2.15. - 1948.6.15.)
--------------------------------------
　'(大韓獨立新聞은) 속보를 발행하여 오던 大韓獨立協會에서 李承晩 박사의 還國을 맞아 1945년 11월 3일 창간한 …신문.' '速報板의 紙齡을 환산하여 제85호로 출발한' 日刊時事紙…발행 겸 편집인 高政輝, 인쇄인 李永球, 발행소는 서울시 황금정2정목 199. …' '동지는 단연 反託에 앞장섰고, 대동단결을 앞세운 大韓獨立協會의 機關紙적인 역할을 하였다.'
　'47년 2월 14일자 제267호 紙上에 '시대의 요청에 순응, 本紙改題革新斷行'이라는 제목의 사고를 내고 『民報』로 改題하였다.' p. 505.

　　　　　　　　　　『韓國新聞百年誌』, 1983
----------------------
　발행소: 黃金町 二丁目 一九九

〈자료 Ⅲ-A-을2가-3-①-1〉『大韓獨立新聞』 발행 자료

『大韓獨立新聞』은 1945년 11월 3일 그간의 速報版에서 日刊新聞으로 발행을 시작한, 大韓獨立協會의 機關紙적인 성격을 띠었던 신문으로, 1947년 2월 15일 『民報』로 이어졌다.

『大韓獨立新聞』의 발행소는 '을지로2가 199번지'로만 알려져 있다.

<자료 Ⅲ-A-을2가-3-①-2>에 이 신문이 일간으로 발행을 시작한 1945년 11월 3일 자 신문 1면의 윗부분이 제시되어 있다.

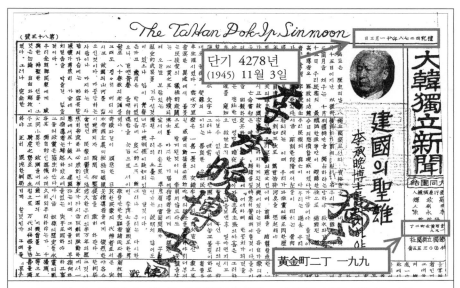

〈자료 Ⅲ-A-을2가-3-①-2〉『大韓獨立新聞』, 1945년 11월 3일 자, 1면

출처: 국립중앙도서관 '대한민국 신문 아카이브'

② 『民報』 (을지로2가 199)

民報 (1947.02.15. ~ 1948.06.15.)

　　발행소: 을지로2가(199)

◇ 大韓獨立新聞 → 民報

　　　　　　→ 國際新聞(1948.07.21. ~ 1949.03.04.)

-----------------------------------

　'『민보』는 『대한독립신문』의 제호를 바꾸고 지령은 계승하여 1947년 2월 15일 268호부터 시작하였다. 사장은 여운홍, 편집 발행 겸 인쇄인 고정휘였다.' '그러나 (1947년) 7월부터 재정적자를 견디지 못하여 열흘에 한 번씩 납본만 하면서 연명하는 형편이었다. … 신문사 측은 계속할 능력이 없었기 때문에 휴간을 신청하여 8월 20일부터 무기한 휴간에 들어갔다. 결국 민보는 이듬해인 1948년 7월 國際新聞으로 또 한 번 제호를 바꾸게 되었다'(p. 251).

　정진석, '광복 후 6 · 25 전쟁까지의 언론', 2003.

〈자료 Ⅲ-A-을2가-3-②-1〉『民報』 발행 자료

『民報』는 『大韓獨立新聞』을 개제해, 1947년 2월 15일부터 발행을 시작한 신문으로, '좌익경향을 띠긴 했으나 이승만에 대해서는 비교적 우호적이었고 미 군정에 대해 온건한 객관 보도를 한 것은 사장 여운홍의 영향이다'(『韓國新聞百年誌』, p. 561).

발행소는 '을지로2가 199번지'로만 알려져 있고, 199번지의 '몇 호'였는지 연구자가 아직 확인을 못 하고 있다.

이 신문은 '1948년 7월 15일… 『國際新聞』으로 개제되었다'(『韓國新聞百年誌』, p. 561).

<자료 Ⅲ-A-을2가-3-②-2>에 『民報』 1947년 3월 26일 자 신문 1면 윗부분이 제시되어 있다.

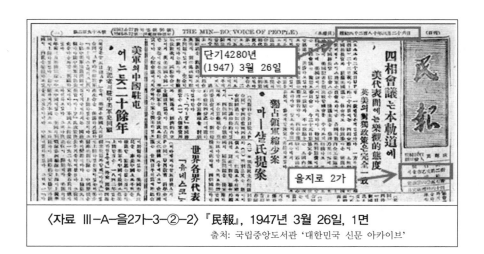

〈자료 Ⅲ-A-을2가-3-②-2〉 『民報』, 1947년 3월 26일, 1면
출처: 국립중앙도서관 '대한민국 신문 아카이브'

③ 『獨立新報』 (을지로2가 199)

獨立新報 (1946.05.01.~1949.07.20.?)
발행소: 황금정2정목 (199) → 을지로1가 96의 3 *

'(『독립신보』는) 사장 장순각, … 고문은 인민당 당수 여운형, 김규식, 백남운이었다. 좌익계 신문으로 신탁통치안을 놓고 좌우익이 찬반 양론으로 대립할 때(인 1946년 5월 1일) 창간되어 신탁통치 찬성을 들고 나왔다(p. 255).'
정진석, '광복 후 6·25 전쟁…', 2003.

------------------------------------

1946년 9월 5일 자 社告
'폐사는 내외경제신보사를 흡수합병하고 좌기 장소로 이전하였아옵기 자에 사고함. 서기 1946년 9월 4일 독립신보사 경성부 중구 황금정1정목 96의 3'
*이 신문 『獨立新報』의 '을지로1가' 발행소 위치는 앞 <Ⅲ-A-1>에서 이미 다루어졌음.

--------

* 제호: 1946년 5월 3일, 발행소: 황금정2정목(을지로2가)

〈자료 Ⅲ-A-을2가-3-③-1〉『獨立新報』 발행 자료

　　『獨立新報』는 1946년 5월 1일 '을지로2가 199번지'(몇 호인지 미상)에서 창간한 좌익계 신문으로서, 1946년 9월 『內外經濟新報』를 흡수합병하면서, '을지로1가 96의 3'으로 발행소를 이전했다.

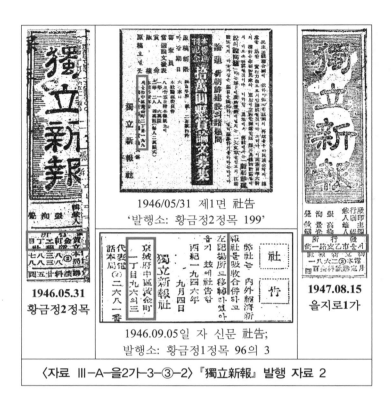

1946/05/31 제1면 社告
'발행소: 황금정2정목 199'

1946.05.31
황금정2정목

1947.08.15
을지로1가

1946.09.05일 자 신문 社告;
발행소: 황금정1정목 96의 3

〈자료 Ⅲ-A-을2가-3-③-2〉『獨立新報』 발행 자료 2

<자료 Ⅲ-A-을2가-3-③-3>에 『獨立新報』 1946년 5월 26일 자 1면 윗부분이
제시되어 있다.

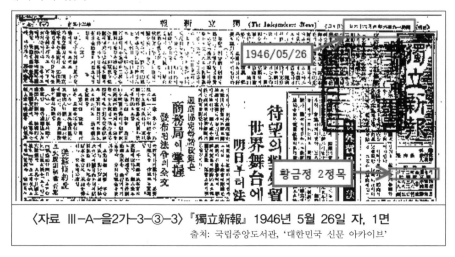

〈자료 Ⅲ-A-을2가-3-③-3〉『獨立新報』 1946년 5월 26일 자, 1면
출처: 국립중앙도서관, '대한민국 신문 아카이브'

④ 『여성신문』 (을지로2가 199)

여성신문(1947.04.20.~1948.09.20.)
발행소: 을지로2가 199
◇ 婦女新聞(1946.05.12.~)
→ 여성신문(1947.04.20.~) → 國民新聞(1948.09.20.~)

------------------------------

'『婦女新聞』을 개제, 지령을 계승하여, 편집 발행 겸 인쇄인 황기성이 1947년 4월 20일 제15호부터 『여성신문』으로 발행하였다.' '… 이 신문의 재정상태는…좋지 못해 16호를 발행하고는 '본보는 사옥 정비와 공장정리 관계로 29일까지 휴간하였다가 내 30일부로…속간하겠아오니…'라는 사고를 내고 휴간하였다가 5월 10일에 가서야 제17호를 발행, 속간되었다'(p. 233).
『韓國新聞百年(史料集)』, 1975.

------------------------------

발행소: 서울시 을지로2가 199

〈자료 Ⅲ-A-을2가-3-④-1〉『여성신문』 발행 자료

『여성신문』은 『婦女新聞』을 改題하고 이어받아, '을지로2가 199번지'에서 1947년 4월 20일부터 발행을 시작한 신문이다. 『여성신문』은 우리 정부가 출범한 직후인 1948년 9월 20일 『國民新聞』으로 이어졌다.

<자료 Ⅲ-A-을2가-3-④-2>에 『여성신문』 1947년 4월 20일 자 창간호 1면 윗부분이 제시되어 있다.

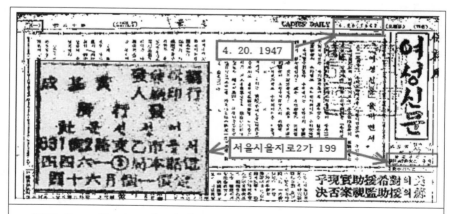

〈자료 Ⅲ-A-을2가-3-④-2〉『여성신문』, 1947년 4월 20일 자, 1면
출처: 국립중앙도서관 '대한민국 신문 아카이브'

⑤ The Korea Union Times (을지로2가 199)

'1948년 5월 31일 당시 국문 일간지 『平和日報』의 발행인이었던 梁又正이 서울 '을지로2가 199'에서 창간하였다.' '이 신문은 영자지로서는 최초의 기준규격을 갖춘 신문(각 여섯 단의 두 페이지)이었으며,… 격일 간으로 발행되었다. 그러나 당시의 정치적 경제적 불안정으로 영자신문이 성장할 충분한 여건이 갖춰지지 못해 단명하였다.' 출처: 『韓國新聞百年 史料集』, p. 311

〈자료 Ⅲ-A-을2가-3-⑤-1〉 The Korea Union Times 발행 자료 지면

The Korea Union Times는 우리 정부 출범 직전인 1948년 5월 31일 '을지로2가 199'에서 창간된 영자지로서, 隔日刊紙였다. 발행 기간이 짧았다.

⑥ 『第3特報』 (을지로2가 199)

第3特報 (1946.10.28.~1946.12.02.)
발행소: 을지로2가 199
◇ 第3特報 → 新民日報 (1947.01.07.- 1948.05.27.)
-----------------------------------
'『제3특보』는 이사장 이용주, 편집 겸 발행인 박명준, 주필 겸 편집 국장 이윤종으로 (1946년 10월 28일) 출발하였다.…(2개월 후) (1946) 12월 22일 지령 제48호로써 중단하였다가 이듬해(1947) 1월 7일 속 간하면서 제호를 『신민일보』로 바꾸어 혁신 제1호로 출발하였다가 1948년 2월 10일에는 또다시 새로 창간하는 형식으로 지령 제1호부 터 발행하였다. 이때는 중구 북창동 91번지(93번지?)에 있던 中外新 報 사옥에서 발행되었는데,…(p. 257)'

정진석, '광복 후 6·25 전쟁까지의 언론', 2003.

*제호 밑 발행소 주소 : 서울시 을지로2가 199

〈자료 Ⅲ-A-을2가-3-⑥-1〉 『第3特報』 발행 자료

『第3特報』는 1946년 10월 28일 '을지로2가 199'에서 창간, 2개월 후인 12월 22일에 발행을 중단, 2주 후인 1947년 1월 7일에 속간하면서 제호를 『新民日報』로 바꾸어 발행을 한 신문이다.

　<자료 III-A-을2가-3-⑥-2>에 '을지로2가 199'에서 발행된 『第3特報』 1946년 11월 2일 자, 1면 윗부분이 제시되어 있다.

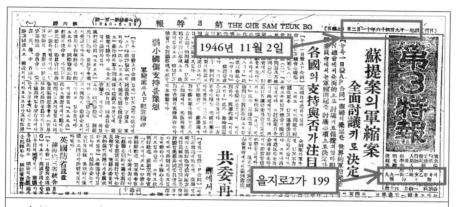

〈자료 III-A-을2가-3-⑥-2〉 『第3特報』, 1946년 11월 2일 자, 1면
출처: 국립중앙도서관 '대한민국 신문 아카이브'

⑦ 『新民日報』 (을지로2가 199)

을지로2가
199

新民日報(1947.01.07.～1948.02.)
　　　　발행소: **을지로2가 199** → 북창동 93의 32
◇ 第3特報(1946.10.28.～) → 新民日報(1947.01.07.～)
　　　　　→ (새 창간 형식) 新民日報(1948.02.10.～)

'(『제3특보』가 1946년) 12월 22일 지령 제48호로써 중단하였다가 이듬해(1947) 1월 7일 속간하면서 제호를 『신민일보』로 바꾸어 혁신 제1호로 출발하였다가 1948년 2월 10일에는 또다시 새로 창간하는 형식으로 지령 제1호부터 발행하였다. 이때는 중구 북창동 93의 32에 있던 『중외신보』 사옥에서 발행되었는데,…(p. 257)' '(1948년) 5월 27일 군정법령 88호를 근거로 폐간 처분…'

정진석, '광복 후 6·25 전쟁까지의 언론', 2003.

*'북창동' 발행소 위치는 '북창동' 부분에서 다루어질 것임.

〈자료 III-A-을2가-3-⑦-1〉 『新民日報』 발행 자료

『新民日報』는 『第3特報』를 이어받아, 1947년 1월 7일 '을지로2가 199'에서 발행을 시작한 신문이다. 『新民日報』는 1948년 초에 발행소를 '북창동 93-32'로 옮겼으며, 3개월여 후인 '48년 5월 27일 군정법령 88호에 저촉되었다는 이유로 폐간 처분이 되었다.

<자료 Ⅲ-A-을2가-3-⑦-2>에 『新民日報』, 1947년 1월 8일 자 1면 윗부분이 제시되어 있다.

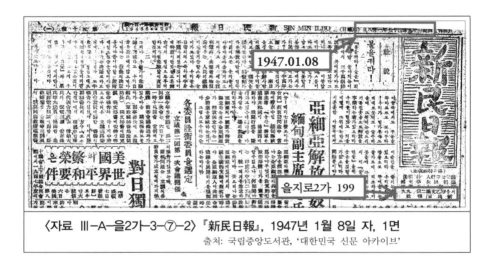

1947.01.08

을지로2가 199

〈자료 Ⅲ-A-을2가-3-⑦-2〉『新民日報』, 1947년 1월 8일 자, 1면
출처: 국립중앙도서관, '대한민국 신문 아카이브'

⑧『工業新聞』(을지로2가 199)

『工業新聞』은 1945년 10월 24일 '종로구 청진동 188'에서 창간, 2년이 채 안 된 **1947년 7월 26일 '중구 을지로2가 199번지' 구역으로 이전해 왔다가**, 1948년 1월 '종로구 수송동 27번지'로 옮겨 간 신문이다.

『工業新聞』이 '청진동'과 '수송동'에서 발행되던 때의 발행소 위치는 뒤에 나오는 제Ⅴ장 '종로구' 부분에서 다루고, 여기에서는 발행소가 '중구 을지로2가 199'에 있었을 때의 것을 다루고자 한다.

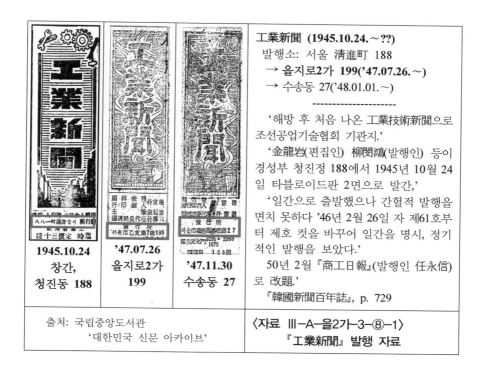

| | | | 工業新聞 (1945.10.24.~??)<br>발행소: 서울 淸進町 188<br>→ 을지로2가 199('47.07.26.~)<br>→ 수송동 27('48.01.01.~)<br>---------------------<br>'해방 후 처음 나온 工業技術新聞으로<br>조선공업기술협회 기관지.'<br>'金龍岩(편집인) 柳閔鴻(발행인) 등이<br>경성부 청진정 188에서 1945년 10월 24<br>일 타블로이드판 2면으로 발간,'<br>'일간으로 출발했으나 간헐적 발행을<br>면치 못하다 '46년 2월 26일 자 제61호부<br>터 제호 컷을 바꾸어 일간을 명시, 정기<br>적인 발행을 보았다.'<br>50년 2월 『商工日報』(발행인 任永信)<br>로 改題.'<br>『韓國新聞百年誌』, p. 729 |
| 1945.10.24<br>창간,<br>청진동 188 | '47.07.26<br>을지로2가<br>199 | '47.11.30<br>수송동 27 | |
| 출처: 국립중앙도서관<br>'대한민국 신문 아카이브' | | | 〈자료 Ⅲ-A-을2가-3-⑧-1〉<br>『工業新聞』 발행 자료 |

<자료 Ⅲ-A-을2가-3-⑧-2>에 『工業新聞』이 '을지로2가 199'에서 발행되던 때
인, 1947년 7월 26일 자 신문 1면 윗부분이 제시되어 있다.

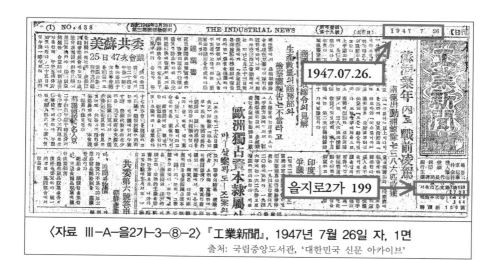

〈자료 Ⅲ-A-을2가-3-⑧-2〉 『工業新聞』, 1947년 7월 26일 자, 1면
출처: 국립중앙도서관, '대한민국 신문 아카이브'

⑨ 『民衆日報』 (을지로2가 199)

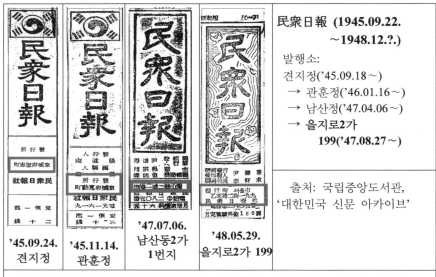

| | | | | 民衆日報 (1945.09.22. ~1948.12.?.) |
|---|---|---|---|---|
| | | | | 발행소: 견지정('45.09.18~) → 관훈정('46.01.16~) → 남산정('47.04.06~) → 을지로2가 199('47.08.27~) |
| '45.09.24. 견지정 | '45.11.14. 관훈정 | '47.07.06. 남산동2가 1번지 | '48.05.29. 을지로2가 199 | 출처: 국립중앙도서관, '대한민국 신문 아카이브' |

"한말 『大韓每日申報』에 참여했던 장도빈(張道斌)이 창간한,, 2면제의 일간지.
 "이 신문은 1947년 4월 6일 윤보선(尹潽善)이 판권을 인수하면서 부사장 이헌구, 주필 오종식, 편집국장 김광섭, 문학부장 김동리, 기자 조연현 등이 신문을 제작하면서 정상궤도에 올랐다. 1948년 12월 사장 윤보선이 서울시장에 임명된 후에 발행이 중단 되었다.(p. 238)".   정진석, "광복 후 6·25 전쟁까지의 언론", 2003.

〈자료 Ⅲ-A-을2가-3-⑨-1〉 『民衆日報』 발행 자료

『民衆日報』는 1945년 9월 22일 '견지동'에서 창간, 2개월 후인 11월 14일에 '관훈동'으로 이전했다가, 1947년 4월 6일 '남산정2가 1번지'로 다시 이전, **1947년 8월 27일 '을지로2가 199번지' 구역**으로 이전했다.

『民衆日報』는 발행소를 여러 곳으로 옮겨 다녔던 신문인데, 이 신문이 다른 지역에서 발행되고 있을 때의 사항은 각기 해당 지역 부분에서 다루어지고 있다.

여기서는 『民衆日報』가 '을지로2가 199번지' 지역에서 발행되고 있던 때의 사항을 다루고자 한다.

<자료 III-A-을2가-3-⑨-2>에 『民衆日報』의 '을지로2가 199번지' 시기인 1948년 1월 8일 자, 1면의 윗부분이 제시되어 있다.

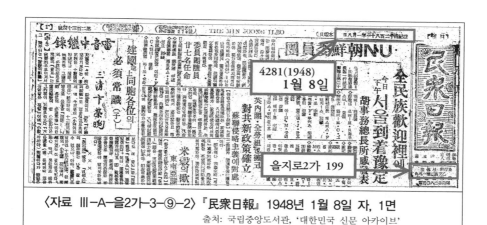

〈자료 III-A-을2가-3-⑨-2〉『民衆日報』1948년 1월 8일 자, 1면
출처: 국립중앙도서관, '대한민국 신문 아카이브'

『民衆日報』가 '을지로2가 199번지' 지역에서 발행되었던 때의 신문의 제호 밑 발행소 위치는 '을지로2가 199'로만 나와 있고, '199번지의 몇 호'인지가 나와 있지 않아, 발행소의 정확한 위치를 찾지 못하고 있다가, 『民衆日報』의 '自社 廣告'에서 꼬투리 정보 하나를 발견하게 되어(<자료 III-A-을2가-3-⑨-3> 『民衆日報』발행소 위치 자료), 옛날 지적자료들을 찾아, 이 신문의 발행소 위치를 추정해 보는 작업을 하게 되었다.

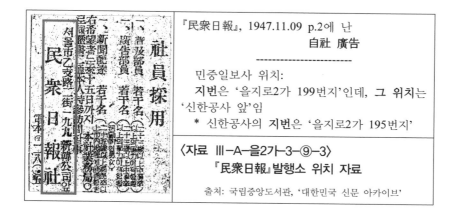

『民衆日報』, 1947.11.09 p.2에 난
自社 廣告
------------
민중일보사 위치:
지번은 '을지로2가 199번지'인데, 그 위치는 '신한공사 앞'임
* 신한공사의 지번은 '을지로2가 195번지'

〈자료 III-A-을2가-3-⑨-3〉
『民衆日報』발행소 위치 자료
출처: 국립중앙도서관, '대한민국 신문 아카이브'

『民衆日報』가 미군정(美軍政) 기간에 '그 앞에 발행소를 두었다고 하는' 신한공사(新韓公司)는:

'신한공사(新韓公社, the New Korea Company)는 1945년 11월 10일에 설립한 미 군정의 산하 기관이자 공기업으로, 토지 및 재산을 관리하던 기관이었다. 일제 강점기 때 존재했던 동양척식주식회사의 승계 기관이다. 그러나 정확하게는 구 동양척식회사의 재산 중 38도선 이남의 재산만을 실질적으로 관할하였다. 초기에는 신조선회사라 했다가 1946년 2월 21일 신한공사로 이름을 다시 바꾸었다.' '1945년 9월 25일 제정된 '패전국 소속 재산의 동결 및 이전제한의 건'과 1945년 12월 6일 제정된 '조선 내 일본인 재산의 권리귀속에 관한 건'에 의해 모든 한국 내 일본인 소유재산(적산)은 미 군정청 소유가 되었다. 이때 동양척식주식회사의 소유재산도 몰수했고 동척 회사는 '신조선회사'로 개명했다가 1946년 2월 21일 신한공사로 바꾸었다. 1948년 3월 22일 남조선과도정부에 의해 과도정부 산하 중앙토지행정처로 개편되었다가, 뒤에 대한민국 농림부 특수토지관리국에 흡수되어 사라졌다'(신한공사 위키백과).

<지적도와 사진 III-A-을2가-3-⑨-1>의 지적도 (A), (B), (C), (D)에서 알 수 있듯이, 미군정기(美軍政期)의 '신한공사' 터는 일제 강점기에는 우리의 토지를 수탈 관리하던 '동양척식회사'가 있었던 곳이고, 우리의 정부수립 후에는 '내무부' 청사가 들어서 있었고, 그 뒤 옆 '조선전업' 터와 합병한 터에 '외환은행' 본점이 들어섰으며, 최근에는 '외환은행'이 '하나금융'에 통합되어, '하나금융그룹'이 들어서 있다.

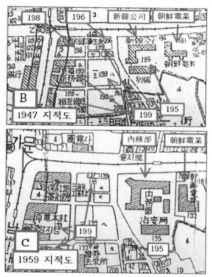

* '동양척식회사' → '신한공사' → '내무부'
* '구 농상공부' → '조선전업'
* '내무부' + '조선전업' → '외환은행'
                    → '하나금융그룹'

〈지적도와 사진 Ⅲ-A-을2가-3-⑨-1〉『民衆日報』의
'을지로2가 199번지'의 발행소 위치 추정작업

『民衆日報』의 발행소가 있던 곳이 '신한공사 앞'이라면(1947년 11월 9일, 自社 廣告), 그 위치는 어디였을까?

연구자의 추정으로는 『民衆日報』의 '을지로2가 199' 발행소는, 네이버 맵의 2021년 지적도인 **지적도 D**에 '**굵은 실선 화살표**'로 지목한 '**점선 타원**' 구역이 아닐까 생각된다. 2021년 현재 지번으로는 199번지의 7호, 18호, 63호 중의 어느 한 곳이 아니었을까 추정을 해 본다.

관련 자료를 계속 찾아보아야 할 것 같다.

『民衆日報』 발행소가 있었던 곳으로 추정되는 구역의 2021년 현재의 모습이 '사진 E'에 제시되어 있다.

⑩ 『現代日報』 (을지로2가 199)

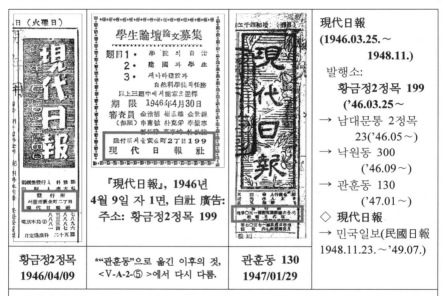

| | | | 現代日報 (1946.03.25.~ 1948.11.) 발행소: 황금정2정목 199 ('46.03.25~ → 남대문통 2정목 23('46.05~) → 낙원동 300 ('46.09~) → 관훈동 130 ('47.01~) ◇ 現代日報 → 민국일보(民國日報 1948.11.23.~'49.07.) |
|---|---|---|---|
| | 『現代日報』, 1946년 4월 9일 자 1면, 自社 廣告: 주소: 황금정2정목 199 | | |
| 황금정2정목 1946/04/09 | **"관훈동"으로 옮긴 이후의 것, <V-A-2-⑤ >에서 다시 다룸. | 관훈동 130 1947/01/29 | |

'(『현대일보』는) 모스크바 3상회의에서 결정된 신탁통치안으로 반탁과 찬탁의 여론이 분분한 가운데 (1946년 3월 25일) 창간된 좌파지였다(p. 252).' '미 군정은 (1946) 9월 6일 … 미군 축출을 선동했다는 이유로 정간을 명했다.…이 정간으로 『현대일보』는 이듬해(1947) 1월까지 신문을 발행하지 못하다가 1월 29일에 제166호로 속간되면서 판권이 서상천에게 넘어갔다. 이때부터 논조는 우익으로 돌아섰다(p.253).' '(『현대일보』는 1948년) 11월 23일 제호를 『민국일보』(民國日報)로 바꾸고 지령도 1호부터 다시 시작했다(p. 253).'

정진석, '광복 후 6·25 전쟁까지의 언론', 2003

〈자료 Ⅲ-A-을2가-3-⑩-1〉『現代日報』 발행 자료

『現代日報』는 1946년 3월 25일 左派紙로 창간(편집 겸 발행인 朴致祐, 인쇄인 李大弘), 1946년 3월 25일 정간, 1947년 1월 29일 右派紙로 속간(편

집 겸 발행인 徐相天, 인쇄인 李光喆, 주필 梁又正)해 발행해오다가, 대한민국
정부수립 직후인 1948년 11월 23일 제호가 『民國日報』로 바뀌어, 지령 1호
로 발행을 계속했던 신문이다.

『現代日報』는 1946년 3월 '황금정2정목 199번지' 구역에서 창간했고, 창간
직후인 5월에 발행소를 '남대문통2정목 23번지'로 옮겼고, 4개월 후인 9월에
'낙원동 300번지'로 옮겼으며, 1947년 1월에 '관훈동 130번지'로 이전을 했다.

여기서는 『現代日報』의 '을지로2가 199번지' 시기의 발행소 위치를 알아보
고, 『現代日報』가 다른 지역에서 발행되던 때의 사항은 해당 지역에서 다시 다
루어지고 있다.

『現代日報』 창간 직후인 1946년 4월 9일 자 신문 제1면의 윗부분이 <자료
Ⅲ-A-을2가-3-⑩-2>에 제시되어 있다.

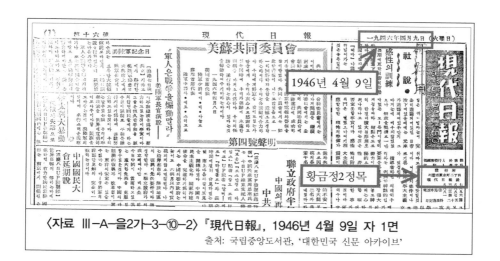

〈자료 Ⅲ-A-을2가-3-⑩-2〉 『現代日報』, 1946년 4월 9일 자 1면
출처: 국립중앙도서관, '대한민국 신문 아카이브'

『現代日報』는 창간 초기 신문題號 하단의 발행소 주소가 "황금정2정목"(을
지로2가)으로만 나와 있었다가, 1개월 후인 1946년 4월 30일부터 제호 밑
발행소 주소를 "황금정2정목 199"로 좀 더 자세히 밝혀 놓고 있다.

문제는 "199번지가 상당히 넓어", "199번지의 몇 호"였는지까지를 알아야
정확한 위치를 알 수가 있는데, 그 자료를 연구자가 아직 찾지를 못하고 있다.

이 社告에 "現代日報 營業局"이 있는 곳이 "황금정2정목 199번지인데, 일제
강점기 때 取引所가 있던 건물의 건너편"이라고 나와 있다. 당시 現代日報社의
영업국이 現代日報 발행소 건물 안에 같이 있었을 것으로 추정되기 때문에,
　現代日報社가 있던 곳은 "지적도 B, B-1, B-2"에 "현대일보 사옥 터" "취인소
건너편"으로 표시해 놓은 구역 안 어디엔가가 아니었을까 추정이 된다.
　연구자가 『現代日報』 발행소가 있었던 곳으로 추정해 본 터는, 해방 직후에는
"199번지의 1호", 2021년 현재는 "199번지의 44호, 45호, 46호"이다(B-1, B-2).
　다음으로 現代日報社 건물의 모습은 어떠했을까?

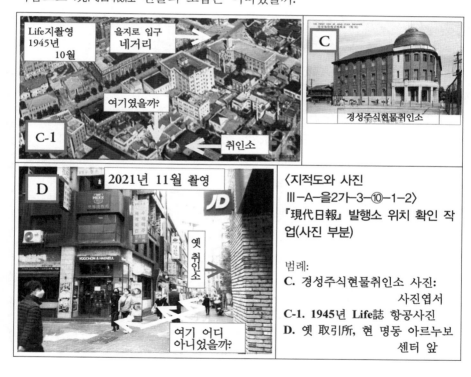

<지적도와 사진
Ⅲ-A-을2가-3-⑩-1-2>
『現代日報』 발행소 위치 확인 작
업(사진 부분)

범례:
C. 경성주식현물취인소 사진:
　　　　　　사진엽서
C-1. 1945년 Life誌 항공사진
D. 옛 取引所, 현 명동 아르누보
　　　　　　센터 앞

　<지적도와 사진 Ⅲ-A-을2가-3-⑩-1-2>의 "C"는 일제 때 우편엽서에 나와 있
는 "취인소" 건물 사진이고, "C-1"은 "Life誌에 실린 행방 직후인 1945년 10월
에 찍은 항공사진"인데, 그 사진에 "취인소" 건물이 나와 있고, 現代日報社는
그 "취인소" 건물 앞쪽에 있었다고 하니까, 연구자가 그 앞쪽 건물 3개 동(棟)

가운데 어느 하나가 現代日報가 들어있던 건물일 것 같다. "여기였을까?" 표시를 해보았다. 연구자가 현대일보 사옥 터 자리로 추정한 곳의 2021년 11월 현재 모습이 "사진 D"에 제시되어 있다.

『現代日報』 발행소가 있었던 곳에 관한 정확한 자료, 『現代日報』가 들어있던 건물의 사진, 이들 자료가 그 어디엔가 있을 터인데, 누군가가 갖고 있을 텐데, 하는 생각을 해본다.

지금까지 발행소의 지번이 '을지로2가 199번지'라고만 알려진 10개 신문 즉 『大韓獨立新聞』, 『民報』, 『獨立新報』, 『여성신문』, The Korea Union Times, 『第3特報』, 『新民日報』, 『工業新聞』, 『民衆日報』, 『現代日報』, 각각의 제호(題號), 발행 기간, 계보(系譜), 성격, 그리고 간단한 발행 사항 등을 알아보았다.

### ⑪ 을지로2가 199번지 범위

다음은 이들 10개 신문의 발행소가 있었던 위치를 알아볼 차례인데, 번지 아래 호수가 알려지지 않아, 지적도에 그 신문들의 발행소가 있었던 곳의 범위만을 알아볼 수밖에 없었다.

<지적도와 사진 III-A-을2가-3-⑪>에 '을지로2가 199번지' 지역의 1947년 지적도(A)와 2021년 서울시 GIS 지도(B) 그리고 1945년 해방 직후 찍은 이 지역 항공사진(C-1, C-2: Life誌 揭載)이 제시되어 있다.

〈지적도와 사진 Ⅲ-A-을2가-3-⑪〉 을지로2가 199번지 지역:
 * (C-1): 1945년 해방 직후 'Life 잡지에 실린 항공사진'
   (C-2): 'C-1' 사진에서 '을지로2가 199번지' 지역 확대한 사진

 * 발행소가 '을지로2가 199번지'로만 알려진 10개 신문들의 경우
   어느 신문이 어느 지점의 어느 건물에 들어있었을까?

'A'의 '1947년 판 지적도'에 '을지로2가 199번지' 지역이 '굵은 실선'으로 표시되어 있고, 그 바른쪽 'B'에 제시된 '2021년 서울시 GIS 지도'에도 동일 지번 지역이 '굵은 실선'으로 표시되어 있다.

'C-1'은 1945년 해방 직후 찍은 서울시 중심가의 항공사진으로서 Life誌에 실렸던 것으로, 이 사진에서 '을지로2가 199번지' 지역 부분을 확대한 것이 'C-2'로 제시되어 있다.

발행소의 위치가 '을지로2가 199번지'로만 알려진 10개 신문,『大韓獨立新聞』,
『民報』,『獨立新報』,『여성신문』, The Korea Union Times,『第3特報』,『新民
日報』,『工業新聞』,『民衆日報』,『現代日報』, 각각의 발행소 위치를 알아보
는 작업은 그 위치에 관한 추가 자료가 찾아질 때까지는 발행소가 있었던 곳의
범위를 아는 정도에서 일단은 마무리해야 할 것 같다.
    이들 신문사 각각의 사옥 건물 모습을 찾으려는 작업도 이 지역에 대한 당시
의 항공사진 속 건물들 모습을 보며 어느 신문이 어느 건물에 들었을까 궁금해
하는 선에서 일단은 접어야 할 것 같다.

## 4) 을지로2가 지역 내 '지번이 알려진' 다른 신문:

    ① 을지로2가 117: 水産經濟新聞,
    ② 水産經濟新聞의 사옥 위치, 그곳의 현재 모습

을지로2가 지역 199번지에서는 앞에서 보았듯이 여러 신문들이 발행되었는
데, 바로 옆 117번지에서도 신문 하나가 발행되었다.
『水産經濟新聞』이 바로 그 신문이다.

| 〈표 III-A-을2가-4〉'을지로2가' 지역 내 지번이 알려진 다른 신문 | | | | |
|---|---|---|---|---|
| 지역 | | 신문 이름 | 발행 기간 | 사옥(발행소) | 비고 |
| 을지로 2가 | 4 | 수산경제신문 (水産經濟新聞) | 1946.06. ~1949.12. | 을지로2가 117 | |

① 『水産經濟新聞』 (을지로2가 117)

水産經濟新聞(1946.06.10.~1949.12.)
　　발행소: 을지로2가 117
◇ 주간 『朝鮮水産時報』 → 일간 『水産經濟新聞』
----------------------------------------
　'발행인 사장 겸 주간 유용대가 週刊 조선수산시보를 개제하여 1946년 6월 창간한 日刊경제지…' '同紙는 일제 시 수산업회의 기관지『조선수산시보』를 토대로 하여 창간을 본 것으로 사옥 및…인쇄기,…半折機, 활자 등 수산업회의 소유시설을 동회의 사업부장이던 유용대가 그의 명의로 屆出 발간한 것이다(p. 373).'

　　　　　　　『韓國新聞百年(史料集)』, 1975.

발행소: 乙支路二街 一一七

〈자료 Ⅲ-A-을2가-4-①-1〉『水産經濟新聞』 발행 자료

　『水産經濟新聞』은 일제 강점기에 『朝鮮水産時報』로 발행되었던 주간신문을 접수해, 1946년 6월 10일 일간으로 창간한 경제지(經濟紙)였다.

　이 신문의 발행소는 '을지로2가 117번지'였으며, 1948년 8월 15일 정부수립 후에도 1949년 12월까지 발행되었다.

　『水産經濟新聞』의 1946년 6월 10일 자 창간호의 제1면 윗부분이 <자료 Ⅲ-A-을2가-4-①-2>에 제시되어 있다.

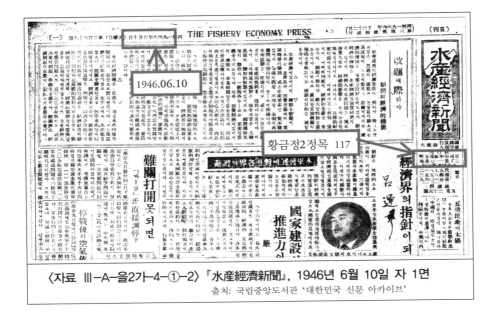

〈자료 Ⅲ-A-을2가-4-①-2〉『水産經濟新聞』, 1946년 6월 10일 자 1면

출처: 국립중앙도서관 '대한민국 신문 아카이브'

② 『水産經濟新聞』의 사옥 위치, 그곳의 현재 모습

<지적도와 사진 Ⅲ-A-을2가-4-②>에 『水産經濟新聞』의 발행소 위치를 확인하기 위한 '지적도 A(1947)'와 'B(1959)' 그리고 '2021년 지적도 (C)'가 제시되어 있다. 'D'에는 『水産經濟新聞』이 있었던 터의 2021년 현재 모습을 보여주는 사진이 제시되어 있다.

〈지적도와 사진 Ⅲ-A-을2가-4-②〉
『水産經濟新聞』 발행소의 위치 확인을 위한
지적도 자료와 옛 발행소 터의 2021년 현재 모습 사진

이들 3개 지적도에서 '굵은 실선 사각형'으로 표시되어 있는 곳이 여기에서의 관심의 대상인 『水産經濟新聞』의 발행소 위치이다.

<지적도와 사진 Ⅲ-A-을2가-4-②>에서 우선 『水産經濟新聞』 발행소가 있었던 '을지로2가 117번지'의 경우를 보면, 1947년 판 지적도에는 '117번지'가 나와 있는데, 1959년 판 지적도에는 그곳에 극장이 들어서 있다.

이 극장은 원래 1959년 '을지극장'으로 개관해서 '파라마운트극장'으로 잠시 이름이 바뀌었다가 1970년대 다시 먼저 이름 '을지극장'으로 바뀌었던 곳으로, 1970년대 말에는 '판코리아' 극장식 나이트클럽으로, 2021년 현재는

지번이 '101번지 1호'로 바뀌어 있고, '트래블로지 명동 을지로점' 빌딩이 들어서 있다.

『水產經濟新聞』 발행 당시의 상황을 짐작하게 해주는 1947년도 지적도인 'A'에서 보면, 이 신문의 발행소 주소인 '117번지'가 길모퉁이에서 좀 안쪽으로 들어선 곳에 있다.

1927년 '지적목록'에 나와 있는 것을 보면 '117번지'가 '117-1 대지 146평' '117-2 대지 208평'으로 나뉘어 있다. 광복 후 몇 년이 지나서 '을지극장'을 지을 때 이 두 터를 합병해 그 위에 큰 건물 하나를 지은 것이 아닌가 생각된다. 『水產經濟新聞』이 들어있었던 건물이 지번통합 이전 두 곳 중 어느 쪽 건물이었는지는 아직 확인을 못 하고 있다.

'D'에는 『水產經濟新聞』이 있었던 터의 2021년 현재 모습을 보여주는 사진이 제시되어 있다.

『水產經濟新聞』의 사옥 사진은 아직 찾지를 못하고 있고, 당시 그 부근의 모습을 짐작할 수 있는 사진도 아직 찾지를 못하고 있다.

## 5) 을지로2가 지역 내 '지번 미상'인 신문들:

### ① 우리新聞, ② 大公日報, ③ 부녀신문, ④ 을지로2가의 범위

신문의 발행소가 '을지로2가'에 있었으나 연구자가 아직 그 지번을 찾지 못해 발행소의 정확한 위치를 알 수 없는 신문 3개가 있다.

이들 3개 신문 가운데 『우리新聞』의 경우는 그 신문이 을지로2가의 '문화빌딩' 내에 있었다고 하는데, 연구자가 아직 그 '문화빌딩'의 위치를 못 찾고 있다.

또 다른 신문인 『大公日報』의 경우는 1945년 11월 창간 당시 발행소가 '을지로2가' 어딘가에 있었는데, 정부수립 이전(以前)인 1948년 초의 이 신문 제호(題號) 밑 발행소 난에는 그 발행소 주소가 '소공동 112번지'로 나와 있다. 따라서 『大公日報』는 소공동 지역에서 발행되었던 신문들의 발행소 위치를 다룰 때 다시 한번 다루고자 한다.

| 지역 | | 신문 이름 | 발행 기간 | 사옥(발행소) | 비고 |
|---|---|---|---|---|---|
| 〈표 Ⅲ-A-을2가-5〉'을지로2가' 지역에서 발행되었던 신문들: 지번 미상인 3개 신문 | | | | | |
| 을지로 2가 | 5 | 우리신문 (우리新聞) | 1947.02.10. ~'48.05.26. | 을지로2가 '문화빌딩' 내 | |
| | | 대공일보 (大公日報) | 1945.11.10. ~'45.12.25 | 황금정2정목 | |
| | | 부녀신문 | 1946.05.12.~?? | 황금정2정목 | |

① 『우리新聞』 (을지로2가 '문화빌딩' 내)

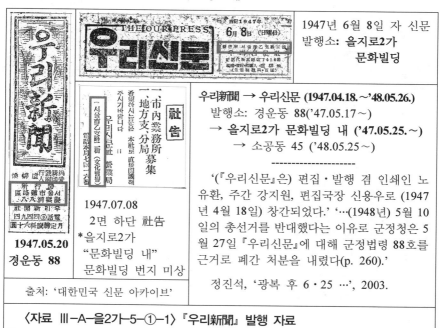

1947년 6월 8일 자 신문
발행소: 을지로2가
　　　　문화빌딩

우리新聞 → 우리신문 (1947.04.18.~'48.05.26.)
　발행소: 경운동 88('47.05.17~)
　→ 을지로2가 문화빌딩 내 ('47.05.25.~)
　　→ 소공동 45 ('48.05.25~)
--------------------
'(『우리신문』은) 편집·발행 겸 인쇄인 노유환, 주간 강지원, 편집국장 신용우로 (1947년 4월 18일) 창간되었다.' …(1948년) 5월 10일의 총선거를 반대했다는 이유로 군정청은 5월 27일 『우리신문』에 대해 군정법령 88호를 근거로 폐간 처분을 내렸다(p. 260).'

정진석, '광복 후 6·25 …', 2003.

1947.07.08
2면 하단 社告
*을지로2가
"문화빌딩 내"
문화빌딩 번지 미상

1947.05.20
경운동 88

출처: '대한민국 신문 아카이브'

〈자료 Ⅲ-A-을2가-5-①-1〉『우리新聞』 발행 자료

『우리新聞』은 1947년 4월 18일 '종로구 경운동 88번지'에서 창간되었다.

이 신문은 창간 1개월 후인 5월 25일 발행소를 '을지로2가 문화빌딩'으로 옮겼으며, 다시 1년이 지난 1948년 5월 25일 '소공동 45번지'로 옮겼다.

『우리新聞』은 창간할 때 신문 제호가 종서(縱書)로 '우리新聞'이었으나, 곧 횡서(橫書) '우리신문'으로 바뀌었다.

『우리신문』의 '을지로2가' 때 제1면 윗부분이 <자료 Ⅲ-A-을2가-5-①-2>에 제시되어 있다.

〈자료 Ⅲ-A-을2가-5-①-2〉 『우리신문』 1947년 6월 8일 자 신문, 1면
출처: 국립중앙도서관, '대한민국 신문 아카이브'

② 『大公日報』 (을지로2가, 번지 미상)

大公日報 (1945.11.10.~'49.10.20.)
발행소: 을지로2가 (번지 미상) ('45.11.10.~)
 → 중학동(번지 미상) ('46년?,'47년?~)
 → 소공동 112 ('47.11.29.~)
-----------------------
'사장 홍중우,,,편집국장 마명,…의 진용으로 출발했다 (p. 251).' '1947년 11월 20일에…김형원이 사장에 취임…김형원은…1948 5월 제헌국회 의원선거에…출마하면서…(신문) 발행도 중단했다가 낙선한 뒤…속간했는데,…(pp. 251-52)' 『대공일보』는 이듬해(1949) 10월…인천에서 발행되던 『대중일보(大衆日報)』에 판권이 넘어갔다(p. 252).'

정진석, '광복 후 6·25… 언론', 2003.

〈자료 Ⅲ-A-을2가-5-②-1〉 『大公日報』 발행 자료

『大公日報』는 1945년 11월 10일 '을지로2가(번지 미상)'에서 창간, '중학동'으로 이전했다가(이전 시기 확인 못 하고 있음), 1947년 11월 29일 '소공동 112번지'로 다시 이전했다.

『大公日報』는 정부수립(1948년 8월 15일) 후 1년이 좀 지난 1949년 10월 '인천에서 발행되던 『大衆日報』에 판권이 넘어갔다'.

<자료 Ⅲ-A-을2가-5-②-2>에 『大公日報』 1945년 11월 10일 창간호 1면 윗부분이 제시되어 있다.

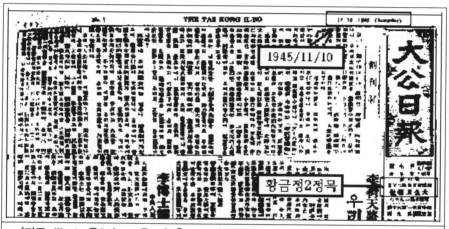

〈자료 Ⅲ-A-을2가-5-②-2〉 『大公日報』 1945년 11월 10일 자, 1면
출처: 『韓國新聞百年誌』, 1983, p. 506

③『부녀신문』(을지로2가, 번지 미상)

황금정 2정목

| 부녀신문(1946.05.12.~??) |
| --- |
| 발행소: 황금정2정목 (번지 미상) |
| 사장: 禹德淳, 편집국장: 朴露兒, 편집국 차장: 盧天命 |
| ------------------ |
| '발행인 겸 편집인쇄인 우덕순…' '1946년 5월 12일 창간.' '좌익 경향을 띤 … 일간 신문. (p. 627)' |
| |
| 『韓國新聞百年誌』, 한국언론연구원, 1983. |
| ------------------------- |
| * 題號가 漢字인 『婦女新聞』이 있었는데, 그 신문은 충정로2가 |
| 〈자료 Ⅲ-A-을2가-5-③-1〉<br>『부녀신문』 발행 자료 |

『부녀신문』(한글 제호)은 1946년 5월 12일 '황금정2정목'(번지 미상)에서 창간되었다. 발행인 겸 편집인쇄인 禹德淳, 편집국장 朴露兒, 편집국 차장 盧天命의 진용이었다.

| 『現代日報』, 1946년 5월 10일, 2면 기사<br>* '『부녀신문』이 (1946.05) 10日附로 發刊…'<br>출처: '대한민국 신문 아카이브' | 『自由新聞』, 1946년 5월 10일, 2면 기사<br>* '『婦女新聞』을 發刊 (1946.05) 10일부로…'<br>출처: '대한민국 신문 아카이브' |
| --- | --- |
| 〈자료 Ⅲ-A-을2가-5-③-2〉『부녀신문』 발행 자료: 다른 신문에 난 기사<br>* 사장: 禹德淳, 편집국장: 朴露兒, 편집국 차장: 盧天命<br>* 신문 제호가 '한글'인데, 『自由新聞』 기사에서는 '漢字'로 표기 | |

『부녀신문』에 관한 자료가 거의 없어, 더 자세한 사항을 찾지를 못하고 있다.

제호가 비슷한 신문으로 『婦人新報』(1947.05.03 창간, 관수동 125, 朴順天)와 『부인신문』(1950.01.01 현제 제769호, 북창동 93, 박순천)이 있다.

경상북도 대구(大邱)에서도 제호가 비슷한 『婦女日報』가 1946년 10월 23일 '대구시 村上町 51'에서 창간되었다.

<자료 Ⅲ-A-을2가-5-③-2>에 『부녀신문』의 1946.05.12 창간호 1면 윗부분이 제시되어 있다.

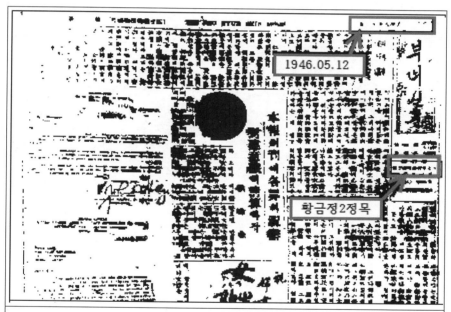

〈자료 Ⅲ-A-을2가-5-③-3〉『부녀신문』1946년 5월 12일 창간호 1면
출처: 『韓國新聞百年誌』, p. 627

④ 을지로2가의 범위

다음은 발행소가 '을지로2가'로만 알려진, 위에서 다룬 3개 신문『우리新聞』,『大公日報』,『부녀신문』의 발행소가 있었던 위치를 알아볼 차례인데, 이들 신문사가 있었던 터의 정확한 지번(地番)을 찾지를 못해, <지적도 Ⅲ-A-을2가-5-④>에 '을지로2가'의 범위만을 나타내 보았다.

〈지적도 Ⅲ-A-을2가-5-④〉 을지로2가 지역 1947년 판 지적도

## 6) 을지로3가, 을지로4가, 을지로5가 발행 신문들

① 을지로3가: 國際日報, ② 을지로4가: 中央經濟新聞,
③ 을지로5가: 朝鮮土建日報

<자료 Ⅲ-A-을3, 4, 5가-6-1>에 1947년 판『朝鮮年鑑』자료가 제시되어 있다.
이 자료에서 보면 1946년 말 현재『國際日報』가 '을지로3가 302(?)번지'에서 발
행되고 있었고,『中央經濟新聞』이 '을지로4가 187번지'에서 발행되고 있었다.

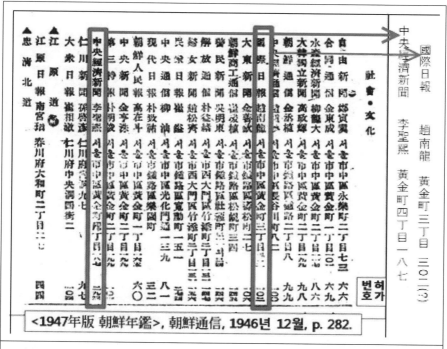

〈자료 Ⅲ-A-을3가, 4가, 5가-6-1〉 1946년 말 현재 '을지로3가와 4가'에서
발행되던 2개 신문에 관한 자료:
 * 國際日報: 을지로3가 302 ;『中央經濟新聞』: 을지로4가 187

| 지 역 | | | 신문 이름 | 발행 기간 | 사옥(발행소) | 비 고 |
|---|---|---|---|---|---|---|
| 을지로 | 3가 | 6 | 국제일보<br>(國際日報) | 1946년 말<br>발행 중* | 을지로3가<br>302* | |
| | 4가 | | 중앙경제신문<br>(中央經濟新聞) | 1946년 말<br>발행 중* | 을지로4가<br>187* | |
| | 5가 | | 조선토건일보<br>(朝鮮土建日報) | 1946.03.10.<br>창간 | 을지로5가 255<br>→ 무교동 59 | |

〈표 Ⅲ-A-을3, 4, 5가-6〉 '을지로3가, 4가, 5가'에서 발행되었던 신문들

출처『朝鮮年鑑』, 1947년 판

① 을지로3가:『國際日報』(을지로3가 302)

우선 '을지로3가'에서 발행되었던 『國際日報』의 발행소 위치를 알아보자.

『國際日報』에 관해서는 정리된 자료가 많지 않다. 흩어져 있는 몇 건의 자료에서 보면, 이 신문은 左翼系 신문이었고(송건호, 2002), 미군정(美軍政) 당국이 共産黨을 불법화하면서 발행이 어려워져서 휴간을 했다가, 다시 속간을 했었던 것 같다(경향신문, 1947년 6월 10일).

이 과정에서 발행소를 몇 곳 옮겨 다닌 것 같다.

1947년 판『朝鮮年鑑』(<자료 Ⅲ-A-을3가, 4가, 5가-6-1>)에 1946년 말 현재 발행 중인 신문들의 하나로『國際日報』가 나와 있는데, 거기에는 발행소가 '을지로3가 302(?)번지'로 나와 있다. 이 연감에는『國際日報』의 발행허가번호도 나와 있다. 발행허가번호가 '102호'이다.

<자료 Ⅲ-A-을3가-6-①-1>에 제시된『國際日報』제호(題號)는 1947년 7월 8일 자 신문에 난 것이다. 이 題號에 부가적으로 나와 있는 발행 관련 사항들 가운데 '허가번호'도 들어있는데, 그 허가번호도 연감에 나와 있는 것과 같은 '102호'이다. 이『國際日報』가 연감에 나와 있는 것과 동일 신문임을 말해주고 있다.

〈자료 Ⅲ-A-을3가-6-①-1〉『國際日報』 발행 자료
 * 『國際日報』가 을지로3가 302번지에서 발행되던 때의
                          제호(題號)와 지면(紙面) 계속 찾고 있음.

　『國際日報』1947년 7월 8일 자 제호에는 발행소 주소가 '종로2가 19번지'
로 나와 있다. 그렇다면 이 『國際日報』가 1946년 말까지는 '을지로3가 302번
지'에 있다가(『朝鮮年鑑』), 1947년 7월 이전에 '종로2가 19번지'로 이전한 것
임을 알 수 있다.

　여기서는 우선 『國際日報』가 '을지로3가 302번지'에 있었을 때의 발행소
위치를 알아보고자 한다. ('종로2가 19번지'로 이전했을 때의 발행소 위치는
다음 장인 '제Ⅴ장' 종로구, 서대문구에서 발행되었던 신문들'에서 다시 다루
게 됨.)

『國際日報』의 을지로3가 사옥 위치(옛 302번지)를 추정해 보는 작업과 그 추정된 곳의 2020년 현재 모습 사진이 <지적도와 사진 Ⅲ-A-을3가-6-①-2>에 제시되어 있다.

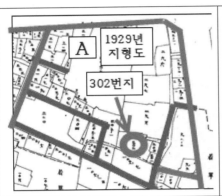

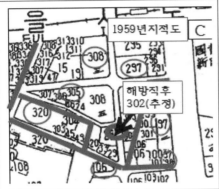

<지적도와 사진 Ⅲ-A-을3가-6-①-2>

『國際日報』 을지로3가 사옥 위치(옛 302번지) 추정작업과 추정된 곳의 2020년 현재 모습

** A, B, C, D 지적도 위의 굵은 실선: 해방 당시 이 지역 골목길과 302번지 위치 표시 :

우선 'B'의 1947년 지적도를 보자. 이 지적도는 『國際日報』가 발행되던 시기의 것으로서, 이 신문의 발행소인 '을지로3가 302번지'가 나와 있지 않다. 대신 '301번지'와 '303번지'는 나와 있어서, '302번지'는 그 중간에 위치하지 않았을까 추정을 해보았다.

이 추정이 맞는 것인지를 확인해 보기 위해, 日帝 때의 地番과 地形 자료인 '1929년 지형명세도'를 찾아보았다. 이 지형도가 'A'에 제시되어 있는데, 여기에는 '302번지'가 나와 있다. 출입구가 작은 막다른 골목길 끝에 나 있다.

'1929년 지형도'인 'A'와 '1947년 지적도'인 'B'를 대조해 보면, 이 지역의 지형과 지번, 특히 골목길 구조에 변화가 없음을 확인할 수 있다. '1947년 지적도'인 'B'에서 '302번지' 터로 추정한 위치가 맞는 것임을 알 수가 있었다.

다음 '1959년 지적도'인 'C'에서 보면, 이 지역 골목 구조가 크게 바뀌어 있다. 1950년의 '6·25 전쟁' 중에 서울시의 여러 곳이 크게 파괴되어 이의 복구 과정에서 도로의 대대적인 정비가 있었는데, 을지로3가 지역도 그중의 하나였던 것 같다. 1959년 지적도 위에 1947년 지적도에서의 골목길 구조(굵은 실선)를 얹어 놓고, 해방 직후인 1947년 당시의 '302번지' 위치를 추정해 보았다. 해방 직후의 '302번지' 터가 새로 난 골목길에 포함되고 그 길 양쪽에 걸쳐있는 것으로 추정이 되고 있다.

'D'에는 2020년 현재의 '네이버 지적도'가 제시되어 있다. 골목길 구조는 1959년 지적도의 것과 같아서, 이 골목길 구조를 참고해서 옛 『國際日報』 발행소 터인 '옛 302번지 터'의 위치를 추정해 본 것이 제시되어 있다.

'E'에는 위의 지적도 검토를 통해 추정된 위치 부근을 2020년 11월에 찍은 사진이 제시되어 있다.

『國際日報社』가 들어있던 건물 사진은 아직 찾지를 못하고 있다. 그 부근의 당시 모습을 보여주는 사진도 아직 못 찾고 있다.

② 을지로4가: 『中央經濟新聞』 (을지로4가 187)

| 관련 자료 찾고 있음 |
|---|
| 〈자료 Ⅲ-A-을4가-6-②-1〉 『中央經濟新聞』 발행 자료<br>　*『中央經濟新聞』이 '을지로4가 187번지'에서 발행되던 때의<br>　　제호(題號)와 지면(紙面) 계속 찾고 있음. |

　『中央經濟新聞』은 1947년 판 『朝鮮年鑑』에 1946년 말 현재 발행되고 있는 신문의 하나로 나와 있는데, 다른 곳에서는 아직 이 신문에 관한 자료를 찾지 못하고 있다.

　1947년 판 『朝鮮年鑑』(앞 〈자료 Ⅲ-A-을3, 4, 5가-6-1〉)에 1946년 말 현재 발행 중인 『中央經濟新聞』은 '발행인은 이성희(李聖熙), 허가번호는 294, 발행소는 황금정4정목 187'이었다.

　〈지적도와 사진 Ⅲ-A-을4가-6-②-1〉에 옛 『中央經濟新聞』 발행소 터였던 '을지로4가 187번지'의 위치 추정작업과 그 터의 현재 모습 사진이 제시되어 있다.

　'A'는 『中央經濟新聞』이 발행되던 시기인 1947년 지적도인데, 여기에 『中央經濟新聞』 발행소 주소인 '을지로4가 187번지'가 나와 있다. 'B'는 지번(地番)과 그 지번 터의 지형(地形)이 나와 있는 1959년 지적도인데, 여기서는 '187번지' 터의 경계선까지 알아볼 수가 있다. 1947년과 1959년 사이에 지번과 주변 도로 구조에 아무런 변동이 없었다.

　'C'는 '2021년 서울시 GIS 지적도'인데, 을지로4가 로터리 확장으로 '188번지' 터는 사라졌으나, 이 연구의 대상인 '187번지' 터에는 변동이 없으며, '187번지'가 여러 '호'(副番)로 나뉘어 있음을 보여주고 있다.

　'B'의 1959년 지적도에서 '187번지'가 넓은 터라는 것을 알게 되었고, 'C'의 2021년 서울시 GIS 지적도를 보고 이 번지 터에 해방 직후 당시에도 집이 몇 채 들어서 있었을 것이라는 생각이 들게 되었다.

『中央經濟新聞』이 큰 신문은 아니었을 것이기 때문에 '187번지' 넓은 터를 다 차지했을 것 같지는 않다. 그렇다면 이 신문이 이 터 안의 어느 건물에 들어 있었을까 궁금해진다. 『中央經濟新聞』의 사옥 사진을 아직 찾지 못하고 있어 현재로서는 알 수가 없다.

'D'에는 지적도 'A' 'B' 'C'에서의 검토를 통해 그 범위를 확인한 옛『中央經濟新聞』의 발행소 위치의 '2020년 11월 현재의 모습' 사진이 제시되어 있다. 이 사진의 촬영 지점과 촬영 방향은 'C' 지적도에 표시가 되어있다.

〈지적도와 사진 Ⅲ-A-을4가-6-②-1〉『中央經濟新聞』 발행소 터 위치 추정작업과 그 터 부근의 현재 모습 사진

### ③ 을지로5가: 『朝鮮土建日報』 (을지로5가 255)

『工業新聞』, 1946년 7월 24일 2면 기사

--------------------

* 『土建産業經濟日報』 사무소
  장곡천정 12로 옮김.
* 사장 김세연 취임.

『中央新聞』, 1946년 6월 1일 1면 광고

--------------

* 『朝鮮土建日報』
창간: 1946년 3월 10일
발행소:
황금정5정목 255

『工業新聞』, 1947년 5월 4일 2면 기사

--------------------

* 朝鮮土建産業經濟日報 + 朝鮮土建日報 → 朝鮮土建經濟日報
* 사장: 이원식, 주간 겸 편집국장: 최기섭

〈자료 Ⅲ-A-을5가-6-③-1〉
『朝鮮土建日報』(1946.3.10.~??)
발행 자료
출처: 국립중앙도서관 '대한민국 신문 아카이브'

『漢城日報』,
1946년 8월 15일
2면 광고

--------------

* 『朝鮮土建日報』:
발행소:
중구 무교정 59

| 『朝鮮土建日報』 지면을 찾고 있음 |
| --- |
| 〈자료 Ⅲ-A-을5가-6-③-2〉 『朝鮮土建日報』 발행 자료<br>  * 『朝鮮土建日報』가 을지로5가 255번지에서 발행되던 때의<br>    제호(題號)와 지면(紙面) 계속 찾고 있음. |

『朝鮮土建日報』 발행에 관한 직접적인 자료들은 연구자가 아직 찾지를 못하고 있다.

『韓國新聞百年誌』에도, 『韓國新聞百年: 史料集』에도 안 나와 있고, 『韓國新聞
100年史料展』 책자에도 안 나와 있다. 국립중앙도서관의 '대한민국 신문 아카
이브'에도 직접적인 자료는 안 나와 있고, 『朝鮮土建日報』에 관한 기사나 광고
몇 건이 나와 있을 뿐인데, <자료 Ⅲ-A-을5가-6-③-1>에 이들 '기사'와 '광고'가
제시되어 있다.

『朝鮮土建日報』는 1946년 3월 10일 창간되었고, 그때 발행소 주소는 '황금
정5정목 255번지'였고(B), 발행 몇 개월 후에 발행소를 '중구 무교동 59번지'
로 옮겼고(D), 이듬해인 1947년 5월 2일에 『朝鮮土建産業經濟日報』와 합병
해서 신문의 제호가 『朝鮮土建經濟日報』로 바뀌게 되었다.

자료가 더 찾아지는 대로 보충하기로 하고, 자료 (B) 광고에 나와 있는 『朝
鮮土建日報』사의 주소 '을지로5가 255번지'의 위치를 알아보고자 한다.

<지적도와 사진 Ⅲ-A-을5가-6-③-2>에 1947년 지적도 (A), 1959년 지적도
(B), 2020년 지적도 (C)가 제시되어 있다.

1947년 지적도 (A)에는 『朝鮮土建日報』사의 주소 '을지로5가 255번지'는 안
나와 있고 256번지와 254번지가 나와 있다. 한편 1959년 지적도 (B)에는 255
번지가 나와 있다. (A) 지적도에서 찾고 있는 255번지는 256과 254의 중간일
것으로 보고, (B) 지적도의 255번지 위치를 참고해서, '굵은 실선 원'으로 255
번지 터에 표시를 해보았다.

1959년 지적도 (B)에서 보면 이 지역 도로망이 크게 정비되어 있고, 이 도로
망은 2020년 지적도 (C)에 변동이 없어, 1959년 지적도상의 '255번지' 터 위치
를 2020년 지적도상에 옮겨 '굵은 실선 원'으로 표시를 해보았다.

이렇게 추정한 '을지로5가 255번지' 터의 1940년대 후반 사진을 아직 찾지
못한 상태에서, 2020년 11월 현재 그곳 모습을 찍은 사진이 (D)에 제시되어
있다.

『朝鮮土建日報』 발행소가 있었던 을지로5가의 '옛 255번지' 터는 2020년
현재 '중부건어물시장' 입구, 들어가면서 왼쪽, '흰 선과 화살표'로 표시를 해본
터가 아니었을까, 연구자가 추정을 해보았다.

136

〈지적도와 사진 Ⅲ-A-을5가-6-③-2〉『朝鮮土建日報』발행소 터 위치 추정작업과
그 터 부근의 2020년 현재 모습 사진

-------------------------------------------------

　서울시 **중구(中區)** '을지로1가, 2가, 3가, 4가, 5가' 지역에서 발행되었던
신문들의 발행소 위치에 관한 자료의 발굴과 추정과 정리는 이상으로 일단 마
무리 짓고,

　다음 <제 Ⅳ 장>에서는 '**中區의 을지로 이외 지역**'에서 발행되었던 신문들의
발행소 위치를 알아보고자 한다.

# 제 IV 장

중구(中區)의 '을지로 이외 지역'에서
발행되었던 신문들: B

B. 중구(中區)의 태평로1가, 태평로2가, 무교동, 장교동, 저동2가,
　　소공동, 북창동, 남대문로2가, 남대문로3가, 양동,
　　회현동1가, 회현동2가, 남산동2가, 충무로3가

1) 태평로1가, 태평로2가
　　① 태평로1가: 漢城日報, ② 태평로1가: 世界日報,
　　③ 태평로1가: 독립신문, ④ 태평로2가: 獨立新聞,
　　⑤ 태평로1가, 2가에서 발행되었던 4개 신문들의 사옥 위치, 사옥
　　　 사진, 그곳의 현재 모습
　　* 서울신문, 朝鮮日報, 제Ⅱ장에서 다루어졌음.
2) 무교동, 장교동, 저동2가
　　① 무교동: 朝鮮土建日報, ② 장교동: 民主日報,
　　③ 저동2가: 自由新聞, ④ 무교동, 장교동, 저동2가에서 발행되었
　　　 던 3개 신문들의 사옥 위치, 사옥 사진, 그곳의 현재 모습
3) 소공동
　　① 해방일보, ② 大公日報, ③ 工業經濟日報, ④ 平和日報,
　　⑤ 國都新聞, ⑥ 國際新聞, ⑦ 朝鮮土建經濟日報, ⑧ 産業經濟日報,
　　⑨ 소공동에서 발행되었던 8개 신문들의 사옥 위치, 사옥 사진, 그
　　　 곳의 현재 모습 * 京鄕新聞, 제Ⅱ장에서 다루어졌음.
4) 북창동
　　① 東新日報, ② 世界日報, ③ 大東新聞, ④ 大韓日報,
　　⑤ 中外新報, ⑥ 新民日報,
　　⑦ 북창동에서 발행되었던 6개 신문들의 사옥 위치, 그곳의 현재 모습
5) 남대문로2가, 남대문로3가, 양동(현 남대문로5가)
　　① 남대문로2가: 東方新聞, ② 남대문로2가: 現代日報,
　　③ 남대문로2가: 婦人新報, ④ 남대문로3가: 서울夕刊,
　　⑤ 남대문로3가: 朝鮮中央日報, ⑥ 양동: 中外經濟新報,
　　⑦ 남대문로2가, 3가와 양동에서 발행되었던 6개 신문들의 사옥
　　　 위치, 그곳의 현재 모습
6) 회현동1가, 회현동2가, 남산동2가, 충무로3가
　　① 회현동1가: 漢城新聞, ② 회현동2가: 第一新聞,
　　③ 남산동2가: 民衆日報, ④ 남산동2가: 産業經濟新聞,
　　⑤ 충무로3가: 土建經濟日報,
　　⑥ 회현동1가, 2가, 남산동2가, 충무로3가에서 발행되었던 5개 신
　　　 문들의 사옥 위치, 그곳의 현재 모습

바로 앞 <제 Ⅲ 장>에서는 **中區** 내 '을지로' 지역에서 발행되었던 신문들을 다루었고, 여기 <제 Ⅳ 장>에서는 **중구 내 을지로 이외의 '다른 지역'**에서 발행되었던 신문들의 경우를 다루게 된다.

<표 Ⅳ-B-가>와 <표 Ⅳ-B-나>에 중구(中區)의 **'을지로 이외 다른 지역'**에서 발행되었던 신문들의 신문명, 발행 기간, 발행소 주소 등이 제시되어 있다.

여기서도, 먼저 '신문사의 발행 자료'를 알아보고, 신문사 발행소의 위치를 지적도상에서 확인 내지는 추정해 보는 작업을 해보고, 이어서 그들 사옥의 사진이 찾아지면 그와 함께 그 터와 그 주변의 최근 모습을 보여주는 사진을 제시하고, 사옥 사진을 찾지 못했을 경우에는 그 터와 주변의 최근 모습을 보여주는 사진만을 제시해 보고자 한다.

다루게 될 순서는 <표 Ⅳ-B-가, 나>에 나와 있는 대로 1) '태평로1가, 2가', 2) '무교동', '장교동', '저동2가', 3) '소공동', 4) '북창동', 5) '남대문로2가, 3가', '양동', 6) '회현동1가, 2가', '남산동2가', '충무로3가'의 순을 따르게 된다.

140

| 지역 | | 신문 이름 | 발행 기간 | 사옥(발행소) | 비 고 |
|---|---|---|---|---|---|
| 1 | 태평로<br>1가 | 서울신문* | 1945.11.23.~<br>2014 현재 | 태평로1가 32 | 每日新報 1945.11.10.까지<br>*<II-1>에서 다루어졌음. |
| | | 조선일보*<br>(朝鮮日報) | 속간<br>1945.11.23.<br>~2021 현재 | 태평로1가 61 | *앞 <II-2>에서 다루어졌음. |
| | | 한성일보<br>(漢城日報) | 1946.02.26.<br>~1950.06.?. | 태평로1가 31-2 | 일제하 京城日報社 사옥 |
| | | 세계일보<br>(世界日報) | 1946.02.02.<br>~1949.01.14. | 태평로1가 31-2 | *태평로1가로의 이전은<br>1947.02.14 |
| | | 독립신문 | 1947.06.04.~<br>1949.04.?. | 태평로1가 61 | 1947.6.4.부터 일간<br>題號 下 태평로1가 61 |
| | 태평로<br>2가 | 독립신문<br>(獨立新聞) | 1945.10.11~ | 태평로2가 38 | 獨立新聞 →<br>독립신문(제호 한글) |
| 2 | 무교동 | 조선토건일보<br>(朝鮮土建日報) | | | |
| | 장교동 | 민주일보<br>(民主日報) | 1946.06.10.~<br>1948.12.02. | 장교동 26 | |
| | 저동<br>2가 | 자유신문<br>(自由新聞) | 1945.10.05.~<br>1952.05.26. | 저동2가 73 | |
| 3 | 소공동 | 해방일보 | 1945.09.19.~<br>1946.05.18. | 소공동 74 | |
| | | 경향신문*<br>(京鄉新聞) | 1946.10.06.~<br>2022년 현재 | 소공동 74<br>(해방공간 당시) | * <II-4>에서 다루어졌음. |
| | | 대공일보<br>(大公日報) | 1945.11.10.~<br>1949.10.20. | 을지로2가→<br>소공동 112 | * 1948년 2월 현재<br>소공동 112 |
| | | 공업경제일보<br>(工業經濟日報) | 1947.10.21.~<br>???. | 소공동 81 | |
| | | 평화일보<br>(平和日報) | 1948.02.08.~<br>1949.09.19. | 소공동 81 | |
| | | 국도신문<br>(國都新聞) | 1948.04.01.~<br>1961.05.28. | 소공동 45 | |
| | | 국제신문<br>(國際新聞) | 1948.07.21.~<br>1949.03.04. | 소공동 45 | 大韓獨立新聞 →<br>民報 → 國際新聞 |
| | | 조선토건경제일보<br>(朝鮮土建經濟日報) | 1947년<br>5월 현재 | 소공동 12 | |
| | | 산업경제일보<br>(産業經濟日報) | 1946년<br>12월 현재 | 소공동 111 | 『朝鮮年鑑』, 1947년 판 |

〈표 IV-B-가〉 해방 후 美軍政期 서울 中區의 '을지로 이외 지역'에서 발행되었던 신문들(1): 태평로1가, 2가, 무교동, 장교동, 저동2가, 소공동

〈표 IV-B-나〉로 (계속)

* 서울신문, 朝鮮日報, 京鄉新聞 3개 신문은 앞 제II장에서 다루어졌음.
출처 『朝鮮年鑑: 1947年 版』, 1946.12 ; 『韓國新聞百年: 史料集』, 1975.: 『韓國新聞百年誌』, 1983. : 정진석, '광복 후 6·25 전쟁까지의 언론,', 2003. 국립중앙도서관, '대한민국 신문 아카이브'

**〈표 Ⅳ-B-나〉 해방 후 美軍政期**
**서울 中區의 '을지로 이외 지역'에서 발행되었던 신문들(2):**
**북창동, 남대문로2가, 3가, 양동, 회현동1가, 2가, 남산동2가, 충무로3가**

| | 지역 | 신문 이름 | 발행 기간 | 사옥(발행소) | 비 고 |
|---|---|---|---|---|---|
| 4 | 북창동 | 동신일보<br>(東新日報) | 1945.10.04.~<br>'46.02. | 북창동 10 | 大東新聞<br>1946.2.2.일 기사 |
| | | 세계일보<br>(世界日報) | 1946.02.02.~<br>'48.12.29. | 북창동 13(10?) | 東新日報 →<br>世界日報 |
| | | 대동신문<br>(大東新聞) | 1945.11.25.-<br>'49.03.12. | 북미창정 84<br>(제호 밑) | |
| | | 가정신문<br>(家政新聞) | 1946.03.21.<br>~?? | 북창동 84 | 수송동에서<br>북창동으로 옴<br>'46.09.08에 |
| | | 대한일보<br>(大韓日報) | 1947.07.27.~<br>'48.12.02. | 북창동 93-32 | |
| | | 중외신보<br>(中外新報) | 1946.04.19.~<br>'47.08.27. | 북창동 93-32 | |
| | | 신민일보<br>(新民日報) | 1947.01.07.~<br>'48.05.27. | 북창동 93-32 | |
| 5 | 남대문로<br>2가 | 동방신문<br>(東方新聞) | 1945.09.25.<br>~??. | 남대문로2가 1 | |
| | | 현대일보<br>(現代日報) | 1946.05.24.<br>~?? | 남대문로2가 23 | |
| | | 부인신보<br>(婦人新報) | 1947.05.03.~<br>'48.09. | 남대문로2가 15 | |
| | 남대문로<br>3가 | 서울석간<br>(서울夕刊) | 1947.01.30.~<br>'47.06.?. | 남대문로3가 105 | |
| | | 조선중앙일보<br>(朝鮮中央日報) | 1947.07.01.~<br>'49.10.11. | 남대문로3가 105 | 서울夕刊 →<br>朝鮮中央日報 |
| | 양동 | 중외경제신보<br>(中外經濟新報) | 1946.05.24.~<br>'47.04.15. | 양동 34-48 | |
| 6 | 회현동 1가 | 한성신문<br>(漢城新聞) | 1945.12.15.<br>~??. | 회현동1가 198 | 일간 → 주간 |
| | 회현동 2가 | 제일신문<br>(第一新聞) | 1946.11.04.~<br>'48.09.13. | 회현동2가 6 | 光明日報 →<br>第一新聞 |
| | 남산동 2가 | 민중일보<br>(民衆日報) | 1945.09.22.~<br>'48.12.02. | 남산동2가 1 | 1947.04<br>남산동2가로 이전 |
| | | 산업경제신문<br>(産業經濟新聞) | 1946년<br>12월 현재 | 남산동2가 6 | |
| | 충무로 3가 | 토건경제일보<br>(土建經濟日報) | 1945.11.17.<br>- ?? | 충무로3가 30 | |

출처: 『朝鮮年鑑: 1947年 版』, 1946.12 ; 『韓國新聞百年: 史料集』, 1975.; 『韓國新聞百年誌』, 1983.;
정진석, '광복 후 6·25 전쟁까지의 언론', 2003 : 국립중앙도서관, '대한민국 신문 아카이브'

## 1) 태평로1가, 태평로2가

① 태평로1가: 漢城日報, ② 태평로1가: 世界日報,
③ 태평로1가: 독립신문, ④ 태평로2가: 獨立新聞,
⑤ 태평로1가, 2가에서 발행되었던 4개 신문들의 사옥 위치, 사옥 사진, 그곳
   의 현재 모습
   * 서울신문, 朝鮮日報, 앞 <제 Ⅱ 장>에서 다루어졌음.

발행소가 '태평로1가'인 『서울신문』과 『朝鮮日報』는 앞 <제 Ⅱ 장> '해방과
더불어 제호를 바꾸거나 복간 중간(重刊) 혹은 창간한 신문으로서 현재까지 계
속 발행되고 있는 4개 신문' 부분에서 이미 다루어졌기 때문에, 중복을 피해,
여기서는 다시 다루지 않고 넘어가겠다.
　해방공간 기간에 '태평로1가'와 '태평로2가'에서 발행되었던 다른 4개 신문,
『漢城日報』, 『獨立新聞』, 『世界日報』, 『독립신문』으로 넘어가 알아보고자 한다.

　<표 Ⅳ-B-1>에 이들 4개 신문의 발행 기간 발행소 자료가 제시되어 있다.

| | 지역 | 신문 이름 | 발행 기간 | 사옥(발행소) | 비 고 |
|---|---|---|---|---|---|
| 1 | 태평로 1가 | 한성일보 (漢城日報) | 1946.02.26.~ 1950.06.?. | 태평로1가 31-2 | 일제하 京城日報社 사옥 |
| | | 세계일보 (世界日報) | 1947년 초~ | 태평로1가 31-2 | 일제하 京城日報社 사옥 |
| | | 독립신문 | 1947.06.04.~ 1949.04.?. | 태평로1가 61 | 1947.6.4.부터 일간 朝鮮日報社 사옥 |
| | 태평로 2가 | 독립신문 (獨立新聞) | 1945.10.11. ~?? | 태평로2가 38 | 獨立新聞 → 독립신문(제호 한글) |

⟨표 Ⅳ-B-1⟩ 태평로1가, 2가에서 발행되었던 신문들

### ① 漢城日報 (태평로1가 31-2)

漢城日報 (1946.02.26.~'50.06.)
발행소: 태평로1가 31-2

1946년 2월 26일 창간된 타블로이드 版의 매일 夕刊 발행신문으로 同人制로 출발하였다.

편집 겸 발행인 梁在廈, 인쇄인 金宗亮, 사장은 **안재홍(安在鴻, 1891~1965)**, 주필 李瑄根, 편집국장 宋志英…

발행소는 한성시 태평통1정목 32 (31-2의 誤植?)…

서울公印社에서 東亞日報, 朝鮮日報와 함께 공동으로 舊京城日報社의 인쇄시설을 사용하여 창간을 본 동지는 그 지향하는 바를 민족통일과 민주주의국가로서의 자주독립에 두었다.

漢城日報는 49년 2월 3일 '印行上의 支障'을 만나 7개월여의 휴간 상태에 빠졌다가 동년 9월 1일 자 제920호로 속간하였다.

편집 발행 겸 인쇄인 安在鴻, 편집국장 李寬九. pp. 212~15.

『韓國新聞百年: 史料集』, 1975.

〈자료 Ⅳ-B-1-①-1〉『漢城日報』발행 자료

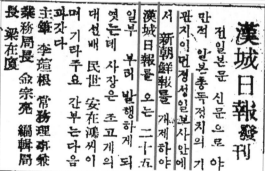

『自由新聞』, 1946.02.16 신문 2면 기사
* 『京城日報社』건물 안에서 『新朝鮮報』를 개제하여 『漢城日報』를 (2월) 25일부터 발행

〈자료 Ⅳ-B-1-①-2〉
『漢城日報』발행 자료 2
출처: 국립중앙도서관, '대한민국 신문 아카이브'

『漢城日報』
1946.09.13
2면 광고
* 경성일보 건물
명칭이
'서울공인사'로

『漢城日報』는 ① 일제 강점기 총독부 기관지였던 『京城日報』 사옥에서, ② 『新朝鮮報』를 개제(改題)하여, ③ 1946년 2월 26일 발행을 시작했다.

운영진은 편집 겸 발행인 梁在廈, 인쇄인 金宗亮, 사장은 안재홍(安在鴻, 1891~1965), 주필 李瑄根, 편집국장 宋志英이었다.

발행소는 '한성시 태평통1정목 31번지의 2호'이었다. 『漢城日報』는 제호 밑 발행소 주소를 창간 때는 '漢城市 太平街'로, 그 뒤로는 '漢城市 太平路', 그다음 에는 '서울市 太平路'로만 적고, 地番까지는 안 적고 있다.

『漢城日報』는 1948년 8월 15일 우리 大韓民國 정부가 들어선 이후에도 발행 을 계속하다가, 1950년 6월 '6·25 동란' 와중에 종간을 맞았다.

『漢城日報』의 1946년 2월 26일 창간호 제1면의 상단 부분이 <자료 Ⅳ-B-1- ①-3>에 제시되어 있다.

〈자료 Ⅳ-B-1-①-3〉 『漢城日報』, 1946년 2월 26일 창간호 1면

출처: 『韓國新聞百年: 史料集』, 1975. p. 212

② 世界日報 (태평로1가 31-2)

世界日報 (1946.02.02.~1949.01.14.)
     발행소: 북미창정 13 → 태평로1가 **31-2**
◇ 東新日報 (1945.10.04.~)
          → 世界日報 (북미창정 1946.02.02.~)
          → 世界日報 (태평로1가 1947.02.14.~'48.12.29.)

  '1947년 2월 14일 김종량(발행 겸 인쇄인)이 휴간 중에 있던 동일 제호의『世界日報』(1946.2.2. 창간·사장 유자후)를 인수하여 속간한 석간 일간지.'
  '紙齡을 쇄신하여 속간 제1호로 출발하였다.'
  '정부수립을 전후해서 가판의 시세가 가장 높았던 선동지로 유명했었으며 정치성은 左·右 中間路線의 인상을 주었다.'
  '…미군정법령 제88호에 의한 '국제친선 방해기사 게재'의 이유로 1949년 1월 14일 허가 취소되어 폐간되었다(p. 227).'

『韓國新聞百年(史料集)』, 1975

〈자료 Ⅳ-B-1-②-1〉『世界日報』(태평로) 발행 자료

『世界日報』는 ① 북미창정(북창동)에서 창간한『東新日報』를 개제(改題)한 신문인데,

  ② 제호를『世界日報』로 바꾼 뒤에도 북창동에서 발행을 계속해 오다가,

  ③ 1947년 2월 14일에 발행소를 '태평로1가 31번지 2호'의 '서울公印社' 건물(옛 京城日報 발행소 건물)로 옮겨, 발행을 계속해왔었으며,

  ④ 정부수립 몇 개월 후인 1949년 1월 14일 '국제친선 방해기사 게재' 이유로 발행허가가 취소되어, 폐간되었다.

146

世界日報 (태평로 1947.02.14.~'49.01.14)
* 東新日報 → 世界日報
발행소: 북미창정 13 → 태평로1가 31-2

『世界日報』 발행소: 태평로1가 31, 서울公印社 내

------------------

『漢城日報』,'47년
2월 13일 2면 광고

----------------

*『京城日報』 건물 명칭
'서울公印社'로 바뀜

『世界日報』는 북미창정(북창동)에서 『東新日報』의 제호를
바꾸어 발행해오다가 1947년 초에 태평로1가 31번지 2호,
일제 때 『京城日報』 건물로 이전을 했음.

〈자료 Ⅳ-B-1-②-2〉『世界日報』가 '태평로1가'로 이전한 자료
* 자료: 『漢城日報』에 낸 『世界日報』의 광고
출처: 국립중앙도서관, '대한민국 신문 아카이브'

'태평로1가'로 사옥을 이전한 뒤에 발행되었던 『世界日報』 1면의 일부가
〈자료 Ⅳ-B-4-②-3〉에 제시되어 있다.

〈자료 Ⅳ-B-4-②-3〉『世界日報』 태평로로 이전한 뒤 발행된 신문 1면
출처: 『韓國新聞百年: 史料集』 p. 226

③ 독립신문 (태평로1가 61)

제호(題號)가 한자(漢字)인 『獨立新聞』은 1945년 10월 11일 '태평통2정목 38'에서 창간이 되었고, 제호가 한글인 『독립신문』은 1946년 12월 27일 '태평로1가 61번지'에서 창간이 되었다.

이 두 신문은 중국 상해에 있던 우리 임시정부(臨時政府) 기관지 『독립신문』을 이어받아 속간한 신문인데, 제호를 한자로 한 『獨立新聞』이 먼저 나왔다가 종간되고 난 뒤, 한글 제호의 『독립신문』이 이를 계승한 것으로 생각된다.

**독립신문 (1946.12.27.– ???)**
발행소: **태평로1가 61** (제호)

「독립신문」은 중국에서 우리의 독립운동가들이 발행하던 신문.
해방이 되어 고국에 돌아온 독립투사들이 서울에서 속간한 신문
續刊辭 (1946.12.27)
'…人道는 無碍하야 正義는 살아있고 역사는 무궁하야 민족은 멸하지 않엇도다. 이곳에서 우리들은 「독립신문」을 續刊한다.
異域萬里에서 風餐露宿하며 조국의 독립을 위하여 피투성이로 싸워온 「독립신문」! 가난한 亡命生活에서 同志들의 勇氣들을 激勵해오든 「독립신문」! 우리 民族의 억울한 事情을 世界에 呼訴하든 「독립신문」! 싸우다가는 너머지고 다시 이러나 百折不屈로 果敢히 싸워오든 「독립신문」! 이 祖國을 차저와서 同胞들의 面前에서 「독립」을 외친다.'
출처: 국립중앙도서관 '대한민국 신문 아카이브'

'『독립신문』은 1945년 10월 12일 주간? (태평로2가 38) …
                                1947년 6월 4일부터 일간…'
'상해 판(독립신문)의 계승으로 자처… 사장 김승학(金承學)…주필은 김진(金震)… 경영난으로… 휴간하였다가……(1946년) 12월 27일에야 속간…'
'(1947년 6월 4일) (일간이 되면서) 사장에 이시영(李始榮)…'
'사장 이시영은 8월 26일 노환으로 물러나고 조소앙(趙素昂)이 사장을 맡았으나 1948년 11월에는 최윤엽(崔閏燁)이 사장에 취임…'
'1949년 4월 이후에는 발행이 중단된 것으로 보인다.' (pp. 238~9)

정진석, '광복 후 6·25 전쟁까지의 언론', 2003.

〈자료 IV-B-1-③-1〉『독립신문』 발행 자료

한글 제호 『독립신문』의 1946년 12월 27일 속간호 1면 상단(上段) 부분이 <자료 Ⅳ-B-1-③-2>에 제시되어 있다.

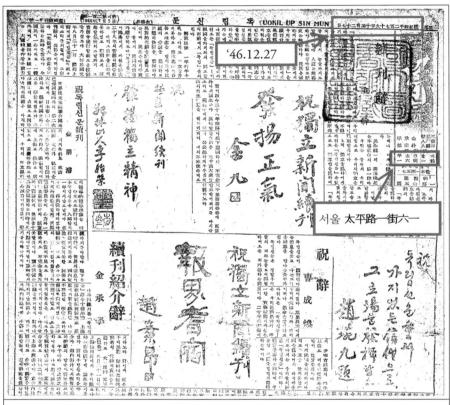

〈자료 Ⅳ-B-1-③-2〉『독립신문』 1946년 12월 27일 자 1면
출처: 국립중앙도서관 '대한민국 신문 아카이브'

④ 獨立新聞 (태평통2정목 38)

獨立新聞 (1945.10.11.~??)
　　발행소: **태평통2정목 38**
　　獨立新聞 → 독립신문

　'上海臨時政府의 機關紙『獨立新聞』을 主宰한 바 있던 金承學을 중심으로 朴宗相・金震(주필) 등이 1945년 10월 11일 경성부 太平通1丁目** 38에서 창간한 타블로이드판 2면(8단제) 발행의 日刊新聞 (창간 초는 週刊 發行)
　그 후 체제를 日刊으로, 題號도 한글『독립신문』으로 변경한 同紙 는…'

　　『韓國新聞百年誌』, 한국언론연구원, 1983, pp. 490~491

　　** 2정목의 오타.
　　　제호 하 발행소: 太平通二丁目三八

〈자료 Ⅳ-B-1-④-1〉『獨立新聞』 발행 자료

　제호가 한자(漢字)로 된 『獨立新聞』은 해방 직후인 1945년 10월 11일 '태평통2정목 38번지'에서 처음에는 주간(週刊)으로 창간되었다가 일간(日刊)이 된 신문이다.

　바로 앞 한글 제호의 『독립신문』 부분에서 이미 나왔지만, 漢字 제호의 『獨立新聞』은 한글 제호의 『독립신문』으로 이어지게 된다.

　『獨立新聞』 1945년 10월 11일 창간호의 1면 윗부분이 <자료 Ⅳ-B-1-④-2>에 제시되어 있다.

150

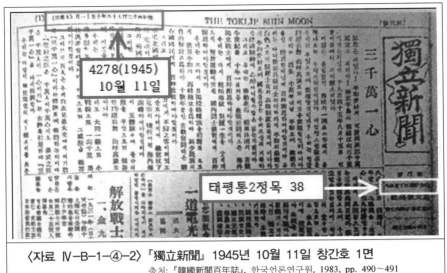

〈자료 Ⅳ-B-1-④-2〉『獨立新聞』1945년 10월 11일 창간호 1면
출처: 『韓國新聞百年誌』, 한국언론연구원, 1983, pp. 490~491

⑤ 태평로1가, 2가에서 발행되었던 4개 신문들의
사옥 위치, 사옥 사진, 그곳의 현재 모습

<지적도 Ⅳ-B-1-⑤-1>에 『漢城日報』, 『獨立新聞』, 『독립신문』, 『世界日報』, 이들 4개 신문의 발행소가 있었던 '태평로1가와 2가'의 지적도가 제시되어 있다.

지적도 (A)는 이들 4개 신문들이 발행되고 있었던 시기인 1947년 판 지적도이고, 지적도 (B)는 이 연구가 진행 중이던 2021년 현재의 지적도이다.

지적도 (A) 위에 '굵은 실선 원'으로 이들 4개 신문의 발행소 위치를 표시해 보았다. 이 작업을 준거로 해서 2021년 지적도 (B) 위에도 '굵은 실선 원'으로 70여 년 전 신문인 『漢城日報』, 『獨立新聞』, 『독립신문』, 『世界日報』의 발행소 위치를 표시해 보았다.

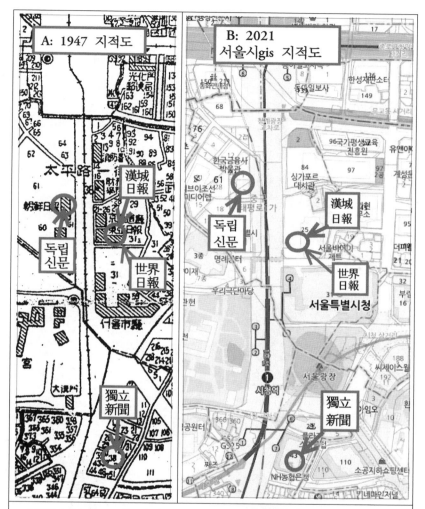

〈지적도 Ⅳ-B-1-⑤-1〉 태평로1가와 2가에서 발행되었던
『漢城日報』, 『世界日報』, 『독립신문』, 『獨立新聞』, 4개 신문사의 위치
　(A) 1947년 지적도
　　* 『漢城日報』: '태평로1가 31-2' 옛 京城日報 건물 3층
　　* 『世界日報』: '태평로1가 31-2' 옛 京城日報 건물 ?층
　　* 『독립신문』: '태평로1가 61' * 『獨立新聞』: '태평통2정목 38',
　(B) 2021년 서울시 GIS 지적도
　　* 『漢城日報』, 『世界日報』, 『독립신문』, 『獨立新聞』의 발행소 건물들이
　　　있었던 터의 현재의 위치

　다음으로 이들 신문사들이 들어있던 당시의 건물들 모습을 찾아보고, 그 터의 모습이 2021년 현재 어떻게 변해 있는지를 알아본 작업이 <지적도와 사진 IV-B-1-⑤-1>과 <지적도와 사진 IV-B-1-⑤-2>에 제시되어 있다.

日帝下『京城日報』건물, 해방 후
『漢城日報』가 3층에

「新聞總覽」, 日本電報通信, 1939, p. 440
『독립신문』이 들어있던 조선일보 옛
사옥

〈지적도와 사진 IV-B-1-⑤-1〉『漢城日報』, 『世界日報』, 『독립신문』
3개 신문사의 발행소 위치와 그곳의 2021년 현재 모습
　A: 1947년 지적도, B: 2021년 서울시 GIS 지적도
　C-1: 日帝 强占期『京城日報』건물 / C-2:『京城日報』터의 2021년 현재 모습
　D-1:『朝鮮日報』옛 사옥 건물 / D-2:『朝鮮日報』옛 건물 터의 현재 모습

<지적도와 사진 Ⅳ-B-1-⑤-1>의 (C-1)에 『漢城日報』가 들어있던 日帝 强占期 『京城日報』건물 사진이, (C-2)에 『漢城日報』가 들어있던 건물 터의 2021년 현재 모습 사진이 제시되어 있고, (D-1)에 『독립신문』이 들어있던 『朝鮮日報』옛 사옥 건물 사진이, (D-2)에 『독립신문』이 들어있던 『朝鮮日報』건물 터에 들어선 '코리아나호텔' 건물 사진이 제시되어 있다.

<지적도와 사진 Ⅳ-B-1-⑤-2>에 옛 『獨立新聞』발행소가 있던 '태평로2가 38 번지' 터의 위치를 나타내주는 '1947년 지적도(A)'와 '2021년 지적도(B)'가 제 시되어 있고, 그 터와 주변의 2021년 현재의 모습을 보여주는 사진(C)가 제시 되어 있다.

옛 『獨立新聞』발행소가 있었던 터는 사진(C)에 표시해 놓은 곳, '한화생명 빌딩'과 '프라자호텔 빌딩' 두 건물의 후면에 위치했을 것으로 추정이 된다.

## 2) 무교동, 장교동, 저동2가

① 무교동: 朝鮮土建日報, ② 장교동: 民主日報, ③ 저동2가: 自由新聞,

④ 무교동, 장교동, 저동2가에서 발행되었던 3개 신문들의 사옥 위치,

사옥 사진, 그곳의 현재 모습

| 지역 | | 신문 이름 | 발행 기간 | 사옥(발행소) | 비 고 |
|---|---|---|---|---|---|
| 2 | 무교동 | 조선토건일보<br>(朝鮮土建日報) | 1946.03.10.<br>~??? | 무교동 59 | |
| | 장교동 | 민주일보<br>(民主日報) | 1946.06.10.<br>~1948.12.02. | 장교동 26 | |
| | 저동2가 | 자유신문<br>(自由新聞) | 1945.10.05.<br>~1952.05.26. | 저동2가 73 | |

〈표 Ⅳ-B-2〉 장교동과 저동2가에서 발행되었던 신문들

### ① 朝鮮土建日報 (무교동 59)

『中央新聞』, 1946년
6월 1일 1면 광고

----------------

* 『朝鮮土建日報』
창간:1946.03.10.
발행소:
황금정5정목 255

『工業新聞』,

1947년 5월 4일 2면 기사

----------------

* 朝鮮土建産業經濟日報 + 朝鮮土建日報
→ 朝鮮土建經濟日報

* 사장: 이원식, 주간 겸 편집국장: 최기섭

〈자료 Ⅳ-B-2-①-1〉
朝鮮土建日報 (1946.03.10.~'47.05.?)
발행 자료

출처: 국립중앙도서관, '대한민국 신문 아카이브'

『漢城日報』,
1946년 8월 15일
2면 광고

----------------

* 『朝鮮土建日報』:
발행소:
중구 무교정 59

『朝鮮土建日報』 발행에 관한 직접적인 자료들은 연구자가 아직 찾지를 못하고 있다.

『韓國新聞百年誌』에도, 『韓國新聞百年: 史料集』에도 안 나와 있고, 『韓國新聞 100年史料展』 책자에도 안 나와 있다. 국립중앙도서관의 '대한민국 신문 아카이브'에도 직접적인 자료는 안 나와 있고, 『朝鮮土建日報』에 관한 기사나 광고 몇 건이 나와 있을 뿐인데, <자료 Ⅳ-B-2-①-1>에 이들 '기사'와 '광고'가 제시되어 있다.

『朝鮮土建日報』는 1946년 3월 10일 '황금정5정목 255번지'에서 창간되었고 (A), 발행 몇 개월 후에 발행소를 **'중구 무교동 59번지'로 옮겼고(B)**, 이듬해인 1947년 5월 2일에 『朝鮮土建産業經濟日報』와 합병해서 신문의 제호가 『朝鮮土建經濟日報』로 바뀌게 되었다(C).

『朝鮮土建日報』의 창간 터인 '을지로5가 255번지'의 위치에 관한 논의는 앞 <제 Ⅲ 장> '을지로 지역' 부분에서 다루어졌고, 여기서는 **'중구 무교동 59번지' 발행소의 위치**를 다루어 보고자 한다.

| 『朝鮮土建日報』 지면을 찾고 있음 |
| --- |
| 〈자료 Ⅳ-B-2-①-2〉 『朝鮮土建日報』 발행 자료 <br> * 『朝鮮土建日報』가 무교동 59번지에서 발행되던 때의 제호(題號)와 지면(紙面) <br> 계속 찾고 있음. |

② 民主日報 (장교동 26)

民主日報 (1946.06.10.~1948.12.30.)
　　발행소: (중구) 장교동 26 →

'…사장 嚴恒燮(상해임시정부의 선전부장)이 金奎植을 명예 사
장으로 추대하여…' '.金九 중심의 臨政세력과 연결된 경향이 지면
에 반영되고 있다.'
'8개월 동안 휴간 상태에 있다가,'48년 5월 5일 제358호로 속간
하였다. (p. 551)'

『韓國新聞百年誌』, 1983.

------------------------

'(『民主日報』는) 편집인 李軒九, 발행인 金寅炫, 정경부장 吳宗
植, 사회부장 金珖燮…의 진용으로 (1946년 6월 10일) 창간되었다.
　　　　　　　　　　　　　　　　　　　　　(p. 256)'

정진석, '광복 후 6·25 전쟁까지의 언론', 2003.

京城市長橋町26

〈자료 Ⅳ-B-2-②-1〉『民主日報』 발행 자료

『民主日報』는 1946년 6월 10일 '장교동 26번지'에서 창간, 1947년 후반에
휴간에 들어갔다가, 8개월 후인 1948년 5월 3일 속간, 1948년 8월 15일 대
한민국 정부 출범 4개월 후인 1948년 12월 30일 종간되었다.

　『民主日報』는 중국 상해(上海)에서 세워졌던 우리 임시정부(臨政) 김구(金九)
주석 노선의 신문이었다.

　<자료 Ⅳ-B-2-②-2>에 『民主日報』의 1946년 6월 10일 창간호 1면 윗부분이
제시되어 있다.

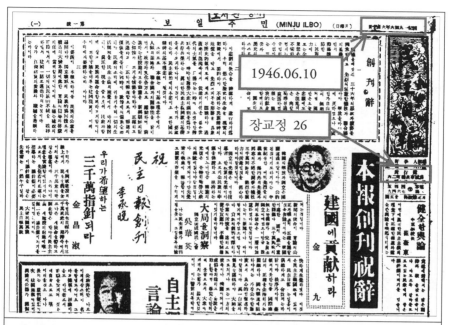

1946.06.10

장교정 26

〈자료 Ⅳ-B-2-②-2〉『民主日報』1946년 6월 10일 창간호, p. 1,
자료:『韓國新聞100年史料展』, 서울신문사, 1985, p. 51

③ 自由新聞 (저동2가 73)

永樂町2丁目73

**自由新聞 (1945.10.05.～1952.05.26.)**
발행소: 영락정2정목 73(영락정=저동)

'(『自由新聞』은) 사장 정인익, 발행 겸 편집인·주필 정진석,…
등이 1945년 10월 5일 창간한…일간 신문.' '당시의『朝鮮人民報』
『中央新聞』과 함께 수도 서울의 유력한 일간지였다.' '同紙는 해방
후 신문사 주관의 대회로는 처음인 '전국시도대항 야구대회' 등을
개최……同大會는 그 후『朝鮮日報』가 인수, 계승하여…
(pp. 478~481)'
『韓國新聞百年誌』, 1983.
-----------------
'(1946년) 10월 26일 사장에 신익희(申翼熙)가 취임하고…'
(p. 248)
정진석, '광복 후 6·25 전쟁까지의 언론', 2003.

〈자료 Ⅳ-B-2-③-1〉『自由新聞』발행 자료

『自由新聞』은 해방 직후인 1945년 10월 5일 '영락정2정목 73번지'에서 창간해, 1952년 5월까지 발행을 했던 신문이다.

『自由新聞』은 1945년 10월 14일 자부터 김남천 작 '1945년 8월 15일'이란 연재소설을 해방 후 처음 게재하고, 박종화 작 '청춘 승리'와 염상섭 작 '효풍'을 잇달아 연재하였다.'

『自由新聞』은 '…해방 후 신문사 주관의 대회로는 처음인 '전국시도대항 야구대회' 등을 개최…'했었다. '논조의 경향은 中立的'

<자료 Ⅳ-B-2-③-2>에 『自由新聞』의 1945년 10월 5일 창간호 1면 윗부분이 제시되어 있다. <자료 Ⅳ-B-2-③-3>에는 『自由新聞』의 제호가 선명한 지면 하나를 추가로 덧붙여보았다.

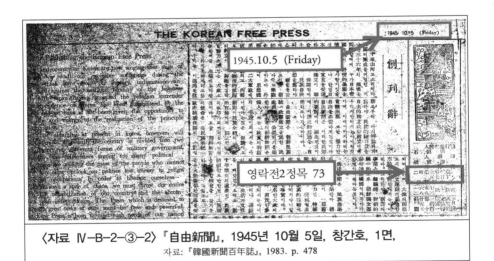

〈자료 Ⅳ-B-2-③-2〉『自由新聞』, 1945년 10월 5일, 창간호, 1면,
자료: 『韓國新聞百年誌』, 1983. p. 478

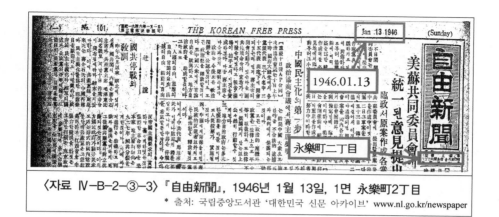

〈자료 IV-B-2-③-3〉『自由新聞』, 1946년 1월 13일, 1면 永樂町2丁目
* 출처: 국립중앙도서관 '대한민국 신문 아카이브' www.nl.go.kr/newspaper

④ 무교동, 장교동, 저동2가에서 발행되었던 3개 신문들의 사옥 위치, 사옥 사진, 그곳의 현재 모습

<지적도와 사진 IV-B-2-④-1>에 『朝鮮土建日報』가 '무교동 59번지'에서 발행되던 때의 ⓐ 발행소 위치를 찾아보기 위한 지적도와, ⓑ 옛 『朝鮮土建日報』 발행소 터의 2022년 현재의 모습을 보여주는 항공사진이 제시되어 있다.

'1947년 지적도 A'에 '굵은 실선 원'으로 표시해 놓은 곳이 『朝鮮土建日報』의 발행소가 있었던 '무교동 59번지' 터였던 곳이다. 오른쪽의 'A1'은 '2022년 네이버 맵 지적도'인데 이 지역의 도로와 건물 구조가 해방 당시와는 크게 변해 있음을 볼 수 있다.

'2022년 지적도 A1'에 '무교동 56-1'이 도로상에 표시되어 있다(그 부분을 확대한 'A1-1' 참조).

'2022년 지적도 A1'에서 ⓐ '56-1'로 나와 있는 지점을 기준으로 삼고, ⓑ '1947년 지적도 A'에서의 '56번지'와 '59번지'의 방향과 거리를 참조해, ⓒ '옛 59번지' 터 위치를 추정해, ⓓ '굵은 실선 원'으로 '옛 59번지' 터 위치를 표시해 보았다.

『朝鮮土建日報』의 '무교동 59번지' 발행소가 있었던 곳은 현재의 'SFC 서울파이낸스센터' 빌딩 동북쪽 코너, '굵은 실선 원'으로 표시를 해 놓은 곳이 아니었을까, 추정이 된다.

&lt;지적도와 사진 Ⅳ-B-2-④-2&gt;에 『民主日報』와 『自由新聞』, 이들 두 신문사가 있었던 '장교동'과 '저동2가'가 나오는 옛 지적도 둘(A, B)과 2020년 현재 지적도(C)가 제시되어 있다.

1947년 지적도 (A)와 1959년 지적도 (B)에 『民主日報』가 있었던 '장교동 26번지'와 『自由新聞』이 있었던 '저동2가 73번지'가 '굵은 실선 사각형'으로 연구자가 표시를 해보았다.

2020년 현재의 지적도 (C) 위에 앞의 두 옛 지적도상의 위치와 도로망을 기준으로 추정을 해서 『民主日報』 발행소와 『自由新聞』 발행소 위치를 역시 '굵은 실선 사각형'으로 표시해 보았다.

A:1947년 지적도

무교동 59
朝鮮土建
日報
1946/08/15

A1: 네이버 맵
2022 지적도

동아일보
청계천
옛 59번지
SFC빌
옛 56
코리아나
서울신문

〈지적도와 사진 IV-B-2-④-1〉
『朝鮮土建日報』무교동 발행소
위치와 그곳의 2022년 현재 모습의
위성 사진

무교동 56-1

A1-1: A1의
"56-1" 부분 확대

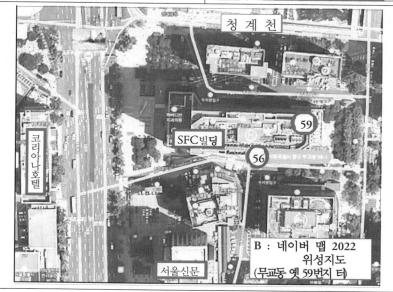

B : 네이버 맵 2022
위성지도
(무교동 옛 59번지 터)

162

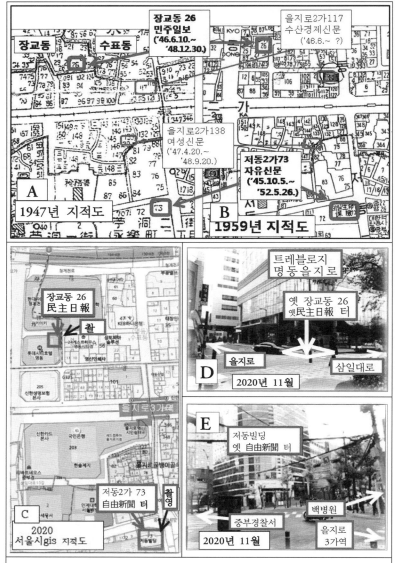

〈지적도와 사진 IV-B-④-2〉 『民主日報』와 『自由新聞』 두 신문의
발행소 위치와 그곳의 2020년 현재 모습 사진

* 사진(D); 2020년 현재 옛 『民主日報』 터:/ 사진(E); 2020년 현재 옛 『自由新聞』 터

이들 두 신문,『民主日報』와『自由新聞』의 옛 사옥 사진은 찾지를 못한 채, 2020년 현재 이들 두 곳의 모습 사진을 찍은 것이 '사진 D'와 '사진 E'에 제시되어 있다.

3) 소공동: ① 해방일보, ② 大公日報, ③ 工業經濟日報, ④ 平和日報,
　　　　 ⑤ 國都新聞, ⑥ 國際新聞, ⑦ 土建産業經濟日報,
　　　　 ⑧ 産業經濟日報, ⑨ 소공동에서 발행되었던 8개 신문들의
　　　　 사옥 위치, 사옥 사진, 그곳의 현재 모습
　　　　 * 京鄕新聞은 앞 제Ⅱ장에서 다루어졌음.

〈표 Ⅳ-B-3〉 소공동에서 발행되었던 신문들

| 지역 | | 신문 이름 | 발행 기간 | 사옥(발행소) | 비 고 |
|---|---|---|---|---|---|
| 3 | 소공동 | 해방일보<br>(解放日報) | 1945.09.19.<br>~'46.05.18. | 소공동 74 | |
| | | 대공일보<br>(大公日報) | 1945.11.10<br>~ '49.10.20. | 소공동 112 | * 중학동(?),<br>을지로2가 → 소공동 |
| | | 공업경제일보<br>(工業經濟日報) | 1945.11.10.<br>~'49.10.20. | 소공동 112 | * 1948년 2월 현재<br>소공동 112 |
| | | 평화일보<br>(平和日報) | 1947.10.21.<br>~???. | 소공동 81 | |
| | | 국도신문<br>(國都新聞) | 1948.02.08.<br>~'49.09.19. | 소공동 45 | |
| | | 국제신문<br>(國際新聞) | 1948.04.01.<br>~'61.05.28. | 소공동 45 | |
| | | 조선토건경제일보<br>(朝鮮土建經濟日報) | 1947년<br>5월 현재 | 소공동 12 | 『朝鮮土建産業經濟<br>日報』+『朝鮮土建日<br>報』(합병)<br>→『朝鮮土建經濟日報』 |
| | | 산업경제일보<br>(産業經濟日報) | 1946년<br>12월 현재 | 소공동 111 | 출처:『朝鮮年鑑』,<br>1947년 판 |

우리나라가 1945년 8월 15일 일제(日帝)의 강점(强占)으로부터 해방(解放)이 되자 중구(中區) 소공동(小公洞)에서는 여러 신문이 발행되었다.

일제 때 '장곡천정(長谷川町)'으로 불리던 '소공동(小公洞)'에서는 해방이 된 지 한 달 만인 1945년 9월 15일 共産黨 기관지 『해방일보』가 발행되기 시작해, 1948년 8월 15일 우리 정부가 수립되기 4개월 전까지 『大公日報』, 『工業經濟日報』, 『平和日報』, 『國都新聞』, 『國際新聞』, 『朝鮮土建經濟日報』, 『産業經濟日報』가 연이어 발행이 되었다.

이들 신문 각각에 관한 자료를 간단히 알아보고, 이어 이들 신문의 발행소 위치, 그리고 이들 신문이 발행되던 곳의 2021년 현재의 모습을 알아보았다.

① 『해방일보』 (소공동 74)

해방일보, 解放日報
(1945.09.19.~
'46.05.18.)
발행소: 장곡천정(소공동)
74

'조선공산당 중앙위원회 기관지 『해방일보』는 (1945) 9월 19일에 창간되었다.

사장은 남로당의 핵심 인물 권오직이었다.' '『해방일보』가 발행되던 건물은 일제 강점기에 조선은행권을 인쇄하던 근택(近澤)빌딩으로, 조선공산당이 접수하여 본부 건물로 사용하면서 근택인쇄소는 조선정판사로 개칭해 『해방일보』를 인쇄하고 있었다.'

1945.09.19.

'45.10.12.

'46.03.13.

서울市長谷川町七四

'『해방일보』는 이듬해(1946) 5월 16일 조선공산당이 정판사 인쇄시설로 위조지폐를 인쇄한 사건이 적발되면서 8개월 만에 지령 150호를 끝으로 폐간되었다'(p. 206).

정진석, '광복 후 6·25 전쟁까지의 언론', 2003

〈자료 IV-B-3-①-1〉 『해방일보』, 『解放日報』 발행 자료

조선공산당(朝鮮共産黨)은 1945년 8월 15일 일제(日帝)의 항복(降伏) 뉴스가 나온 뒤 즉각 행동에 들어가, 日帝가 조선은행권을 인쇄하던 장곡천정(소공동)의 근택(近澤)빌딩을 접수, 해방 1개월 4일 만인 9월 19일에 당 기관지(黨機關紙) 『해방일보』를 창간 발행하기 시작했다.

『해방일보』는 처음에는 제호가 한글이었으나 곧 漢字로 바뀌어 『解放日報』가 되었다.

『解放日報』는 조선공산당이 신문 인쇄에 쓰이는 시설을 이용해 위조지폐를 찍어낸 사실이 적발되어 미군정(美軍政) 당국에 의해 1946년 5월 18일부로 폐간조치되었다.

<자료 IV-B-3-①-2>에 『해방일보』 1945년 9월 19일 자 창간호 1면의 윗부분이 제시되어 있다.

〈자료 IV-B-3-①-2〉 『해방일보』 1945년 9월 19일 창간호 1면
출처: 『韓國新聞百年誌』, p. 599

② 大公日報 (소공동 112)

| | | 大公日報 (1945.11.10.~ '49.10.20.)<br>발행소: 황금정2정목 →<br>중학동(번지 미상)→ 소공동 112번지 |
|---|---|---|
| '大公日報社<br>이전'<br>'중학동→<br>소공동<br>112번지'로<br>──────<br>『工業 新聞』,<br>1947.11.20,<br>p.2, 기사<br>──────<br>중학동 때<br>번지 미상 | | ---------------------<br>'사장 홍증우, 부사장 손영극, 편집국장<br>마명, …의 진용으로 출발했다. (p. 251)'<br>'1947년 11월 20일에는… 김형원이<br>사장에 취임했다… 김형원은…1948년 5<br>월 제헌국회의원선거에…출마하면서…<br>(신문) 발행도 중단했다가 낙선한 뒤…<br>속간했는데…(pp. 251-52).'<br><br>'『대공일보』는 이듬해(1949) 10월…<br>인천에서 발행되던『대중일보(大衆日<br>報)』에 판권이 넘어갔다(p. 252).'<br><br>정진석, '광복 후 6·25… 언론', 2003. |

〈자료 Ⅳ-B-3-②-1〉『大公日報』 발행 자료

『大公日報』는 우리나라가 해방이 된 지 3개월이 채 안 된 1945년 11월 10
일 '황금정2정목'(번지 미상)에서 창간된 뒤, 발행소를 '중학동'(번지 미상)으
로 이전했다가, 1947년 11월 하순 발행소를 다시 '소공동 112번지'로 이전을
해 발행을 했었다.

『大公日報』에 관한 자료가 『韓國新聞百年: 史料集』(1975)과 『韓國新聞百年
誌』(1983)에 나와 있는데, 이 두 자료에는 『大公日報』가 '1945년 12월 25일
제24호를 발행한 후, 인쇄공장 관계로 휴간에 들어가, 소생하지 못하고 폐간되
고 말았다'라고 나와 있다(『韓國新聞百年: 史料集』, p. 205/『韓國新聞百年誌』, p.
507).

『大公日報』 폐간에 관한 위의 자료는 잘못된 것임이 분명하다.

<자료 Ⅳ-B-3-②-2>에 제시되어 있듯이 『大公日報』는 1948년 2월 25일 현재
도 발행되고 있었기 때문이다.

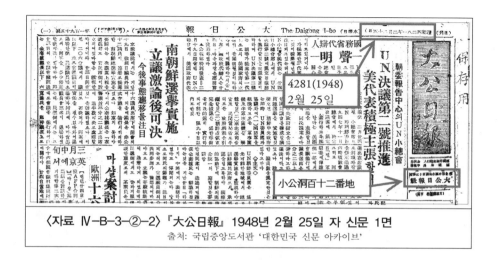

〈자료 Ⅳ-B-3-②-2〉『大公日報』1948년 2월 25일 자 신문 1면
출처: 국립중앙도서관 '대한민국 신문 아카이브'

### ③ 工業經濟日報 (소공동 81)

소공동 81

工業經濟日報 (1947.10.21.~?)
발행소: 중구 소공동 81
◇ 産業經濟通信 → 工業經濟日報

----------------------

'(공업경제일보는) 발행 겸 편집인쇄인 박병헌이
『産業經濟通信』을 개제(改題)해, 1947년 10월 21일
발간…(p. 377)'『韓國新聞百年(史料集)』, 1975

『産業經濟通信』을 제호를
『工業經濟日報』로 바꾸어,
1947년 10월 22일부터 발행…

----------------------

『漢城日報』, 1947.10.21.
p. 2, 기사
* 발행일이 이 기사에는
22일로 나와 있음.

〈자료 Ⅳ-B-3-③-1〉『工業經濟日報』 발행 자료

『工業經濟日報』는『産業經濟通信』이 체제와 제호를 바꾸어 1947년 10월 21일 발간한 신문이다.

『工業經濟日報』는 '新發足에 際하야'라는 창간사에서 '… 産業生産界의 動態를 정확히 널리 報道함으로써 民族經濟의 急進的 建設에 寄與하고자 함이 更生한 本報의 唯一無二한 使命'이라고 밝히고 있다.

『工業經濟日報』의 1947년 10월 21일 창간호 1면의 윗부분이 <자료 Ⅳ-B-3-③-2>에 제시되어 있다.

〈자료 Ⅳ-B-3-③-2〉『工業經濟日報』 1947년 10월 21일 창간호 1면
출처: 『韓國新聞百年誌』, pp. 750-751

④ 平和日報 (소공동 81)

『平和日報』는 미군정(美軍政) 기간이 끝나가던 1948년 2월 8일에 民族統一本部系가 창간한 與黨紙였다.

<자료 Ⅳ-B-3-④-2>에 『平和日報』의 창간 직후인 1948년 2월 12일 자 신문 1면의 윗부분이 제시되어 있다.

平和日報 (1948.02.08.～1949.09.19.)
발행소: 서울시 소공동 81
◇ 平和日報
→ 平和新聞(1949.10.18.～: 발행소 태평로1가 64)

------------------------------

'『平和日報』는 회장 문봉제, 사장 양우정, 전무이사 조두흠, 편집국장 정국은의 진용으로 (1948년 2월 8일) 창간되었다.'
'양우정은 대한독립촉성국민회 선전부장을 맡고 있었고, 『평화일보』는 여당계 신문으로 분류되었다(p. 261).'

정진석, '광복 후 6·25 전쟁까지의 언론', 2003.

------------------------------

'(平和日報는) 民族統一本部系의 與黨紙로 …(정부수립 이후인) 1949년 사옥도 서울시 중구 태평로1가 64로 이전하여 발행되다가 동년 10월 18일 洪燦에게 판권 이양, 『平和新聞』으로 개제되었다(p. 239).'
『韓國新聞百年(史料集)』, 1975.

〈자료 IV-B-3-④-1〉『平和日報』 발행 자료

〈자료 IV-B-3-④-2〉『平和日報』 1948년 2월 12일 자 신문 1면
* 출처: 국립중앙도서관 '대한민국 신문 아카이브'

⑤ 國都新聞 (소공동 45)

國都新聞 (1946.03.17.~1946.06.28.)
　　　발행소: 중구 소공동 45

◇ 國都新聞(1946.03.17.~) → 國際新聞('46.06.29.~) → 國都新聞('49.03.06.~)

--------------------------------

　'1948년 4월 1일 창간된 일간 시사지로…발행 겸 편집인 이봉혁…발행소는
서울시 중구 소공동 45.'
　'…'46년 3월 17일 同一題號의 『國都新聞』이 창간…동년('46) 6월 29일 李鳳求가
인수, 『國際新聞』으로 개제(改題)발행……'49년 3월 6일…치안방해로 동지가
　폐간되자, 이봉혁이 판권을 인수해 (다시) 『國都新聞』으로 개제 발행…(p. 243)'

『韓國新聞百年(史料集)』, 1975.

--------------

* 『韓國新聞百年(史料集)』에는 '이봉혁이 國際新聞을 인수해 다시 國都新聞으로
　제호를 바꾸어 발행을 한 것이 정부수립 후인 1949년 3월'로 나와 있으나,
　위 國都新聞 제호에 나와 있는 자료에는 발행 허가가
　　　　　정부수립 직전인 1948년 6월 5일로 나와 있음.

〈자료 Ⅳ-B-3-⑤-1〉『國都新聞』 발행 자료

　『國都新聞』은 1946년 3월 17일 창간되었는데, 3개월 후인 1946년 6월에 제
호가 『國際新聞』으로 바뀌어 발행되다가, 1948년 8월 15일 정부수립 6개월
후인 1949년 3월 다시 『國都新聞』으로 제호가 바뀌어 발행된 신문이다.
　국립중앙도서관의 '대한민국 신문 아카이브'에 『國都新聞』이 있는데, 1950년
1월 1일 자부터 소장되어 있다.
　『韓國新聞百年(史料集)』(1975)과 『韓國新聞百年誌』(1983) 두 자료집에 『國
都新聞』 1면 사진이 실려 있는데, 記事 중에 '國會'에 관한 보도가 있는 것으로
보아, 1948년 8월 15일 우리 정부 출범 직후의 신문이다.

본 연구의 대상 기간인 '해방공간'(1945.08.16～1948.08.14) 중에 발행되었던 『國都新聞』에 관한 자료는 거의 찾지를 못하고 있다.

---

『國都新聞』의 해방공간 기간 중 발행본 찾고 있음

〈자료 Ⅳ-B-3-⑤-2〉『國都新聞』 지면 자료

---

⑥ 國際新聞 (소공동 45)

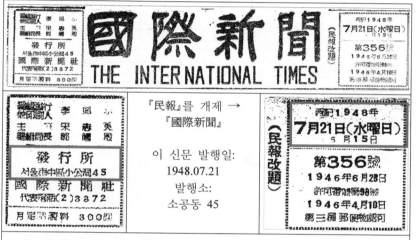

國際新聞 (1948.07.21.～ 1949.03.06.) 발행소: 소공동 45
　◇ 民報 → 國際新聞(1948.07.21.～)
----------------------------------
　'『民報』(사장 여운홍, 발행인 고정휘)의 판권을 인수한 정무묵(발행인)이 1948년 7월 21일 자 제356호로 지령을 계승 발행하였다.'
　'발행소는 중구 소공동 45.'
　'정치적으로는 중립을 표방하여(회색적이라는 평도 있었음) 상업지의 편집 스타일을 앞질러 단장해 가는 이채가 있었던 이 신문은 당시 중앙 언론계의 주류에 자리 잡은 5大紙(동아일보, 조선일보, 한성일보, 경향신문, 국제신문) 중의 하나였다.'
　'49년 3월 4일 자 …기사로 필화를 입어 동년 3월 6일…치안방해죄로 폐간 처분을 받았다.'
　　　　　　　　　　　『韓國新聞百年(史料集)』, p. 245.

〈자료 Ⅳ-B-3-⑥-1〉『國際新聞』 발행 자료

『國際新聞』의 계보에 관한 『韓國新聞百年:史料集』 자료에는 혼선이 있어 보인다.

여기 자료에는 『國際新聞』이 『民報』의 판권을 인수한 것으로 나와 있는데(p. 245), 바로 앞 『國都新聞』에 관한 자료에는 『國都新聞』의 판권을 인수한 것으로 나와 있다(p. 243). (이 두 신문 사이의 계보에 관한 혼선이 조만간 바로잡아지기를……)

<자료 IV-B-3-⑥-2>에 『國際新聞』의 1948년 7월 21일 자(정부수립 직전) 신문 1면의 윗부분이 제시되어 있다.

〈자료 IV-B-3-⑥-2〉 『國際新聞』 1948년 7월 21일 자 신문 1면
출처: 『韓國新聞100年史料展』, p. 60

⑦ 土建産業經濟日報 (소공동 12)

『土建産業經濟日報』가 언제 어디에서 창간되었는지에 관한 자료는 찾지를 못하고 있다.

『土建産業經濟日報』에 관한 자료로 연구자가 찾아낸 것은 <자료 IV-B-3-⑦-1>에 제시해 놓은 신문기사 2건이었는데, 이들 기사에 의하면, 『土建産業經濟日報』는 ⓐ 1946년 7월 이전에 창간되어, ⓑ 1946년 7월 22일 발행소를

'장곡천정 12번지에 있던 조선토건협회 사무소'로 이전했고, ⓒ 그때 신임사장에 조선토건협회 김세연 회장이 취임을 했다(가).

『(朝鮮)土建産業經濟日報』는 ⓓ 1947년 5월 2일 『朝鮮土建日報』와 합병해, ⓔ 1947년 5월 2일 『朝鮮土建經濟日報』가 되었다(나).

| 『工業新聞』, 1946.07.24일 자 2면 기사 | 『工業新聞』, 1947.05.04일 자 2면 기사 |
|---|---|
| * 『土建産業經濟日報』 사무소 '장곡천정(소공동) 12'로 | 『朝鮮土建産業經濟日報』+『朝鮮土建日報』 (합병)→『朝鮮土建經濟日報』('47.05.02) |

〈자료 IV-B-3-⑦-1〉『土建産業經濟日報』 발행 자료
출처: 국립중앙도서관, '대한민국 신문 아카이브'

〈자료 IV-B-3-⑦-2〉『土建經濟日報』 발간 기사
출처: 국립중앙도서관, '대한민국 신문 아카이브'

<자료 Ⅳ-B-3-⑦-1>에는, (a)『朝鮮土建經濟日報』가 두 유관 신문사의 합병으로 1947년 5월 2일 발족한 것으로 나와 있는데, (b) <자료 Ⅳ-B-3-⑦-2>에는『土建經濟日報』가 근 2년이나 앞선 1945년 11월 17일에 창간된 것으로 나와 있다.

신문 제호에 '토건' '산업' '경제'라는 용어가 들어있는 신문들의 경우, 신문기사에서 제호에 '조선'이 붙어있는 경우와 안 붙어있는 경우가 있어, (c) 같은 신문인지 다른 신문인지가 분명치 않게 느껴지곤 한다.

자료를 좀 더 찾아보아야 할 것 같다.

⑧ 産業經濟日報 (소공동 111)

『産業經濟日報』는, (a)『朝鮮年鑑』 1947년 판('46년 12월 발행) 자료에 의하면, 1946년 현재 발행 중이었고, 발행소는 '장곡천정 111번지'였고. (b) 발행자는 李德基이었다.

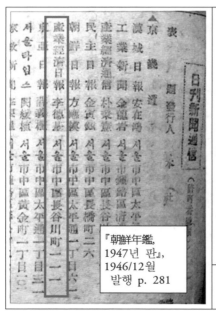

産業經濟日報,
1946년 말 현재 발행 중
발행소: 장곡천정 111
(장곡천정 = 소공동)
발행인: 이덕기
-------------------
* 『産業經濟日報』에 관한 자료
　계속 찾고 있음.
* 『韓國新聞百年:史料集』,『韓國新聞百年誌』, '대한민국 신문 아카이브'에『土建經濟日報』,『土建産業經濟日報』,『工業經濟日報』 등은 나오는데,『産業經濟日報』는 안 나옴.
* 『産業經濟日報』에 관한 자료는『朝鮮年鑑』 1947년 판에만 나옴.

〈자료 Ⅳ-B-3-⑧-1〉
『産業經濟日報』 발행 자료

『朝鮮年鑑,
1947년 판』,
1946/12월
　발행 p. 281

바로 앞 <자료 IV-B-3-⑦-2> 『土建經濟日報』 발간 기사에, ⓒ 1년 전인 1945년 11월에 창간된 이 신문 『土建經濟日報』의 주간(主幹)이 李德基로 나와 있다. ⓓ 『土建經濟日報』와 『産業經濟日報』 사이에는 어떤 관계가 있는 것인지, 확인이 될 수 있었으면 하고 바란다.

이상 '소공동 지역 신문들'의 발행 사항에 관한 간단한 검토를 끝내고, 이들 신문의 발행소 위치와 신문사가 들어있던 건물의 사진, 그리고 그 건물 터의 2020년~2022년 현재의 모습을 알아보고자 한다.

### ⑨ 소공동에서 발행되었던 8개 신문들의 사옥 위치, 사옥 사진, 그곳의 현재 모습

<지적도 IV-B-3>에 '소공동' 지역의 '1947년 지적도'(A)와 '2021년도 지적도'(B)가 제시되어 있다.

우선 지적도 (A)에서 '1945년 8월 15일에서 1948년 8월 15일' 기간에 이 지역에서 발행되었던 신문들의 발행소 주소를 찾아 '굵은 실선 원'으로 표시를 해 보았다.

소공동 111
産業經濟日報

소공동 81
平和日報
工業經濟日報

소공동 74
해방일보

소공동 12
土建産業
經濟日報

소공동 112
大公日報

소공동 45
國都新聞
國際新聞

A: 소공동
1947 지적도

옛 소공동 111
옛 産業經濟日報

옛 소공동 74
옛 해방일보

옛 소공동 112
옛 大公日報

옛 소공동 81
옛 平和日報
옛 工業經濟日報

옛 소공동 12
옛 土建産業
經濟日報

옛 소공동 45
옛 國際新聞
옛 國都新聞

B: 소공동
2021서울시gis

〈지적도 Ⅳ-B-3〉'소공동'에서 발행되었던
8개 신문의 사옥 위치

* "소공동 74 번지"에서는 『해방일보』 폐간 후 『京鄉新聞』이 창간됨.

'소공동 74번지'에서는 조선공산당 기관지 『해방일보』가 발행되었다.

'소공동 74번지'는 일제(日帝) 때 조선은행권을 발행하던 '근택인쇄소'(近澤印刷所)가 들어있었던 곳으로, 해방 직후 조선공산당(朝鮮共産黨)이 접수해서 '조선정판사'(朝鮮精版社)로 이름을 바꾸고, 1945년 9월부터 당 기관지(黨機關紙) 『해방일보』를 발행했었다.

1946년 5월에 '정판사 위조지폐 발행' 사건이 적발되어, 미군정(美軍政) 당국이 이 정판사를 접수하고, 『해방일보』도 폐간시켰다. 이 건물은 곧 '가톨릭 서울교구유지재단'이 불하를 받아, 『京鄕新聞』을 창간했다.

바로 옆 '소공동 81번지'에서는 『平和日報』와 『工業經濟日報』가 발행되었고, 남쪽으로 조금 떨어져 있는 '45번지'에서는 『國際新聞』과 『國都新聞』이 발행되었고, '소공동 12번지'에서는 『朝鮮土建經濟日報』가 발행되었다.

'소공동 112번지'에서는 『大公日報』가 발행되었다,

'소공동 112번지'는 여러 부번(副番) 즉 여러 호(戶)로 나누어져 있었는데, 『大公日報』가 들어있던 곳은 '112번지의 9호'였다. '소공동 112번지의 9호' 터에는 일제(日帝) 말에는 일본의 동맹통신(同盟通信) 경성지사(京城支社)가 들어있었던 곳이다. (소공동 112번지 9호에 관해서는 <제 Ⅵ 장 통신사> 편에서 좀 더 자세히 다루어짐.)

'소공동 45번지'에는 『國都新聞社』와 『國際新聞社』가 있었고, '소공동 111번지'에는 『産業經濟日報社』가, '소공동 12번지'에는 『土建産業經濟日報社』가 있었다.

<지적도 Ⅳ-B-3>의 '(B): 2021년 소공동 지적도' 위에, 해방에서 정부수립까지의 기간 중 이 지역에서 발행되었던 8개 신문들의 발행소 위치를 (A)의 '1947년 소공동 지적도' 상에서의 위치를 준거로 삼아, '굵은 실선 원'으로 표시를 해보았다.

당시의 신문사는 규모가 작아, 한 건물을 다 차지하고 있는 경우는 드물었고, 건물의 일부를 빌려 사무실로 사용하는 경우가 많았다고 전한다.

178

'소공동 지역' 8개 신문들의 발행소 건물 모습은 어떠했을까?

| A: 해방일보(解放日報) 건물(옛 近澤商會) | A-1: 해방일보(解放日報) 터 |
|---|---|
| * 근택상회→(해방) 해방일보<br> →京鄕新聞 창간, 발행 | (京鄕新聞 창간, 발행 터) 2021년 현재 모습 |

| B: 大公日報 건물(옛 테일러 빌딩) | B-1: 大公日報 터<br>2020년 현재 모습 |
|---|---|
| * 동맹통신 → (해방)<br> → 국제통신, 연합통신→대공일보 | |

| C: 國際新聞, 國都新聞 건물 | C-1: 國際, 國都 두 신문 터<br>2020년 현재 모습 |
|---|---|

〈사진 Ⅳ-B-3-1〉 '소공동' 지역 8개 신문 중 4개 신문들의 사옥 건물 사진과 그 터의 2021년 현재 모습 사진

『해방일보』 발행소 건물 사진은 구할 수 있었으나, 나머지 신문들의 경우는 사옥 건물 사진을 찾지를 못해, 사옥이 있던 터의 2020년 내지는 2021년 현재의 모습 사진을 제시하는 것으로 대신했다. 『大公日報』의 경우는 사옥 건물의 윤곽을 어렴풋이 짐작해 볼 수 있는 항공사진이 있어 이를 제시했다.

<사진 Ⅳ-B-3-1>과 <사진 Ⅳ-B-3-2>에 '소공동 지역' 신문사들이 들어있던 건물의 사진 내지는 그 터의 현재의 모습 사진이 제시되어 있다.

<사진 Ⅳ-B-3-1>의 (A)는 『해방일보』 발행 당시 그 신문발행소가 들어있던 '소공동 74번지'의 '近澤빌딩' 사진이고, (A-1)은 『해방일보』가 폐간 조치된 후 『京鄕新聞』이 창간되어 오랫동안 신문을 발행했던 옛 '近澤빌딩' 옛 『京鄕新聞』 사옥 터의 2021년 현재 모습 사진이다.

(B)에 제시된 사진에서는 『大公日報』가 들어있던 '소공동 112-9'의 옛 '테일러 빌딩'의 모습을 엿볼 수 있고, (B-1) 사진에서는 '테일러 빌딩' 터와 주변 터에 건축공사가 2021년 현재 진행되고 있음을 볼 수 있다.

(C)에는 1953년경 찍은 '소공동 45번지' 지역의 항공사진이 제시되어 있다. 이 사진은 『國都新聞』과 『國際新聞』이 그곳에서 발행되던 때로부터 몇 해 안 된 때에 찍은 사진으로서, 이 두 신문이 발행되던 당시의 건물들의 모습을 엿볼 수 있다. 이 사진에서 '굵은 실선 사각형'으로 표시한 곳이 '옛 소공동 45번지 터'로 추정되는 곳이다.

(C-1)은 '옛 45번지' 터로 추정되는 곳의 2021년 현재 모습 사진이다. '굵은 실선 사각형'으로 표시를 해 놓은 곳이 『國都新聞』과 『國際新聞』이 들어있었던 터로 추정되는 곳이다.

〈사진 Ⅳ-B-3-2〉 '소공동' 지역 8개 신문 중 4개 신문들의 사옥 건물 사진과
그 터의 2021년 현재 모습
----------------------------------------------

A: 『平和日報』, 『工業經濟日報』, 『産業經濟日報』 들어있던 건물들 옛 모습
B: 『平和日報』, 『工業經濟日報』가 들어있던 건물 터(81번지)에 세워진 '소공빌딩'과
『産業經濟日報』가 들어있던 건물(111번지) 터에 세워진 '한화빌딩'의 2021년
현재 모습
C: 『土建産業經濟日報』가 들어있던 건물(12번지) 터와 주변 터 위에 세워진
'롯데에비뉴엘빌딩'

<사진 Ⅳ-B-3-2>에 소공동 지역 8개 신문 중 4개 신문 『平和日報』, 『工業經濟日報』, 『産業經濟日報』 『土建産業經濟日報』의 발행소가 들어있던 건물들의 옛 사진과 2021년 현재 그들 건물터의 변한 모습 사진이 제시되어 있다.

<사진 Ⅳ-B-3-2>의 '사진 A'는 1930년대 초에 찍은 항공사진인데, 그 위에 『大公日報』, 『平和日報』, 『工業經濟日報』, 『産業經濟日報』가 들어있던 건물들을 '실선 원'으로 표시를 해보았다.

'사진 B'는 2021년 7월 현재의 '네이버 지도, 거리뷰' 사진인데, 『平和日報』, 『工業經濟日報』가 들어있던 건물 터(81번지)에 세워진 '소공빌딩'과 『産業經濟日報』가 들어있던 건물(111번지) 터에 세워진 '한화빌딩'의 2021년 현재의 모습을 볼 수가 있다.

'사진 C'는 2021년 현재의 '카카오 맵, 거리뷰' 사진인데, 『土建産業經濟日報』가 옮겨와 들어있던 건물 터로 추정되는 곳을 연구자가 자그마한 '실선 평행사변형'으로 표시를 해보았다. 『土建産業經濟日報』 발행소 건물의 지번은 '소공동 12번지'였었는데, 주변 터에 통합되어 '소공동 7번지'가 되었고, 통합된 그 터 위에 '롯데백화점 에비뉴엘' 빌딩이 들어서 있다.

**4) 북창동:** ① 東新日報, ② 世界日報, ③ 大東新聞, ④ 家政新聞,
⑤ 大韓日報, ⑥ 中外新報, ⑦ 新民日報,
⑧ 북창동에서 발행되었던 7개 신문들의 사옥 위치,
그곳의 현재 모습

| 〈표 Ⅳ-B-4〉 북창동에서 발행되었던 신문들 | | | | |
|---|---|---|---|---|
| 지역 | | 신문 이름 | 발행 기간 | 사옥(발행소) | 비 고 |
| 4 | 북 창 동 | 동신일보 (東新日報) | 1945.10.04. ~1946.02. | 북창동 13 | 종로2가(1946.2.2. 일 자 제호)에서 옮겨옴. |
| | | 세계일보 (世界日報) | 1946.02.02. ~'48.12.29. | 북창동 13 | 東新日報→ 世界日報로 改題 |
| | | 대동신문 (大東新聞) | 1945.11.25. ~'49.03.12. | 북미창정 84 (제호 밑) | |
| | | 가정신문 (家政新聞) | 1946.03.21. | 북창동 84 | 수송동 27에서 '46.09.08에 북창동 84로 옮겨옴. |
| | | 대한일보 (大韓日報) | 1947.07.27. ~'48.12.02 | 북창동 84 | |
| | | 중외신보 (中外新報) | 1946.04.19. ~'47.08.27. | 북창동 93-32 | |
| | | 신민일보 (新民日報) | 1947.01.07. ~'48.05.27. | 북창동 93-32 | 을지로2가 199에서 옮겨옴. |

중구(中區) '북창동'(北倉洞: 日帝 때와 해방 직후 北米倉町)에서 발행되었던 신문은 7개 신문이었다.

<표 Ⅳ-B-4>에 이들 7개 신문, 『東新日報』, 『世界日報』, 『大東新聞』, 『家政新聞』, 『大韓日報』, 『中外新報』, 『新民日報』 각각의 '발행 기간'과 '발행소 주소', 그리고 비고 사항이 간략히 정리되어 있다.

<표>에 나와 있는 순서에 따라, ⓐ 이들 신문 각각에 대한 '발행 사항'을 간략히 알아보고, ⓑ 이들 신문의 '발행소 위치'와 '발행소가 들어있던 건물 터의 현재의 변한 모습'을 확인해 보고자 한다.

① 東新日報 (북창동 13)

東新日報 (1945.10.04.~'46.02.)
　　발행소: 종로2가 → **북창동 13**
◇ **동신일보(東新日報)**
　　→ 세계일보(世界日報 1946.02.02.~'49.01.13.)
　　　　　---------------------
　　'『동신일보』는 창간대표 이종렬이 1945년 10월 4일에 창간하였다. 일반 시사신문으로 정치면보다 사회문화면에 더 치중했다. 경영난으로 창간 초부터 정기적으로 발행하지 못하고 약 2개월을 끌어오면서 12월 12일 자 제44호부터 일간 발행을 시도했으나 여의치 않았다. 1946년 2월 2일 『세계일보』로 개제, 발간되었다. (p. 242)'

정진석, '광복 후 6·25 전쟁까지의 언론', 2003.
------------------------------------
　　'1945년 10월 4일 경성부 **鐘路3丁目**\*\*에서 이종렬(사장), …에 의해 창간된 타블로이드 版 2面制 일간 신문.'
　　'…제19호까지 등사판으로 간행하다가 11월 3일 자 제20호부터 활판인쇄로 발행하였다.'

『韓國新聞百年: 史料集』, pp. 190~91
　　\*\* '2정목'의 오식. 題號 아래 발행소 '2정목'으로 나와 있음.

韓國新聞百年:
史料集,
**p. 190**

〈자료 Ⅳ-B-4-①-1〉『東新日報』 발행 자료

『東新日報』는 ⓐ 1945년 10월 4일 '종로2가'(주소 미상)에서 창간되었으며, ⓑ 몇 달 뒤 발행소를 '북창동 13번지'로 옮겼다가, ⓒ 1946년 2월 2일 『世界日報』에게 인수되었다.

『東新日報』가 '북창동'에서 발행되던 때의 자료를 아직 구하지를 못하고 있어, <자료 Ⅳ-B-4-①-1>의 '『東新日報』 발행 자료'에는 '종로2가'에서 발행되던 때 신문의 제호(題號)를 대신 올려놓았다.

『東新日報』가 '북창동'에서 신문을 발행하던 때의 발행소 주소는 어디였을까? 직접적인 자료를 구하지 못한 상황에서, 간접적인 자료를 통해 『東新日報』의 '북창동 주소'를 찾아보려 한 작업이 <자료 IV-B-4-①-2>에 제시되어 있다.

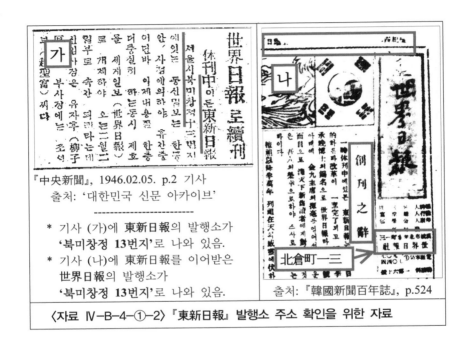

『中央新聞』, 1946.02.05. p.2 기사
출처: '대한민국 신문 아카이브'

------------------------

\* 기사 (가)에 東新日報의 발행소가 '북미창정 13번지'로 나와 있음.
\* 기사 (나)에 東新日報를 이어받은 世界日報의 발행소가 '북미창정 13번지'로 나와 있음.

출처: 『韓國新聞百年誌』, p.524

〈자료 IV-B-4-①-2〉『東新日報』발행소 주소 확인을 위한 자료

<자료 IV-B-4-①-2>의 (가)는 국립중앙도서관의 '대한민국 신문 아카이브' site 에서 찾은 『中央新聞』에 난 기사로서, ⓐ '북창동 13번지'에 있는 『東新日報』가, ⓑ 신문사 제호를 『世界日報』로 바꾸어, 1946년 2월 2일 새로 발간하게 되었다 고 알리고 있다.

(나)는 ⓒ 『東新日報』를 이어받은 『世界日報』의 창간호 제호(題號) 부분인데, 『世界日報』의 발행소 주소가 '북창동 13번지'로 나와 있다.

이들 두 기사를 통해 『東新日報』가 북창동에서 신문을 발행하던 때의 발행 소 주소는 '북창동 13번지'였음을 확인할 수 있었다.

* '종로2가'에서 '북창동'으로 옮긴 뒤의 『東新日報』 신문 자료 찾고 있음.

〈자료 Ⅳ-B-4-①-3〉『東新日報』 북창동 발행 신문 1면

② 世界日報 (북창동 13)

世界日報 (1946.02.02.~1947.02.)

　발행소: 북미창정 13번지 → 태평로1가 31

◇ 동신일보(東新日報 1945.10.04.~)

　→ 세계일보(世界日報: 북창동 1946.02.02.~'47.02.)

　→ 세계일보(世界日報: 태평로 1947.02.14.~'48.12.29.)

------------------------

'…휴간 중에 있던 『東新日報』를 『世界日報』로 개제하고(1946년 2월 2일) 유자후를 사장으로 맞이하여(발행을 계속)'

'1947년 2월 14일에는 김종량이 판권을 인수하여 속간 제1호를 발행했다.'

'(1948년 12월 29일 자에 …기사가 문제 되어 폐간당하고 말았다. (p. 242)'

　　　정진석, '광복 후 6·25 전쟁까지의 언론', 2003.

*** 신문 제호 밑 발행소 주소: 북미창정 13

〈자료 Ⅳ-B-4-②-1〉『世界日報』 발행 자료

　『世界日報』는 바로 앞에서 다룬 『東新日報』를 '북창동 13번지'에서 이어받아, 제호를 바꾸어 1946년 2월 2일부터 발행을 시작했으며, 1년 후인 1947년 2월 14일 발행소를 '태평로1가 31번지'로 옮겼다.

　<자료 Ⅳ-B-4-②-1>에 『世界日報』 발행 자료가 요약 제시되어 있고,

<자료 Ⅳ-B-4-②-2>에 『世界日報』의 창간호 제1면의 윗부분이 제시되어
있다.

〈자료 Ⅳ-B-4-②-2〉『世界日報』 1946년 2월 2일 창간호 1면
출처: 『韓國新聞百年誌』, p. 524.

③ 大東新聞 (북창동 84)

大東新聞 (1945.11.25.~'49.03.12.)
　발행소: 북미창정 84 (제호) → 수송정 27

◇ 大東新聞 → 태평일보(太平日報 1949.03.13.~)
　　　　　 → 대동신문(大同新聞 1950.03.~1954.12.16.)
--------------------------------
　'대표적인 극우지『大東新聞』은 이종형과 그의 아내 이취성이 경영했는데, 반공을 표방하면서,…1945년 11월 25일 창간하였다. (p. 239)'

　정진석, '광복 후 6·25 전쟁까지의 언론', 2003.

〈자료 Ⅳ-B-4-③-1〉『大東新聞』 발행 자료

　『大東新聞』은 ⓐ 1945년 11월 25일 '북창동 84번지'에서 창간, ⓑ 정부수립 다음 해인 1949년 3월 12일까지 발행되다가, 『太平日報』로 넘어갔으며, ⓒ 1950년 3월 『大同新聞』으로 이어졌다.

　『大東新聞』은 '대표적인 극우지'이었던 것으로 알려져 있다(<자료 Ⅳ-B-4-③-1>). <자료 Ⅳ-B-4-③-2>에 『大東新聞』의 창간 1개월 뒤 신문 1면 윗부분이 제시되어 있다.

〈자료 Ⅳ-B-4-③-2〉『大東新聞』 1945년 12월 25일 자 신문 1면
출처: 국립중앙도서관, '대한민국 신문 아카이브'

188

④ 家政新聞 (북창동 84)

家政新聞 (1946.03.21.~'47.07.26.)
　발행소: 수송정 27 →
　북미창정 84 ('46.09.08.~'47.07.26)
　→ (題號 바꿈) 大韓日報('47.07.27~)
--------------------------
　'『大東新聞』의 자매지로서… 1946년 3월 21일
수송동 27에서 창간된… 일간 신문'
'편집인쇄 겸 발행인 李翠星.'
　　출처: 『韓國新聞百年誌』, pp. 218~219.

〈자료 Ⅳ-B-4-④-1〉『家政新聞』 발행 자료
제호 하 발행소: 북미창정 84

<자료 Ⅳ-B-4-④-1>에 제시되어 있듯이, 『家政新聞』은 1946년 3월 21일 '수송정 27번지'에서 창간, 5개월여 만인 1946년 9월 8일 발행소를 '북미창정 84번지'로 이전했다.

『家政新聞』은 '북미창정'으로 이전한 지 10개월이 채 안 된 1947년 7월 27일 신문의 제호가 『大韓日報』로 바뀌어 발행을 이어갔다.

<자료 Ⅳ-B-4-④-2>에 『家政新聞』이 1946년 9월 8일 '북미창정 84번지'로 옮겨와 발행한 첫 신문의 1면 윗부분이 제시되어 있다.

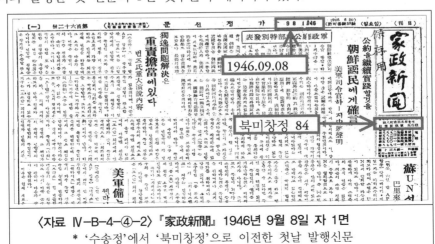

〈자료 Ⅳ-B-4-④-2〉『家政新聞』 1946년 9월 8일 자 1면
* '수송정'에서 '북미창정'으로 이전한 첫날 발행신문
출처: 국립중앙도서관, '대한민국 신문 아카이브'

⑤ 大韓日報 (북창동 84)

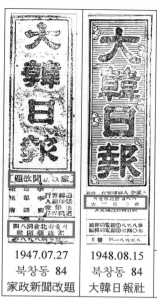

| | | |
|---|---|---|
| 1947.07.27 | 1948.08.15 | **大韓日報** (1947.07.27~1948.12월) |
| 북창동 84 | 북창동 84 | 발행소: **중구 북창동 84** |
| 家政新聞改題 | 大韓日報社 | ** 家政新聞('46.03.21~) |

大韓日報　(1947.07.27~1948.12월)
발행소: 중구 북창동 84
** 家政新聞('46.03.21~)
　(題號 바꿈) → 大韓日報('47.07.27~)
　사장: 李鐘榮,
　편집 발행 겸 인쇄인: 李翠星,
　주필 겸 편집국장: 裵圖南
　출처: 국립중앙도서관,
　　　　'대한민국 신문 아카이브'
------------------------
*** 정부수립 후 같은 제호의 신문이 발행되었
　음. 大韓日報 (1960.10.19~1973.05) 한양
　대학교 재단(金連俊)이 平和新聞을 인수 제
　호를 大韓日報로 바꾸어 발행한 신문임.

〈자료 Ⅳ-B-4-⑤-1〉『大韓日報』 발행 자료

　『大韓日報』는 <자료 Ⅳ-B-4-⑤-1>에 제시되어 있듯이, ⓐ 1947년 7월 27일 '북창동 84번지'에서, ⓑ 『家政新聞』을 이어받아 제호(題號)를 바꾸어 발행을 시작했다. 1년 5개월간 발행되다가 1948년 12월에 종간이 되었다.

　<자료 Ⅳ-B-4-⑤-2>에 신문의 제호를 『大韓日報』로 바꾸어 발행하기 시작한, 1947년 7월 27일 자 신문의 1면 윗부분이 제시되어 있다.

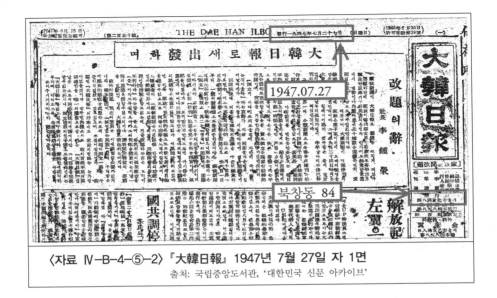

〈자료 Ⅳ-B-4-⑤-2〉『大韓日報』 1947년 7월 27일 자 1면

출처: 국립중앙도서관, '대한민국 신문 아카이브'

<자료 Ⅳ-B-4-⑤-3>에는 대한민국 정부가 수립된 날인 1948년 8월 15일에 발행된 『大韓日報』 1면의 윗부분이 제시되어 있다.

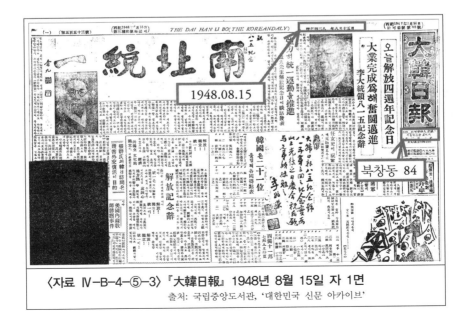

〈자료 Ⅳ-B-4-⑤-3〉『大韓日報』 1948년 8월 15일 자 1면

출처: 국립중앙도서관, '대한민국 신문 아카이브'

⑥ 中外新報 (북창동 93-32)

中外新報 (1946.04.19.~1947.08.27.)
발행소: 북미창정 93 (북창동 93-32)
----------------
'(『中外新報』는) 편집 겸 발행인 강진희, 주필 한일대, 편집국장은… 김정도 …으로 (1946년 4월 19일) 창간되었다. … 한 달 동안 휴간했다가 (1946) 11월 28일 속간하면서 여운형이 사장에 취임했다. …논조는 좌익이었다.…
사옥은 북미창동 93번지 (전에) 일본인 소유(이었던) 적산 인쇄소였다(pp. 253-54).'

정진석, '광복 후 6·25 전쟁까지의 언론', 2003

三九町倉米北

〈자료 Ⅳ-B-4-⑥-1〉『中外新報』 발행 자료

『中外新報』는 1946년 4월 19일 당시 '북미창정 93번지 32호'의 일제(日帝) 때 일본인 소유의 인쇄소에서 창간된, 左翼系 신문이었다.

『中外新報』의 제호에는 발행소가 '93번지'로만 나와 있는데, <자료 Ⅳ-B-4-⑥-2>에 제시된 『부인신보』의 '『신민일보』 재발족' 기사에서 보면, '『中外新報』 사옥'이 있었던 건물의 정확한 주소가 '북창동 93-32'였음을 알 수 있다.

〈자료 Ⅳ-B-4-⑥-2〉
『中外新報』 사옥 터 주소 자료:
'북창동 93의 32 (구 中外新報 사옥)'
----------------
* 『부인신보』, 1948.01.28., p.2 기사
* 출처: 국립중앙도서관,
         '대한민국 신문 아카이브'

<자료 Ⅳ-B-4-⑥-3>에 『中外新報』 1946년 11월 8일 자 1면의 윗부분이 제시되어 있다.

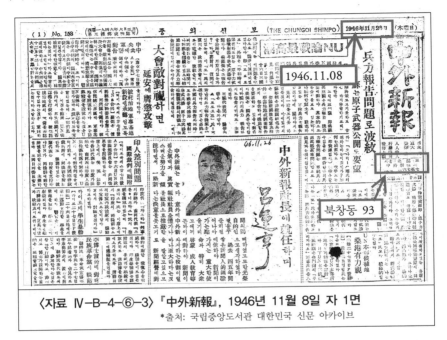

〈자료 Ⅳ-B-4-⑥-3〉 『中外新報』, 1946년 11월 8일 자 1면
*출처: 국립중앙도서관 대한민국 신문 아카이브

### ⑦ 新民日報 (북창동 93-32)

『新民日報』는 ⓐ 1946년 10월 28일 '을지로2가 199'에서 창간한 『第3特報』를 이어받아, 제호(題號)를 『新民日報』로 바꾸어 1947년 1월 7일 발행하기 시작한 신문으로서, ⓑ 정부수립 6개월 전인 1948년 2월 10일 발행소를 '북창동 93-32'로 옮기면서 지령(紙齡)을 다시 1호로 해 발행한 신문이었다.

新民日報 (1948.02.10.~1948.05.27.)
발행소: 북창동 93-32

◇ 第3特報(1946.10.28.~을지로2가 199)
　→ 新民日報(1947.01.07.~)
　(제호 바꾸어 지령 1호로: 발행소 을지로2가 199)
　→ 新民日報(1948.02.10.~1948.05.27.)
　(제호는 그대로 지령은 다시 1호로: 발행소 북창동 93-32)

------------------------------

　'(第3特報가 1946년) 12월 22일 지령 제48호로써 중단하였다가 이듬해(1947) 1월 7일 속간하면서 제호를 『新民日報』로 바꾸어 혁신 제1호로 출발하였다가 1948년 2월 10일에는 또다시 새로 창간하는 형식으로 지령 제1호부터 발행하였다. 이때는 중구 북창동 91번지 (93번지)에 있던 『中外新報』 사옥에서 발행되었는데,…'
　'총선거를 반대 방해하고…허구 날조의 선전을 일삼았다는 이유로 5월 27일 군정법령 88호를 근거로 폐간 처분(이 내려졌다.)' (pp. 257-58).
　　　정진석, '광복 후 6·25 전쟁까지의 언론', 2003.

〈자료 IV-B-4-⑦-1〉『新民日報』 발행 자료

　『新民日報』가 '북창동'에서 발행되던 때의 제호(題號) 아래 주소에는 '북창동 93번지'로만 적혀있으나, 바로 앞 『中外新聞』 부준의 〈자료 IV-B-4-⑥-2〉 기사(記事)에 나와 있듯이 정확한 주소는 '북창동 93번지 32호'였다.

<자료 Ⅳ-B-4-⑦-2>에 『新民日報』가 '북창동'에서 발행되던 때의 신문 제1면 의 윗부분이 제시되어 있다.

〈자료 Ⅳ-B-4-⑦-2〉 『新民日報』 1948년 3월 31일 자 신문 1면
*출처: 국립중앙도서관 '대한민국 신문 아카이브' www.nl.go.kr/newspaper

⑧ 북창동에서 발행되었던 7개 신문들의 사옥 위치, 사옥 사진, 그곳의 현재 모습
<지적도와 사진 Ⅳ-B-4-⑧-1>에 '北倉洞(해방 직후까지 '北米倉町) 지역의 '1929년 지형명세도'(A), '1947년 지적도'(A-1), '2021년 네이버 지적도'(A-2)가 제시되어 있다.

네이버 맵의 2021년 '북창동' 지역 지적도(A-2) 위에 ⓐ 이 지역에서 발행되 었던 신문들의 발행소 위치가 '굵은 실선 원', '굵은 실선 삼각형'으로 표시되어 있고, ⓑ 사진을 찍은 위치와 촬영 방향이 표시되어 있다.

<지적도와 사진 Ⅳ-B-4-⑧-1>의 '사진 부분'에 해방에서 정부수립 기간 사이 에 '북창동' 지역에서 발행되었던 7개 신문들의 발행소가 있었던 건물 터의 2020년 현재 모습 사진들이 제시되어 있다.

('사진 B'에 『中外新報』, 『新民日報』 / '사진 C'에 『大東新聞』, 『家政新聞』, 『大韓新聞』 / '사진 D'에 『東新日報』, 『世界日報』)

해당 신문사의 간판이 붙어있는 건물들의 사진이 어디엔가는 남아 있지 않을까?
신문발행소 건물 사진은 아니더라도 그 건물이 있던 거리의 사진만이라도
찾을 수 있으면, 신문사 건물의 모습을 가늠해 볼 수 있지 않을까 하는 생각이
든다.

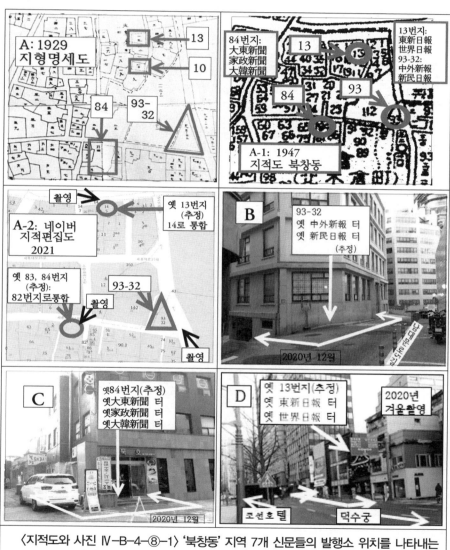

〈지적도와 사진 Ⅳ-B-4-⑧-1〉 '북창동' 지역 7개 신문들의 발행소 위치를 나타내는
지적도와 이들 신문발행소 터의 2020년 현재 모습 사진들

### 5) 남대문로2가, 남대문로3가, 양동(현 남대문로5가)

① 남대문로2가: 東方新聞, ② 남대문로2가: 現代日報,

③ 남대문로2가: 婦人新報, ④ 남대문로3가: 서울夕刊, ⑤ 남대문로3가: 朝鮮中央日報,

⑥ 양동: 中外經濟新報, ⑦ 남대문로2가, 3가와 양동에서 발행되었던 6개 신
문들의 사옥 위치, 그곳의 현재 모습

<표 IV-B-5> 남대문로2가, 3가, 양동에서 발행되었던 신문들

| 지역 | | 신문 이름 | 발행 기간 | 사옥(발행소) | 비 고 |
|---|---|---|---|---|---|
| 5 | 남대문로2가 | 동방신문 (東方新聞) | 1945.09.25.~?? | 남대문로2가 1 | |
| | | 현대일보 (現代日報) | 1946.05.24.~?? | 남대문로2가 23 | 을지로2가 199 → 남대문로2가 23 |
| | | 부인신보 (婦人新報) | 1947.05.03. ~'48.09. | 남대문로2가 15 | 1948년 2월 21일 '관수동'에서 '남대문로2가'로 |
| | 남대문로3가 | 서울석간 (서울夕刊) | 1947.01.30. ~'47.06.?. | 남대문로3가 105 | |
| | | 조선중앙일보 (朝鮮中央日報) | 1947.07.01. ~'49.10.11. | 남대문로3가 105 | 서울夕刊 改題 |
| | 양동 (남대문로5가) | 중외경제신보 (中外經濟新報) | 1946.05.24. ~'47.04.15* | 양동 34-48 | 1946년 12월 27일자 제호 난에는 발행소가 '양동 34'로 나옴. |

* 국립중앙도서관 '대한민국 신문 아카이브'에 소장되어 있는
『中外經濟新報』 마지막 신문의 발행 날짜: 1947년 4월 15일

중구(中區) '남대문로2가', '남대문로3가', 그리고 현재는 '남대문로5가'로 통
합된 해방 당시 '양동'에서는 6개 신문이 발행되었다.

'남대문로2가'에서는 『東方新聞』, 『現代日報』, 『婦人新報』가, '남대문로3가'에서는
『서울夕刊』, 『朝鮮中央日報』가, 그리고 '양동'에서는 『中外經濟新報』가 발행되었다.

<표 IV-B-5>에 이들 6개 신문 각각의 '발행 기간'과 '발행소 주소', 그리고 비고 사항이 간략히 정리되어 있다.

<표>에 나와 있는 순서에 따라, ① 이들 신문 각각에 대한 '발행 사항'을 간략히 알아보고, ② 이들 신문의 '발행소 위치'와 '발행소가 들어있던 건물 터의 현재의 모습'을 알아보고자 한다.

① 東方新聞 (남대문로2가 1)

東方新聞 (1945.09.25.~ 1946.??)
발행소: 남대문로2가 1

'… 일간 신문으로 1945년 9월 25일 창간되었다(일간으로 발족하였으나 간헐적인 발행으로 그쳐 제2호를 10월 6일, 3호를 10월 15일 자로 내었다).'
'발행소는 경성부 남대문통 2의 1(남대문로2가 1번지).'
'해방통신에서 외신을 공급받았던…'
'1946년에 폐간.'(p. 469)

『韓國新聞百年誌』, 1983.

* 제호 아래 발행소 위치 자료 없음

--------------------

* '대한민국 신문 아카이브'에
강릉에서 발행된 東方新聞(1950.01.08.),
대전에서 발행된 東邦新聞(1949.07.01.)이 나옴.

〈자료 IV-B-5-①-1〉『東方新聞』 발행 자료

<자료 IV-B-5-①-1>에 『東方新聞』 발행 자료가 제시되어 있다.

『東方新聞』은 1945년 8월 15일 해방 직후인 9월 25일 '남대문로2가 1번지'에서 창간되었다. 일간(日刊)으로 발족을 하였으나, 발행이 간헐적이었고, 1946년에 폐간되었다.

폐간을 어느 달, 어느 날에 했는지는 아직 확인을 못 하고 있다.

<자료 IV-B-5-①-2>에 『東方新聞』 1945년 9월 25일 창간호 1면 윗부분이 제시되어 있다.

198

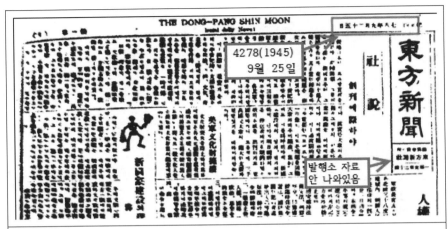

〈자료 IV-B-5-①-2〉 『東方新聞』 1945년 9월 25일 창간호 1면

출처: 『韓國新聞百年誌』, 1983. p. 468

## ② 現代日報 (남대문로2가 23)

現代日報 (1946.03.25.~1946.09.06.)

발행소: 을지로2가 199
→ 남대문로2가 23 ('46.05.24.~)
→ 낙원동 300('46.09.06.~) → 관훈동 130('47.01.29.~)

------------------------

'1946년 3월 25일 창간된 타블로이드판 2면제 일간 시사지. 편집 겸 발행인 주필 박치우, 편집국장 이원조, 인쇄인 이대흥. …발행소는 서울시 황금정2정목 199.'

'…모스크바 3상회의에서 결정된 신탁통치안으로 반탁과 찬탁의 여론이 분분한 가운데 창간된 좌파지였다.'

'…동보는 좌파지의 테두리를 벗어나지 못하고…좌파활동의 전위 노릇을 하다가… (1946년 9월 7일) 태평양방면 미국군사령부 포고 제2호 위반죄로 무기정간을 당하였다.'

'이후 미 군정은 동보를 우익인 대한독립청년단의 서상천에게 발행케 하였다. 이때의 사옥은 종로구 낙원동…'

『韓國新聞百年誌』, 1983. p. 619

〈자료 IV-B-5-②-1〉 『現代日報』 발행 자료

『現代日報』는 ① 1946년 3월 25일 '을지로2가 199번지'(몇 호였는지 불명)에서 창간해 발행을 해오다가, ② 발행소를 '남대문로2가 23번지'로 옮겼었고, ③ 곧이어 다시 '낙원동 300번지'로 옮겨 발행을 했다가, ④ 발행소를 다시 '관훈동 130번지'로 옮겼던 신문이다.

『現代日報』는 좌경(左傾) 신문으로서 창간한 지 6개월도 채 안 된 1946년 9월 7일 미군정포고(美軍政布告) 제2호 위반으로 무기정간을 당했다.

이 신문은 그 뒤 우익계(右翼系) 대한독립청년단의 徐相天이 인수해, 발행소를 '관훈동 130번지'로 이전해, 우리 대한민국 정부가 수립된 1948년 8월 15일 이후까지 발행되었다.

<자료 Ⅳ-B-5-②-1>과 <자료 Ⅳ-B-5-②-2>에 발행 주체와 발행소 이전에 관한 자료가 제시되어 있다.

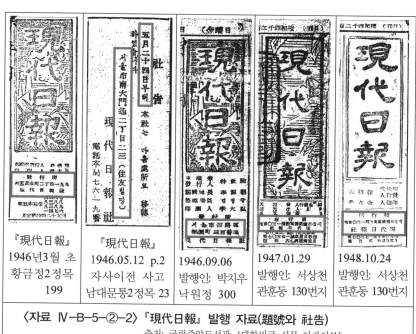

| 『現代日報』 1946년3월 초 황금정2정목 199 | 『現代日報』 1946.05.12 p.2 자사이전 사고 남대문통2정목 23 | 1946.09.06 발행인: 박치우 낙원정 300 | 1947.01.29 발행인: 서상천 관훈동 130번지 | 1948.10.24 발행인: 서상천 관훈동 130번지 |

〈자료 Ⅳ-B-5-②-2〉『現代日報』 발행 자료(題號와 社告)
출처: 국립중앙도서관, '대한민국 신문 아카이브'

<자료 Ⅳ-B-5-②-3>에 『現代日報』가 '남대문로2가 23번지'에서 발행되던 1946년 5월 26일 자 1면의 윗부분이 제시되어 있다.

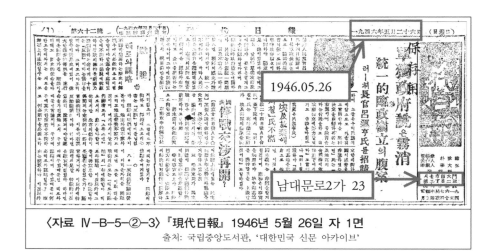

〈자료 Ⅳ-B-5-②-3〉『現代日報』 1946년 5월 26일 자 1면
출처: 국립중앙도서관, '대한민국 신문 아카이브'

③ 婦人新報 (남대문로2가 15)

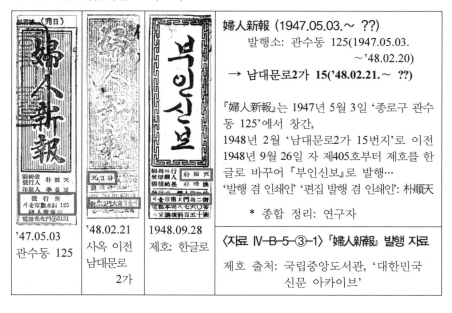

婦人新報 (1947.05.03.~ ??)
　　발행소: 관수동 125(1947.05.03.
　　　　　　　　　　　　　~'48.02.20)
→ 남대문로2가 15('48.02.21.~ ??)

『婦人新報』는 1947년 5월 3일 '종로구 관수동 125'에서 창간,
1948년 2월 '남대문로2가 15번지'로 이전
1948년 9월 26일 자 제405호부터 제호를 한글로 바꾸어 『부인신보』로 발행…
'발행 겸 인쇄인' '편집 발행 겸 인쇄인': 朴順天

　* 종합 정리: 연구자

〈자료 Ⅳ-B-5-③-1〉『婦人新報』 발행 자료

제호 출처: 국립중앙도서관, '대한민국 신문 아카이브'

'47.05.03
관수동 125

'48.02.21
사옥 이전
남대문로
2가

1948.09.28
제호: 한글로

『婦人新報』는 ① 1947년 5월 3일 '관수동 125번지'에서 창간, ② 1년이 채 안 된 1948년 2월 21일 '남대문로2가 15번지, 신탁은행 앞으로 이전했으며, ③ 정부수립 직후인 1948년 9월 26일 자부터 제호를 한글『부인신보』로 바꾸어 발행했다.

'편집 발행 겸 인쇄인'은 박순천(朴順天)이었다.

이 내용이 <자료 Ⅳ-B-5-③-1>과 <자료 Ⅳ-B-5-③-2>에 제시되어 있다.

| 1948.02.20 관수동 125 | 1948.09.20 남대문로2가 | 『婦人新報』, 1948.02.20 p.1 하단 "본사 이전 사고" "남대문로2가 15번지, 신탁은행 앞으로 이전" * 인쇄 안 보이는 곳 "2가" | <자료 Ⅳ-B-5-③-2> 『婦人新報』題號와 社告 발행소 이전(→남대문로2가 15) 제호 변경(漢字→한글) |

<자료 Ⅳ-B-5-③-3>에 '남대문로2가 15번지'에서 발행되었던 『婦人新報』 1948년 2월 22일 자 1면의 윗부분이 제시되어 있다.

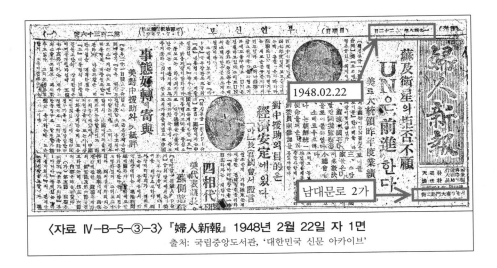

〈자료 Ⅳ-B-5-③-3〉 『婦人新報』 1948년 2월 22일 자 1면
출처: 국립중앙도서관, '대한민국 신문 아카이브'

④ 서울夕刊 (남대문로3가 105)

| 남대문로3가 | 1947.03.15<br>남대문로<br>3가 105 | 서울夕刊(1947.01.30.~1947.06.??)<br>　발행소: 남대문로3가 105<br><br>◇ 서울夕刊('47.01.30 남대문로3가 105)<br>　→ 朝鮮中央日報 (남대문로3가 105/<br>　　　　　　　　'47.07.01~'52.04.15)<br>　------------------------------<br>　'(『서울夕刊』은) 발행 겸 편집인 정청, 편집위원장 유해붕이 (1947년 1월 30일) 창간…'<br>　'(『서울석간』은)…농민의 계몽과 한글 보급 관련 기획에 중점을 두는 등 주로 독자를 계몽하는 입장에서 편집되는 우익지였으나, 81호까지 발행한 뒤 좌익에 매도되어 『조선중앙일보』로 개제되었다.'(p. 258)<br><br>　정진석, '광복 후 6·25 전쟁까지의 언론', 2003. |
|---|---|---|

〈자료 Ⅳ-B-5-④-1〉 『서울夕刊』 발행 자료

『서울夕刊』은 ① 1947년 1월 30일 '남대문로3가 105번지'에서 우익지(右翼紙)로 창간, ② 5개월 만에 좌익진영(左翼陣營)에 매도(賣渡)되어 『朝鮮中央日報』로 이어졌다.

『朝鮮中央日報』는 1952년 4월 15일 '반국가적 반정부적 언론기관으로 국시위반과 광무신문지법에 위반된다는 이유로 폐간되었다.'(『韓國新聞百年(史料集)』, p. 473).

<자료 Ⅳ-B-5-④-1>에 『서울夕刊』의 간단한 발행 자료가 제시되어 있고, <자료 Ⅳ-B-5-④-2>에 『서울夕刊』의 1947년 1월 30일 창간호 1면 윗부분이 제시되어 있다.

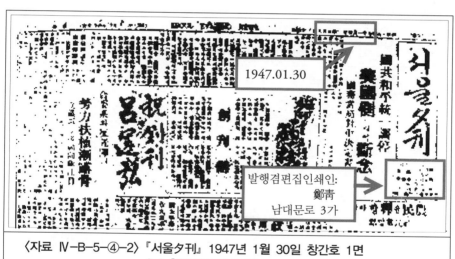

〈자료 Ⅳ-B-5-④-2〉 『서울夕刊』 1947년 1월 30일 창간호 1면
출처: 『韓國新聞百年(史料集)』, p. 224

⑤ 朝鮮中央日報 (남대문로3가 105)

朝鮮中央日報 (1947.07.01.~1949.10.11.)
　　　　발행소: 남대문로3가 105
◇ 서울夕刊(1947.01.30.~ 1947.06.)
　　→ 朝鮮中央日報 ('47.07.01.~'49.10.11.)
-------------------------------------

　'(『朝鮮中央日報』)는 『서울夕刊』의 지령을 계승하여 제82호로 (1947년 7월 1일) 창간하였다.'
　'발행 겸 편집인 이달영, 편집국장 유해붕으로 좌익계 논조로 바뀌었다(p. 258).'
　'1948년 5·10총선을 보이코트하여 일절 보도를 하지 않았고 대한민국 정부가 수립된 후에도 좌익 논조를 계속하다가 …『조선중앙(일보)』은 정간 당했다.…『조선중앙(일보)』은 이듬해(1949) 10월 11일에 폐간당했다(p. 259).'
　　　　정진석, '광복 후 6·25 전쟁까지의 언론', 2003.
-------------------------------------
서울 南大門路 三街 一o五

〈자료 Ⅳ-B-5-⑤-1〉『朝鮮中央日報』 발행 자료

<자료 Ⅳ-B-5-⑤-1>에 『朝鮮中央日報』의 간략한 발행 자료가 제시되어 있다.

『朝鮮中央日報』는 ① 지령(紙齡)은 『서울夕刊』의 것을 이어받고, ② 제호(題號)는 『朝鮮中央日報』로 개제(改題)해 1947년 7월 1일 '남대문로3가 105번지'에서 발행을 시작했다.

『朝鮮中央日報』는 ③ 좌익계(左翼系) 신문으로서, 1948년 8월 15일 정부수립 이후에도 계속 좌익계 논조를 펴다가, 1949년 10월 11일 폐간당했다.

<자료 Ⅳ-B-5-⑤-2>에 『朝鮮中央日報』 1947년 7월 1일 '속간을 자처한 창간호'의 1면 윗부분이 제시되어 있다.

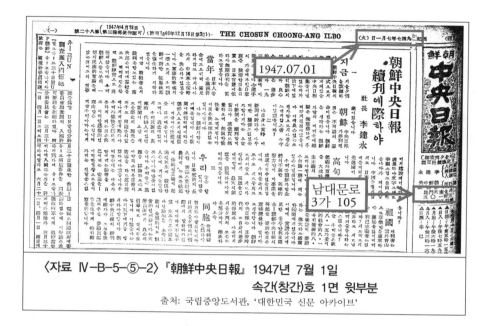

〈자료 IV-B-5-⑤-2〉『朝鮮中央日報』1947년 7월 1일
속간(창간)호 1면 윗부분

출처: 국립중앙도서관, '대한민국 신문 아카이브'

⑥ 中外經濟新報 (양동 34번지 48호)

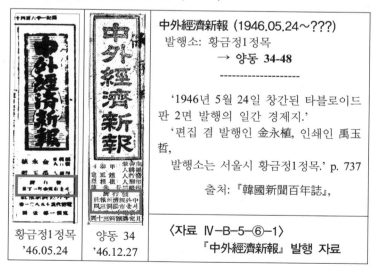

中外經濟新報 (1946.05.24~???)
발행소: 황금정1정목
→ 양동 34-48

--------------------

'1946년 5월 24일 창간된 타블로이드 판 2면 발행의 일간 경제지.'
'편집 겸 발행인 金永植, 인쇄인 禹玉哲,
발행소는 서울시 황금정1정목.' p. 737

출처: 『韓國新聞百年誌』,

〈자료 IV-B-5-⑥-1〉
『中外經濟新報』발행 자료

| 황금정1정목 | 양동 34 |
| --- | --- |
| '46.05.24 | '46.12.27 |

『中外經濟新報』의 발행에 관한 간단한 자료가 <자료 IV-B-5-⑥-1>에 제시되어 있다.

『中外經濟新報』는 ① 1946년 5월 24일 '황금정1정목(을지로1가)'(주소 미상)에서 창간되었으며, ② 몇 달 후 발행소를 '양동 34번지 48호'로 옮겨 발행을 계속했었다.

『中外經濟新報』의 복사본은 국립중앙도서관 '대한민국 신문 아카이브'에서는 1947년 7월 15일 것까지만 나와 있고, 이 신문이 그 뒤 어떻게 되었는지에 관한 자료는 연구자가 아직 찾지를 못하고 있다.

<자료 Ⅳ-B-5-⑥-2>에 『中外經濟新報』 1946년 12월 27일 자 1면의 윗부분과 이 신문발행소의 주소가 '양동 34번지 48호'임을 알려주는 사고(社告)가 제시되어 있다.

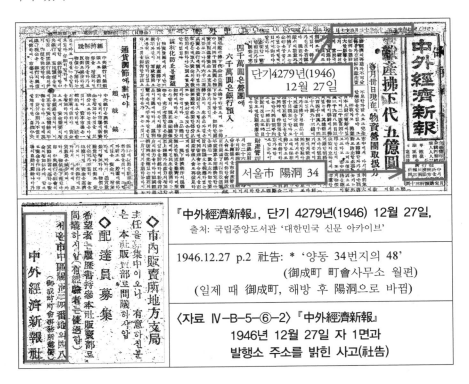

단기 4279년(1946)
12월 27일

서울市 陽洞 34

『中外經濟新報』, 단기 4279년(1946) 12월 27일,
출처: 국립중앙도서관 '대한민국 신문 아카이브'

1946.12.27 p.2 社告: * '양동 34번지의 48'
(御成町 町會사무소 월편)
(일제 때 御成町, 해방 후 陽洞으로 바뀜)

<자료 Ⅳ-B-5-⑥-2> 『中外經濟新報』
1946년 12월 27일 자 1면과
발행소 주소를 밝힌 사고(社告)

⑦ 남대문로2가, 3가와 양동에서 발행되었던

6개 신문들의 사옥 위치, 그곳의 현재 모습:

* '陽洞': 日帝 때는 '어성정'(御成町), 解放 얼마 후 '양동'(陽洞)으로

바뀜, 현재는 '남대문로5가'에 통합되어 있음.


해방 직후에서 정부수립 기간 사이에 '남대문로2가'에서는 『東方新聞』, 『婦人新報』, 『現代日報』 3개 신문이, '남대문로3가'에서는 『서울夕刊』, 『朝鮮中央日報』 2개 신문이 발행되었다.

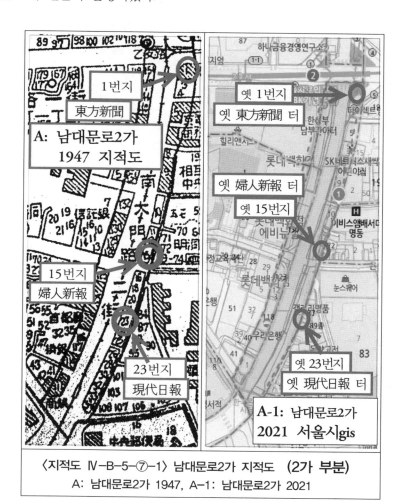

〈지적도 Ⅳ-B-5-⑦-1〉 남대문로2가 지적도  (2가 부분)

A: 남대문로2가 1947, A-1: 남대문로2가 2021

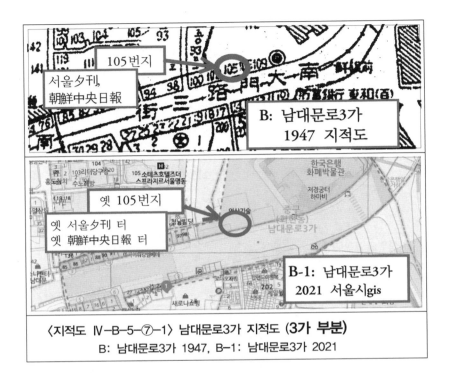

〈지적도 Ⅳ-B-5-⑦-1〉 남대문로3가 지적도 **(3가 부분)**
B: 남대문로3가 1947, B-1: 남대문로3가 2021

　<지적도 Ⅳ-B-5-⑦-1>과 <지적도 Ⅳ-B-5-⑦-2>에 '남대문로2가와 3가'의 '1947년 지적도'와 '2021년 지적도'가 제시되어 있고, 이들 지적도 위에 『東方新聞』, 『婦人新報』, 『現代日報』, 『서울夕刊』, 『朝鮮中央日報』 5개 신문사 발행소 위치가 '굵은 실선 원'으로 표시되어 있다.

　『東方新聞』이 있던 '남대문로2가 1번지'는 한때 보사부(保社部) 청사가 있었던 곳으로, '을지로 입구 로터리'를 위한 도로 확장으로 '1번지'의 대부분이 도로에 편입되었다.
　『婦人新報』가 있었던 '남대문로2가 15번지'는 남대문로에서 '명동'으로 들어가는 입구 왼편 모퉁이에 있는데, 2021년 현재 '15번지'는 없고 그와 붙은 '14번지'는 남아 있어서, 이 신문사가 있었던 터 자리를 가늠할 수가 있다.
　『現代日報』가 있었던 '남대문로2가 23번지'는 남대문로의 도로 확장으로, 도로에 포함되게 되었다.

『서울夕刊』과 『朝鮮中央日報』가 있었던 '남대문로3가 105번지' 터는 이전의 '한국은행 본점', 현재의 '한국은행 화폐박물관'에서 남대문 쪽으로 가다가 '북창동'으로 들어가는 샛길이 나오기 조금 전쯤에 있었는데, 2021년 10월 현재는 건설공사가 진행 중이었다.

이상에서 '남대문로2가와 3가' 지역 5개 신문사들이 있었던 위치를 알아보았다. 다음으로는 이들 신문사 각각의 발행소가 들어있었던 건물의 사진과 그곳의 2021년 현재의 모습을 알아보고자 한다.

<지적도와 사진 Ⅳ-B-5-⑦-1>에 ①『東方新聞社』가 있었던 곳의 위치를 보여주는 1947년 지적도 (A)와 2021년 지적도 (A-1)이 제시되어 있고, ②『東方新聞社』가 들어있던 건물의 사진 (B)와 그 건물 터의 2021년도 현재의 변한 모습 (B-1)이 제시되어 있다.

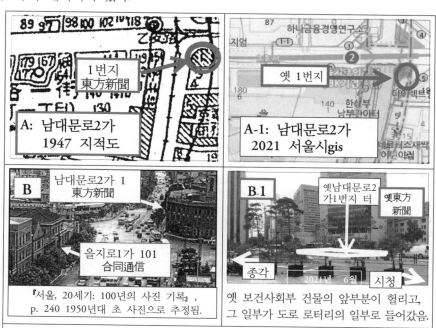

〈지적도와 사진 Ⅳ-B-5-⑦-1〉『東方新聞』 발행소 위치와
그 신문발행소가 들어있던 건물 사진과 그 건물 터의 2021년 현재 모습

다음 <지적도와 사진 Ⅳ-B-5-⑦-2>에는

① 『婦人新報社』와 『現代日報社』가 있었던 곳의 위치를 나타내는 1947년 지적도 (A)와 2021년 네이버 지적도 (A-1)이 제시되어 있고,

② 『婦人新報社』와 『現代日報社』가 들어있었던 건물 터의 2021년 현재 변한 모습 (B)가 제시되어 있다.

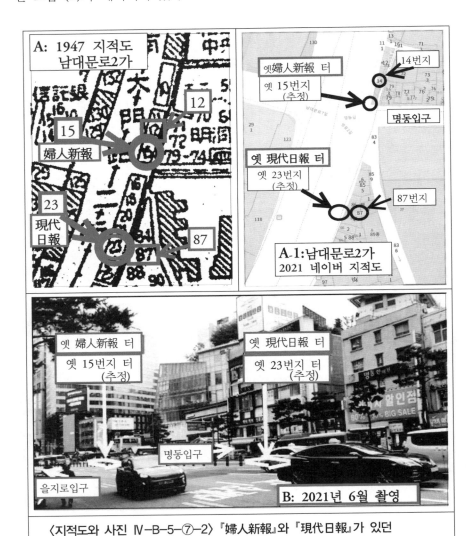

〈지적도와 사진 Ⅳ-B-5-⑦-2〉『婦人新報』와 『現代日報』가 있던 위치를 표시한 지적도와 그들 건물 터의 2021년 현재 모습

　　<지적도와 사진 Ⅳ-B-5-⑦-3>에 『서울夕刊』과 『朝鮮中央日報』가 들어있던 건물의 위치를 표시한 '1947년 지적도 A'와 '2020년 서울시 GIS 지적도 A-1'이 제시되어 있고,

　　이들 두 신문발행소 건물의 모습을 어렴풋이나마 짐작해볼 수 있는 '항공사진 B'와 그 건물 터의 2020년 말 현재의 변화된 모습을 보여주는 '사진 B-1'이 제시되어 있다.

A: 1947 지적도

옛 남대문로3가 105
옛 서울夕刊 터
옛 朝鮮中央日報 터

A-1: 2020 서울gis지적

B: 『서울 20세기:.사진 기록』 p. 160

옛 남대문로3가 105
옛 서울夕刊 터
옛 朝鮮中央日報 터

한국은행

옛 남대문로3가 105
옛 서울夕刊 터
옛 朝鮮中央日報 터

한국은행

남대문　2020년 12월

〈지적도와 사진 Ⅳ-B-5-⑦-3〉
『서울夕刊』과 『朝鮮中央日報』,
이들 두 신문사가 들어있던 건물의 위치를
표시한 지적도와 그 건물 터의 옛 모습과
현재 모습

B-1: 옛 서울夕刊, 朝鮮中央日報 터
추정지의 2020년 12월 현재 모습

　　다음 <자료와 지적도 Ⅳ-B-5-⑦-4>에는 『中外經濟新報』의 '양동 발행소' 위치 자료와 '양동'의 지적도가 제시되어 있다.

　　『中外經濟新報』는 1946년 5월 24일 '황금정1정목'(번지 미상)에서 창간,

6개월쯤 뒤에 '양동 34번지의 48호'로 이전을 했다.

　『中外經濟新報』의 창간 시 발행소 주소가 『韓國新聞百年誌』(1983) 자료에는 '을지로1가'로만 나와 있는데, 이 신문이 '양동'으로 이전하고 난 뒤인 1946년 12월 27일 자 제호 난(題號欄)에는 '서울시 양동 34번지'로 나와 있고, 社告에 는 '양동 34번지의 48'로 나와 있다.

A: 1946.12.27 p.2 社告:
 * '양동 34번지의 48'
 (어성정 정회사무소 월편)
 (양동 동회 건너편)

어성정→ 양동
→ (現) 남대문로5가

1936년
지적도

B: 1936 지적도:
 현 '양동'(옛 御成町) 지적도
 * '34번지'가 무척 넓음.

B-1: 1959 지적도:
　1950년대 '양동' 지번도
 * '34번지'에서 '43번지'가 분리되었음

옛 양동
실선 안쪽

옛양동 34
두줄 선 안쪽

서울시gis
지적도 2021

B-2: 2021 지적도:
 * '두 줄 선' 안쪽이 '34번지' 구역.
 * 옛 '양동', 현 '남대문로5가'에 통합

〈자료와 지적도 Ⅳ-B-5-⑦-4〉『中外經濟新報』의 '양동' 발행소 지번 자료와
옛 '양동' 구역 지번도

<자료와 지적도 Ⅳ-B-5-⑦-4>에 제시된 지적도에서 볼 수 있듯이, '양동' 지역의 경우 지번(地番)의 본번(本番)인 '몇 번지'까지만 나와 있고, 부번(副番)인 '몇 호'까지는 나와 있지 않아, 『中外經濟新報』의 발행소의 정확한 위치를 아직 찾지를 못하고 있다.

## 6) 회현동1가, 회현동2가, 남산동2가, 충무로3가

① 회현동1가: 漢城新聞, ② 회현동2가: 第一新聞, ③ 남산동2가: 民衆日報,
④ 남산동2가: 産業經濟日報, ⑤ 충무로3가: 土建經濟日報,
⑥ 회현동1가, 2가, 남산동2가, 충무로3가에서 발행되었던
5개 신문들의 사옥 위치, 그곳의 현재 모습

〈표 Ⅳ-B-6〉 회현동, 남산동, 충무로에서 발행되었던 신문들

| 지역 | | 신문 이름 | 발행 기간 | 사옥(발행소) | 비 고 |
|---|---|---|---|---|---|
| 6 | 회현동 1가 | 한성신문 (漢城新聞) | 1945.12.15. ~ ???? | 회현동1가 198 | 일간 → 주간 |
| | 회현동 2가 | 제일신문 (第一新聞) | 1946.11.04. ~'48.9.13. | 회현동2가 6 | 『光明日報』에서 改題 |
| | 남산동 2가 | 민중일보 (民衆日報) | 1945.09.22. ~'48.12.02. | 관훈동 151-> 남산동2가 1 | 1947년. 4월에 남산동 이전. |
| | | 산업경제신문 (産業經濟新聞) | 1946년 말 | 소화통2정목 6 (남산동2가 6) | 『朝鮮年鑑』, 1947년 판 |
| | 충무로 3가 | 토건경제일보(土建經濟日報) | 1945.11.17. ~ ?? | 충무로3가 30 | |

서울시 중구(中區) 남산(南山)의 북쪽 기슭에 위치한 '회현동1가', '회현동2가', '남산동2가', '충무로3가'에서는 <표 Ⅳ-B-6>에 제시되어 있는 5개 신문, 『漢城新聞』, 『第一新聞』, 『民衆日報』, 『産業經濟新聞』, 『土建經濟日報』가 발행되었다.

　이들 5개 신문 각각의 발행 자료를 간략히 살펴보고, 이어 이들 5개 신문 각각의 발행소 위치를 발행 당시의 지적도와 2021년 현재 지적도상에서 확인해 본 뒤, 이들 신문의 발행소가 들어있던 건물의 사진을 찾아보고, 이들 건물이 있던 터의 2021년 현재 모습을 찍은 사진들을 제시해 보고자 한다.

① 漢城新聞 (회현동1가 198)

漢城新聞 (1945.12.15.~ ???)
발행소: 회현동1가 198

　'1945년 12월 15일 창간된 타블로이드 판 2면제 週刊時事紙(日刊紙로 발족하였으나 화재로 인해 휴간 후 주간발행을 하게 되었다)'
　'사옥은 한성시 회현동 198.'
　'편집인 陳綠星, 발행인 金顯國, 인쇄인 柳東晃'
　'1946년 8월 29일 자…週刊 發行을 하게 된 同紙는… 편집인 李海文, 발행인 柳東晃'
(p. 859)

『韓國新聞百年誌』

〈자료 Ⅳ-B-6-①-1〉『漢城新聞』 발행 자료
　* (가) :『漢城日報』, 1946.09.22, p.2에 난『漢城新聞』의 광고
　『漢城新聞』 발행소: 욱정1정목(회현동1가) 198 (자유시장?)
출처: 국립중앙도서관, '대한민국 신문 아카이브'

　『漢城新聞』은 우리나라가 일본의 식민통치에서 해방이 된 지 4개월 만인 1945년 12월 15일 중구 '회현동1가 198번지'에서 日刊紙로 창간되었다가, 1946년 8월 29일 週刊紙가 된 신문이다.

　<자료 Ⅳ-B-6-①-2>에『漢城新聞』1945년 12월 15일 자 1면 윗부분이 제시되어 있다.

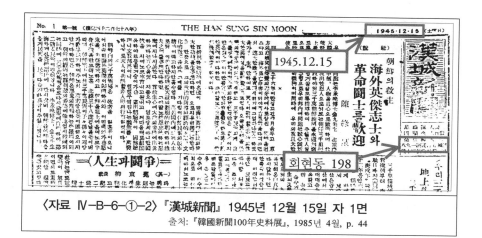

〈자료 Ⅳ-B-6-①-2〉『漢城新聞』 1945년 12월 15일 자 1면
출처: 『韓國新聞100年史料展』, 1985년 4월, p. 44

## ② 第一新聞 (회현동2가 6)

第一新聞 (1947.11.04.~1948.09.13.)
  발행소: 회현동2가 6번지 → 북창동 39
  * 光明日報 ('47.10.04.~)
    → 第一新聞 (1947.11.04.~'48.09.13.)
----------------------
'1946년 5월 29일 미 군정 당국이 군정법령 제88호를 공포하고 左派紙의 창간을 억제하자,'
'左翼系列은 기존의 신문들을 買收, 改題하여 제2차 미소 공동위원회에 대비하기 시작하였다.'
'그리하여 동년 11월 4일 제199호로 발행을 보게 된 것이 『光明日報』를 改題, 紙齡을 계승한 『第一新聞』이다.'
'발행 겸 편집인: 尹圭南, 인쇄인: 趙正建
  사옥은 서울시 중구 회현동2가 6번지.'
'…1948년 9월 10일…공립통신 발의 인민공화국수립 등 북조선의 정강 정책을 격찬하는 반면 남조선을 비난 조롱하는 논조의 기사를 게재하였다가, 9월 13일 정간처분… p. 641

『韓國新聞百年誌』, 1983

1947.11.04
회현동2가

1947.12.03
회현동2가
6번지

〈자료 Ⅳ-B-6-②-1〉『第一新聞』 발행 자료 제호
출처: 국립중앙도서관, '대한민국 신문 아카이브'

『第一新聞』은『光明日報』를 개제하여, 1947년 11월 4일부터 '회현동2가 6번지'에서 발행을 시작한 左翼系 신문이다. 정부수립 직후인 1948년 9월 10일 정간처분되었다.

<자료 IV-B-6-②-2>에 『第一新聞』 1947년 11월 4일 자 1면 윗부분이 제시되어 있다.

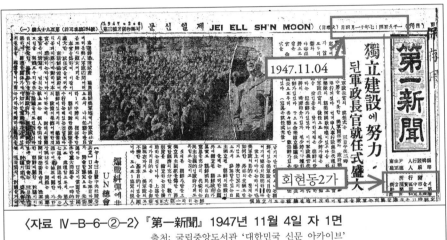

〈자료 IV-B-6-②-2〉『第一新聞』 1947년 11월 4일 자 1면
출처: 국립중앙도서관 '대한민국 신문 아카이브'

③ 民衆日報 (남산동2가 1)

| | | | 民衆日報 (1945.09.22.~ 1948.12.02.)<br>발행소: 견지정(주소 미상)<br>→ 관훈정 151<br>→ 남산동2가 1번지 ('47.04.06.~)<br>--------------------<br>'1945년 9월 22일 도빈(발행인·사장)에 의해 창간된…일간지.'<br>'발행소를 견지정에 둠…'<br>'계속되는 자금난으로 거의 1년여에 걸친 휴간 상태에 빠졌던 동지는 1947년 4월 6일 尹潽善(편집 겸 발행인)이 판권을 인수하면서부터 정상궤도에 올랐다.'<br>'발행소는 남산동2가 1번지…'<br>'1948년 12월 2일 정부 비난 선동혐의 필화로 폐간되었다.'<br>『韓國新聞百年誌』, 1983, .p. 467. |
|---|---|---|---|
| | 발행인<br>장도빈 | 편집 겸<br>발행인<br>윤보선 | |
| '45.10.25<br>경성부<br>견지정 | 1945.12.08<br>서울시<br>관훈동 | 1947.04.22<br>서울시<br>남산동2가 1 | '1948년 12월 사장 尹潽善이 서울市長에 임명된 후에 발행이 중단되었다.' p. 238.<br>정진석, '광복 후 6·25 전쟁까지의 언론' |

〈자료 Ⅳ-B-6-③-1〉『民衆日報』 발행 자료

『民衆日報』는 1945년 9월 22일 '견지정'(주소 미상)에서 창간, '관훈동 151번지'로 이전했다가, 1947년 4월 6일 윤보선(尹潽善)이 인수하면서 발행소를 다시 '남산동2가 1번지'로 옮겨 발행을 한 신문이다.

<자료 Ⅳ-B-6-③-2>에 『民衆日報』가 '남산동2가 1번지'로 발행소를 옮긴 1947년 4월 22일 자 1면의 윗부분이 제시되어 있다.

〈자료 Ⅳ-B-6-③-2〉『民衆日報』1947년 4월 22일 자 1면
출처: 국립중앙도서관, '대한민국 신문 아카이브'

④ 産業經濟新聞 (남산동2가 6)

『産業經濟新聞』은 1946년 5월에 '한강통1정목(주소 미상)'에서 창간된 신문이다. 이 신문은 창간 후 발행소를 '소화통2정목 6'(남산동2가 6)으로 옮겼다.

『産業經濟新聞』은 1948년 2월에 제호가 『實業新聞』으로 바뀌었다.

## 産業經濟新聞 (1946년 5월~???)

발행소: 한강통1정목(번지 미상) → **남산동2가 6**
사장: 김경희(金景希) → **발행인: 이열(李烈)**

------------------------

1948년 2월 초 『實業新聞』으로 제호가 바뀌었음.
발행소: 서울시 '공립빌딩'

| | |
|---|---|
| 題號와 新聞紙面 찾고 있음 | |

『現代日報』,
1946.05.12 p.2 기사

------------

『産業經濟新聞』 창간
발행소: '한강통 1정목'

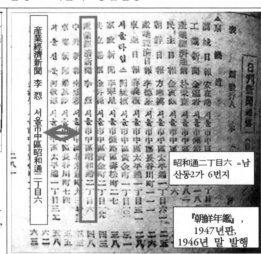

昭和通二丁目六 =남
산동2가 6번지

『朝鮮年鑑』,
1947년판,
1946년 말 발행

왼쪽 기사:
『독립신문』, 1948.02.03. p.2
-------------------
＊『産業經濟新聞』→『實業新聞』으로
신문 제호를 바꿈.

〈자료 IV-B-6-④-1〉
『産業經濟新聞』 발행 자료
＊ 이 신문에 관한 정리된 자료
아직 찾지 못하고 있음.

⑤ 土建經濟日報 (충무로3가 30)

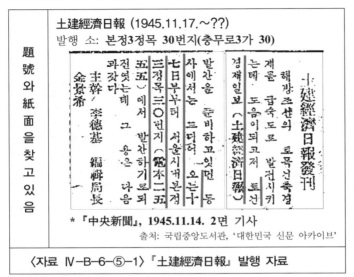

| | 土建經濟日報 (1945.11.17.~??)<br>발행 소: 본정3정목 30번지(충무로3가 30) |
|---|---|
| 題號와 紙面을 찾고 있음 | 金景希<br>主幹／李德基 編輯局長<br>과잣엿는데 그 용은 다음<br>三정목三〇번지(鑑本二五五五)에서 발산하기로되<br>七日부터 서울시내 본정<br>사에서는 二二디역 오는 十동<br>발산을 준비하고잇스면<br>경재일보 (土建經濟日報)<br>는데 도음이되고저 토건<br>재을 급속도로 발전시키<br>해방조산의 토목건축경<br>土建經濟日報發刊 |
| | *『中央新聞』, 1945.11.14. 2면 기사 |
| | 출처: 국립중앙도서관, '대한민국 신문 아카이브' |

〈자료 Ⅳ-B-6-⑤-1〉『土建經濟日報』 발행 자료

　　『土建經濟日報』는 1945년 11월 17일 '본정3정목 30번지'(충무로3가 30번지)에서 창간되었다.

　　『土建經濟日報』에 관한 정리된 자료를 좀 더 찾아보아야 할 것 같다.


⑥ 회현동1가, 2가, 남산동2가, 충무로3가에서 발행되었던
　　　　　　5개 신문들의 사옥 위치, 그곳의 현재 모습

　　'회현동1가 198번지'에서는 『漢城新聞』이 발행되었는데, <지적도와 사진 Ⅳ-B-6-⑥-1>에 ① 『漢城新聞』 발행소의 위치를 확인할 수 있게 해주는 지적도 자료와, ② 『漢城新聞』이 들어있던 건물의 모습과 그 주변을 보여주는 사진과 그곳의 2021년 현재의 변화된 모습을 보여주는 사진이 제시되어 있다.

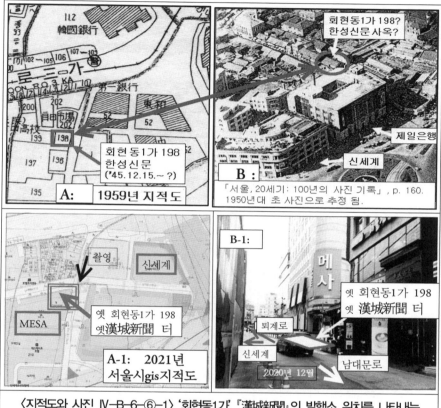

〈지적도와 사진 Ⅳ-B-6-⑥-1〉'회현동1가' 『漢城新聞』의 발행소 위치를 나타내는 지적도와 이 신문발행소 건물 사진과 그 터의 2020년 현재 모습 사진

<지적도와 사진 Ⅳ-B-6-⑥-1>의 (A)는 1959년 지적도인데 그 구역의 지번 구조가 본 연구의 대상 기간인 '해방공간' 때와 변동이 없고, 지번의 경계가 분명해, '회현동1가 198번지' 터를 분명히 보여주고 있다.

(A-1)은 2021년 지적도인데, 이 지역 도로구조에는 큰 변동이 없고, 지번들은 변동이 커서 옛 '198번지'가 '204번지'로 통합이 되어 '메사' 빌딩이 들어서 있다. 『漢城新聞』 발행소가 있던 '198번지' 터는 이 '메사' 빌딩 동북쪽 모서리, '두 줄 실선 사각형'으로 표시를 해 놓은 곳이다.

(B)는 1950년대 초 이 지역 항공사진인데, '실선 원'으로 표시를 해 놓은 건물이 『漢城新聞』이 들어있던 건물이다.

(B-1)은 옛 『漢城新聞』 터의 2020년 말 현재 변한 모습을 보여주는 사진이다. 이 사진은 (A-1) 지적도에 표시해 놓은 위치와 방향에서 찍은 것이다.

다음은 '회현동2가 6번지'에서 발행되었던 『第一新聞』의 발행소 위치를 알아보자.

<지적도와 사진 IV-B-6-⑥-2>에는 『第一新聞』의 발행소 위치를 보여주는 지적도와 『第一新聞社』가 들어있던 건물의 모습을 보여주는 사진이 제시되어 있다.

(A)의 1959년 지적도에 『第一新聞』 발행소의 지번인 '회현동2가 6번지'가 나와 있다. (A-1)은 '2020년 지적도'인데 옛 '회현동2가 6번지'가 주변의 터와 함께 '88번지'로 통합이 되어있고, 'State Tower 빌딩'이 들어서 있다. '굵은 실선 장방형'으로 표시를 해 놓은 곳이 옛 『第一新聞』이 들어있던 건물 터다.

(B)는 Life誌에 실렸던 이 지역 항공사진인데, 1951년 9월 촬영한 것으로서, 『第一新聞社』가 들어있던 건물의 모습이 확연하게 보인다.

(B-1)의 사진은 2021년 6월에 찍은 것으로서, 이 사진에서 옛 『第一新聞社』가 들어있던 건물 터의 변한 모습을 볼 수 있다.

다음은 '남산동2가'에서 발행되었던 『民衆日報』와 『産業經濟新聞』의 발행소 위치와 그들 발행소 건물 터의 2021년 현재의 변한 모습을 알아보고자 한다.

A:1959 지적도

회현동2가 6
제일신문
('46.11.4.~'48.9.13.)

신세계

스테이트타워
남산

옛회현동2가 6
옛第一新聞 터
(추정)

A-1;2020년
서울시gis지적도

남산

옛회현동2가 6
第一新聞社
입주 건물

신세계 본점

중앙우

B: Life誌 사진:
1951년 9월 촬영
by Michael Rougler

B-1: 옛
第一新聞 터

State
Towers
빌딩

옛 회현동2가 6
第一新聞 터

퇴계로

남산3호터널

한국은행

신세계백화점

2021년 6월

〈지적도와 사진
IV-B-6-⑥-2〉

'회현동2가'
『第一新聞』의
발행소 위치를
나타내는 지적도와
이 신문발행소
건물 사진과
그 터의
2021년 현재 모습 사진

    <지적도와 사진 IV-B-6-⑥-3>에 '남산동2가'에서 발행되었던 『民衆日報』와 『産業經濟新聞』의 발행소 위치를 나타내는 지적도와 이들 신문발행소 터의 2021년 현재 모습 사진이 제시되어 있다.

　　<지적도 A>는 본 연구의 대상 기간인 '1947년 지적도'인데, 『民衆日報』 발행소 지번인 '남산동2가 1번지'와 『産業經濟新聞』의 발행소 지번인 '6번지'가 분명하게 나와 있다.

　　<지적도 B>는 1959년 지적도이고, <지적도 C>는 2020년 지적도이다. 1947년 지적도와 1959년 지적도 자료를 참고로 해서 2020년 지적도에 '실선 원과 타원' 그리고 '점선 타원'으로, 옛 『民衆日報』와 『産業經濟新聞』 두 신문발행소가 있던 위치를 표시해 보았다.

　　<사진 D>에서 볼 수 있듯이 옛 『民衆日報』가 들어있던 건물 터에는 2021년 현재 '서울프린스호텔'이 들어서 있다. <사진 D-1>에는 옛 『産業經濟新聞』이 들어있던 건물 터의 2021년 현재의 모습이 제시되어 있는데, 이 터는 얼마 전까지 중국요리점 '동보성'이 들어서 있던 곳으로, 2021년 현재 '디비인터내셔널' 빌딩이 새로 건축 중이다.

다음은 '충무로3가'에서 발행되었던 『土建經濟日報』의 발행소 위치와 그 발행소 건물 터의 2021년 현재의 변한 모습을 알아보고자 한다.

〈지적도와 사진 IV-B-6-⑥-4〉 '충무로3가' 『土建經濟日報』 발행소 위치를 나타내는 지적도와 이 신문발행소 터의 2021년 현재 모습 사진

<지적도와 사진 Ⅳ-B-6-⑥-4>에 옛『土建經濟日報』발행소가 있었던 '충무로3가 30번지'의 위치를 보여주는 '1959년 지적도 A'와 '2021년 지적도 A-1', 'A-1 지도에서 충무로3가 30번지 터를 확대한 지적도인 A-2', 그리고 이 신문발행소 터의 2021년 현재 모습 사진이 제시되어 있다.

'2021년 지적도' (A-1)과 (A-2)에 나타나 있듯이 '30번지' 터는 여러 부번(副番)으로 나뉘어 있는데, 그 가운데 어디에 있던 건물에 『土建經濟日報』발행소가 들어있었는지는 확인을 아직 못 하고 있다.

'사진 B'에 '충무로3가 30번지' 구역의 '2021 네이버 맵 거리뷰' 사진이 제시되어 있다. 이 구역 내 어디에 있던 건물에 『土建經濟日報』발행소가 들어있었을까?

-----------------------------

이상으로 <제 Ⅳ 장> '중구(中區)의 '을지로 이외 지역'에서 발행되었던 신문들'에 관한 정리 작업을 일단 마무리하고, <제 Ⅴ 장> '종로구(鐘路區), 서대문구(西大門區)에서 발행되었던 신문들'로 넘어가 보자.

# 제 V 장

/

## 종로구, 서대문구에서 발행되었던 신문들

A. 종로구: 세종로, 종로1가, 2가, 인사동, 낙원동, 경운동, 관수동,
　　청진동, 수송동, 견지동, 관훈동, 중학동, 사직동
　　*세종로: 東亞日報는 앞 〈제Ⅱ장〉에서 다루어졌음.


1) 종로1가, 2가, 인사동, 낙원동, 경운동, 관수동
　① 종로1가: Seoul Times, ② 종로1가: 大衆新報,
　③ 종로2가: 新朝鮮報, ④ 종로2가: 朝鮮人民報, ⑤ 종로2가: 大衆新報,
　⑥ 종로2가: 노력인민, ⑦ 종로2가: 國際日報, ⑧ 종로2가: 東新日報,
　⑨ 인사동: 人民, ⑩ 낙원동: 現代日報, ⑪ 경운동: 우리新聞,
　⑫ 관수동: 婦人新報, ⑬ 종로1가, 2가, 인사동, 낙원동, 경운동, 관수동
　　에서 발행되었던 12개 신문들의 사옥 위치, 사옥 사진, 그곳의 현재 모습

2) 청진동, 수송동, 견지동·관훈동, 관훈동, 중학동, 사직동
　① 청진동: 工業新聞, ② 수송동: 家政新聞, ③ 수송동: 大東新聞,
　④ 견지동·관훈동: 民衆日報, ⑤ 관훈동: 現代日報,
　⑥ 중학동: 大公日報, ⑦ 사직동: 警民新聞, ⑧ 사직동: 大衆新報,
　⑨ 청진동, 수송동, 견지동·관훈동, 관훈동, 중학동, 사직동에서 발행
　　되었던 8개 신문들의 사옥 위치, 사옥 사진, 그곳의 현재 모습

B. 서대문구: 충정로1가, 2가

1) 충정로1가, 2가
　① 충정로1가: 合同新聞, ② 충정로2가: 婦女新聞,
　③ 충정로1가, 2가에서 발행되었던 2개 신문들의 사옥 위치, 사옥 사진,
　　그곳의 현재 모습

C. 발행소 위치 확인 못 하고 있는 신문들
　① 朝鮮民衆日報, ② The Korea Times, ③ The Union Democrat

## A. 종로구: 세종로, 종로1가, 2가, 인사동, 낙원동, 경운동, 관수동, 청진동, 수송동, 견지동 · 관훈동, 관훈동, 중학동, 사직동

＊ 세종로: 東亞日報 : 앞 〈제 Ⅱ 장〉에서 다루어졌음.

| 〈표 Ⅴ-A〉 해방 후 美軍政期에 서울 종로구(鐘路區)에서 발행되었던 신문들 | | | | | |
|---|---|---|---|---|---|
| 지 역 | | 신문 이름 | 발행 기간 | 사옥(발행소) | 비 고 |
| 종 로 구 | 1 | 세종로 동아일보＊ (東亞日報) | (重刊) 1945.12.01. ~2022 현재 | 세종로 139 | ＊ 제Ⅱ장에서 다루어졌음 |
| | | 종로 1가 Seoul Times | 1945.09.06. ~'49.02.02. | 종로 1정목 42(?) | 후에 '을지로1가 101' 合同通信 사옥으로 이전 |
| | | 대중신보 (大衆新報) | 1947.04.03. ~06.17 | 종로1정목 한양빌딩 | |
| | | 종로 2가 신조선보 (新朝鮮報) | 1945.10.05. ~'46.02.?. | 종로2정목 9 YMCA빌딩 내 | |
| | | 조선인민보 (朝鮮人民報) | 1945.09.08. ~'46.09.06 | 종로2정목 9 YMCA빌딩 내 | |
| | | 대중신보 (大衆新報) | 1947.05.16. ~06.18. | 종로2가 19 완영빌딩 내 | 大衆新報 → 노력인민 |
| | | 노력인민 | 1947.06.19. ~'48.01.?. | | |
| | | 국제일보 (國際日報) | 1946.06.03.(?) ~??? | 종로2가 19 (제호) | |
| | | 동신일보 (東新日報) | 1945.10.04. ~??? | 종로2정목 (제호)(번지미상) | 東新日報 → 世界日報('46.02.02. ~) |
| | | 인사동 인민 (人民) | 1946.03.21. ~??? | 인사동 110 | |
| | | 낙원동 현대일보 (現代日報) | 1946,03.25 ~'46.09.06 | 낙원동 300 | 황금정2정목 199 → 종로구 낙원정 |
| | | 경운동 우리신문 (우리新聞) | 1947.02.10. ~'48.05.26. | 경운동 88 | 창간 경운동 → 1947.05.25. 을지로 2가 문화빌딩으로 이전 |

| | | | | | |
|---|---|---|---|---|---|
| | 관수동 | 부인신보 (婦人新報) | 1947.05.03. ~??? | 관수동 125 →남대문로2가 ('48.02.21~) | 婦人新報→부인신보 |
| | 청진동 | 공업신문 (工業新聞) | 1945.11.05. ~'61.05.28. | 청진동 188 | |
| | 수송동 | 가정신문 (家政新聞) | 1946.03.21. ~'47.07.26. | 수송동 27 | |
| | | 대동신문 (大東新聞) | 1946.01.13. ~??? | 수송동 27 | 북미창정 84('45.11.25.~)→수송정 27('46.01.13.~) |
| 2 | 견지동 관훈동 | 민중일보 (民衆日報) | 1945.09.22. ~'48.12.02. | 견지동→ 관훈동 151 | *'47.04.06. 윤보선 인수 남산동으로 이전 |
| | 관훈동 | 현대일보 (現代日報) | 1946.03.25. ~'48.11.19 | 을지로2가 199 →관훈동 130 | '48.08.15. 정부 수립 직후 現代日報 → 民國日報 |
| | 중학동 | 대공일보 (大公日報) | 1945.?월?일 ~??? | 중학동 | 황금정2정목 (창간:'45.11.10)→ 중학동→소공동 112 |
| | 사직동 | 경민신문 (警民新聞) | 1946년 말 현재 발행 중 | 사직동 311-34 | |
| | | 대중신보 (大衆新報) | 1947.03.21. ~03.27. | 사직동 113 | 사직동에서 창간→ 종로1가 한양빌딩→ 종로2가 19 완영빌딩 |

출처: 『朝鮮年鑑:1947年版』,1946, / 『韓國新聞百年:史料集』,1975/ 『韓國新聞百年誌』, 1983 / '대한민국 신문 아카이브' / 정진석, '광복 후 6·25 전쟁까지의 언론', 2003.

<제 V 장>은 우선 '종로구 A'와 '서대문구 B'로 나누고,

'종로구 A'에서는 여러 동(洞)이어서 많은 신문들이 발행되었기 때문에 이를 다시 '종로구 A-1'과 '종로구 A-2'로 나누어 新聞들의 발행소를 알아보고자 한다.

우선 '종로 A-1' 구릅인 '종로1가, 2가, 인사동, 낙원동, 경운동, 관수동' 지역의 경우를 알아보자.

## 1) 종로1가, 2가, 인사동, 낙원동, 경운동, 관수동

① 종로1가: Seoul Times, ② 종로1가: 大衆新報, ③ 종로2가: 新朝鮮報,

④ 종로2가: 朝鮮人民報, ⑤ 종로2가: 大衆新報, ⑥ 종로2가: 노력인민,

⑦ 종로2가: 國際日報, ⑧ 종로2가: 東新日報, ⑨ 인사동: 人民,

⑩ 낙원동: 現代日報, ⑪ 경운동: 우리新聞, ⑫ 관수동: 婦人新報,

⑬ 종로1가, 2가, 인사동, 낙원동, 경운동, 관수동에서 발행되었던

12개 신문 들의 사옥 위치, 사옥 사진, 그곳의 현재 모습


<표 Ⅴ-A-1>에 '종로1가, 2가, 인사동, 낙원동, 경운동, 관수동"에서 발행되었던 신문들의 이름과 발행기간, 발행소, 그리고 비고 사항들이 간략히 정리 제시되어 있다.

| 〈표 Ⅴ-A-1〉 서울 종로구(鐘路區) 세종로, 종로1가, 2가, 인사동, 낙원동, 경운동, 관수동에서 발행되었던 신문들 | | | | |
|---|---|---|---|---|
| 지 역 A | | 신문 이름 | 발행 기간 | 사옥(발행소) | 비 고 |

| 1 | 세종로 | 동아일보* (東亞日報) | (重刊) 1945.12.01. ~2022 현재 | 세종로 139 | * 제Ⅱ장에서 다루어졌음. |
|---|---|---|---|---|---|
| | 종로 1가 | Seoul Times | 1945.09.06. ~'49.02.02. | 종로1정목 42 | 후에 '을지로1가 101' 합동통신 사옥으로 이전 |
| | | 대중신보 (大衆新報) | 1947.04.03. ~06.17 | 종로1정목 한양빌딩 | |
| | 종로 2가 | 신조선보 (新朝鮮報) | 1945.10.05. ~'46.02.??. | 종로2정목 9 YMCA빌딩 내 | |
| | | 조선인민보 (朝鮮人民報) | 1945.09.08. ~'46.09.06 | 종로2정목 9 YMCA빌딩 내 | |
| | | 대중신보 (大衆新報) | 1947.05.16. ~06.18. | 종로2가 19 완영빌딩 내 | 大衆新報→노력인민 |
| | | 노력인민 | 1947.06.19. ~'48.01.??. | | |
| | | 국제일보 (國際日報) | 1946.06.03(?) ~??? | 종로2정목 19 (제호) | |
| | | 동신일보 (東新日報) | 1945.10.04. ~??? | 종로2정목 (제호)(번지 미상) | 東新日報 → 世界日報 ('46.02.02.-) |
| | 인사동 | 인민 (人民) | 1946.03.21. ~??? | 인사동 110 | |
| | 낙원동 | 현대일보 (現代日報) | 1946.03.25 ~'46.09.06 | 낙원동 300 | 황금정2정목 199 → 종로구 낙원정 |
| | 경운동 | 우리신문 (우리新聞) | 1947.02.10. ~'48.05.26. | 경운동 88 | 창간 경운동 → 1947.05.25. 을지로 2가 문화빌딩으로 이전 |
| | 관수동 | 부인신보 (婦人新報) | 1947.05.03. ~??? | 관수동 125 → 남대문로2가 ('48.02.21~) | 婦人新報 → 부인신보 |

① Seoul Times (종로1가 42)

The Seoul Times (1945.09.06. ~ 1949.02.02.)
발행소: **종로 1정목 42** → 을지로1가 101
'(The Seoul Times는)…민원식과…백남진의 주관하에
1945년 9월 6일 창간…'
'… (뒤에) 을지로 입구 合同通信 3층에서 (발행)…'   (p. 309)
『韓國新聞百年(史料集)』, 1975.

〈자료 V-A-1-①-1〉 The Seoul Times 발행 자료

The Seoul Times는 해방 직후인 1945년 9월 6일 '종로1가 42번지'에서 민원식과 백남진의 주관하에 창간이 된 영어신문이다.

The Seoul Times는 발행소를 '을지로1가 101번지 合同通信 사옥'으로 옮겨, 우리 정부가 출범한 이후에까지 발행되었다.

<자료 V-A-1-①-2>에 The Seoul Times 1945년 9월 14일 자 1면이 제시되어 있다.

236

〈자료 V-A-1-①-2〉 The Seoul Times 발행 자료:
The Seoul Times, Friday September 14, 1945, No. 9, p. 1.
자료: 『韓國新聞100年史料展』, 서울신문사, 1985, p. 32.

② 『大衆新報』 (종로1가 한양빌딩)

『大衆新報』는 1947년 3월 21일 '사직동 113번지'에서 창간, 2주가 채 안 된 1947년 4월 3일 '종로1가 한양빌딩'으로 발행소를 옮겼고, 1개월 후인 1947년 5월 14일 또다시 '종로2가 19번지 완영 빌딩'으로 이전을 했다.

『大衆新報』가 1개월간 신문을 발행했었던 '종로1가 한양빌딩'의 위치를 연구자가 아직 찾지를 못하고 있다.

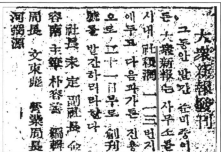

大衆新報
(1947.03.21～???)
발행소: 사직동 113
→ 종로1가 한양빌딩
　　('47.04.03.～ ???)
→ 종로2가19 완영빌딩
　　('47.05.14.～ ???)

『自由新聞』, 1947.03.21
p.2 기사

〈자료 Ⅴ-A-1-②-1〉『大衆新報』 발행 자료
출처: 국립중앙도서관, '대한민국 신문 아카이브'

　　〈자료 Ⅴ-A-1-②-2〉에 『大衆新報』가 '종로1가 한양빌딩'에서 발행할 때인 1947년 4월 3일 자 신문 1면 윗부분이 제시되어 있다.

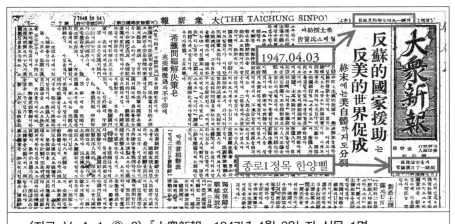

〈자료 Ⅴ-A-1-②-2〉『大衆新報』 1947년 4월 3일 자 신문 1면
발행소: 종로1정목 한양빌딩 출처: 국립중앙도서관, '대한민국 신문 아카이브'

③『新朝鮮報』(종로2가 9 YMCA 빌딩 내)

新朝鮮報 (1945.10.05.~1946.02.)

　발행소: 종로 청년회관 내 (종로2가 9 YMCA회관 내)

◇ 新朝鮮報 → 漢城日報(1946.02.26.~'50.06.)

'『신조선보』는 발행인 김제영,…으로 (1945년 10월 5일) 창간되었는데 이듬해(1946) 2월 지령 제101호로써 종간하고, 안재홍이 사장에 취임하면서『한성일보』로 제호를 바꾸었다(p. 244).'

정진석, '광복 후 6·25 전쟁까지의 언론', 2003.

〈자료 V-A-1-③-1〉『新朝鮮報』 발행 자료

『新朝鮮報』는 1945년 10월 5일 '종로2가 9번지' YMCA회관 내 발행소에서 창간이 된 신문이다.『新朝鮮報』는 5개월 후 안재홍이 사장으로 취임하면서 1946년 2월 26일 신문의 제호가『漢城日報』로 바뀌게 되었다.

　『漢城日報』는 발행소를 '태평로1가' 옛『京城日報社』건물로 옮겨 신문을 발행했다.

　<자료 V-A-1-③-2>에『新朝鮮報』1945년 11월 1일 자 1면 윗부분이 제시되어 있다.

〈자료 V-A-1-③-2〉『新朝鮮報』 1045년 11월 1일 자 1면
출처: 국립중앙도서관 '대한민국 신문 아카이브'

④『朝鮮人民報』(종로2가 9, YMCA 빌딩 내)

朝鮮人民報 (1945.09.08.~1946.09.06)
발행소: 종로 청년회관 내
**(종로2가 9 YMCA회관 내)**

'해방 후 미군이 서울에 진주하기 하루 전인 1945년 9월 8일 김정도(사장 발행인) 고재두(부사장) 등 경성일보에서 나온 일부 좌파 기자들이 창간한 타블로이드판 국문신문.'
'편집실은 종로 중앙기독청년회관에 두었고…'
'해방 후 처음으로 서울에 나타난 동보는…이른바 '진보적 민주주의'의 색채가 짙은 유력지였다.'
'태평양방면 미 육군 포고령 제2호 위반으로 무기 정간된 동보는 그 후 속간되지 못하고 폐간되었다가 1950년 6월 25일 공산군이 남침한 후…속간하여 공산당선전지로 발행되다가 북괴가 패퇴하자 자연 소멸하였다.'
『韓國新聞百年誌』, pp. 595~6.

1945년 9월 8일 발행 특보

〈자료 V-A-1-④-1〉『朝鮮人民報』 발행 자료

『朝鮮人民報』는 해방 직후인 1945년 9월 8일 '종로2가 9번지' YMCA회관 내에서 창간한 左翼系 신문이었다.

『朝鮮人民報』는 '태평양방면 미 육군 포고령 제2호 위반으로 1946년 9월 6일 무기정간 처분을 받게 되었으며, 그 후 속간이 되지 못하고 폐간이 되었다.

<자료 V-A-1-④-2>에『朝鮮人民報』1945년 9월 8일 창간호 1면 윗부분이 제시되어 있다.

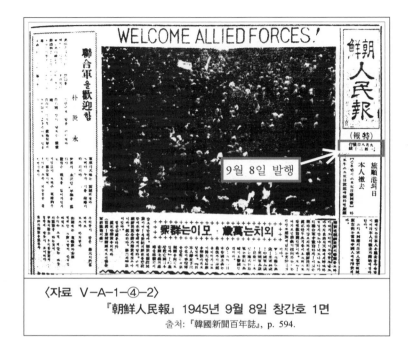

〈자료 V-A-1-④-2〉
『朝鮮人民報』 1945년 9월 8일 창간호 1면
출처: 『韓國新聞百年誌』, p. 594.

⑤ 『大衆新報』 (종로2가 19 완영빌딩)

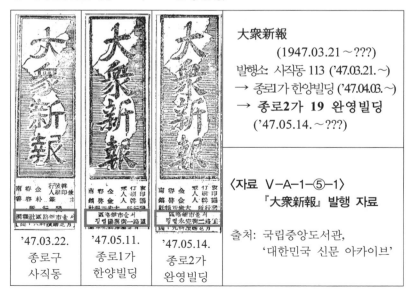

大衆新報
    (1947.03.21 ~ ???)
발행소 사직동 113 ('47.03.21. ~)
→ 종로가 한양빌딩 ('47.04.03. ~)
→ **종로2가 19 완영빌딩**
    ('47.05.14. ~ ???)

〈자료 V-A-1-⑤-1〉
『大衆新報』 발행 자료

출처: 국립중앙도서관,
    '대한민국 신문 아카이브'

'47.03.22.
종로구
사직동

'47.05.11.
종로1가
한양빌딩

'47.05.14.
종로2가
완영빌딩

『大衆新報』는 1947년 3월 21일 '사직동 113번지'에서 창간한 직후, 발행소를 두 번이나 옮겼다. <자료 V-A-1-⑤-1>에 발행소의 이전 시기와 이전한 장소가 제시되어 있다.

<자료 V-A-1-⑤-2>에 『大衆新報』가 '종로2가 19번지' 완영 빌딩에서 발행되던 때인 1947년 5월 14일 자 신문 1면 윗부분이 제시되어 있다.

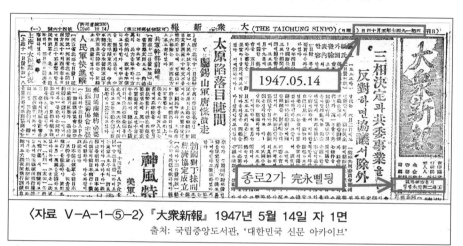

〈자료 V-A-1-⑤-2〉『大衆新報』 1947년 5월 14일 자 1면

출처: 국립중앙도서관, '대한민국 신문 아카이브'

⑥『노력인민』 (종로2가 19 완영빌딩 내)

노력인민 (1947.06.19.~'48.01.??)
　　　발행소: 종로2가 19 완영빌딩 내

◇ 대중신보(大衆新報 1947.03.21.)
　　　→ 노력인민('47.06.19.~'48. 01.)

'남로당은 이 신문(大衆新報)의 판권을 매수하여 기관지를 발행할 계획을 세웠다. 6월 11일부터는 발행인 허헌, 편집인 이상호로 바뀌어 판권에 기재되고, …이리하여 6월 19일 자로 남로당 기관지『노력인민』이 창간되었다(p. 260).'

정진석, '광복 후 6·25 전쟁까지의 언론', 2003.

〈자료 V-A-1-⑥-1〉『노력인민』 발행 자료

鐘路二街完永삘

『노력인민』은 남로당(南勞黨)이 『大衆新報』의 판권을 매수해서 1947년 6월 19일 '종로2가 19번지' 완영빌딩에서 당 기관지(黨機關紙)로 창간한 신문이었다.

<자료 V-A-1-⑥-2>에 『노력인민』 1947년 6월 19일 자 창간호 1면 윗부분이 제시되어 있다.

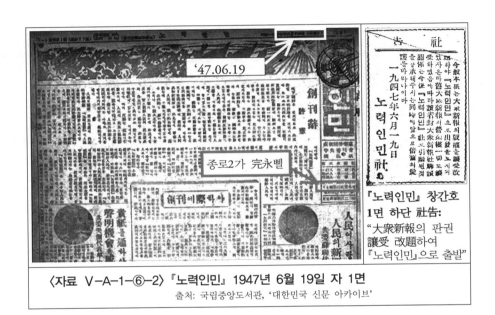

'47.06.19

종로2가 完永삘

『노력인민』 창간호
1면 하단 社告:
"大衆新報의 판권
讓受 改題하여
『노력인민』으로 출발"

〈자료 V-A-1-⑥-2〉『노력인민』 1947년 6월 19일 자 1면
출처: 국립중앙도서관, '대한민국 신문 아카이브'

⑦ 『國際日報』(종로2가 19 완영빌딩 내)

* 『國際日報』, 1947.07.08. 발행 신문 제호

---

國際日報 (1946.06.03.(?)~???)
　발행소: 을지로4가 187('46.06.03.~) → **종로2가 19(1946년 말 현재~)** → 남대
　　문로4가(1947.06.10.~???)

* 國際日報 : 1947년 판『朝鮮年鑑』에 1946년 말 현재 발행 중인 신문들의 하나로
　『國際日報』가 나와 있는데, 거기에는 발행소가 을지로4가 187번지로 나와 있음.
* 國際日報 속간 기사가 中央新聞 1947.06.10일 자 신문 2면에 나와 있는데, 사무소
　가 '남대문로4가'로 나와 있음.
* 國際日報 '을지로4가 187번지'에서 창간해 → '종로2가 19번지'로 이전했다가
　→ '남대문로4가(번지 미상)'로 옮긴 것으로 추리됨(연구자).

---

〈자료 Ⅴ-A-1-⑦-1〉 『國際日報』 발행 자료
　　　　　　　　출처: 국립중앙도서관, '대한민국 신문 아카이브'

---

國際日報 속간 기사
'휴간 중이었는데
1947년 6월 10일부터
남대문로4가(번지 미상)에서
속간…'

中央新聞, 1947.06.10일 자 2면

〈자료 Ⅴ-A-1-⑦-2〉
『國際日報』 1947년 6월 10일 속간

『國際日報』는 1946년 6월 3일 '을지로4가 187번지'에서 창간, 얼마 지나지 않아 **'종로2가 19번지' 완영빌딩**으로 발행소를 옮겼고, 또 몇 개월 후인 1947년 6월 10일에 '남대문로4가(번지 미상)'로 이전을 했다(<자료 V-A-1-⑦-1>과 <자료 V-A-1-⑦-2>).

<자료 V-A-1-⑦-3>에 『國際日報』가 '종로2가 19번지'에서 발행되던 때인 1947년 7월 5일 자 신문 1면 윗부분이 제시되어 있다.

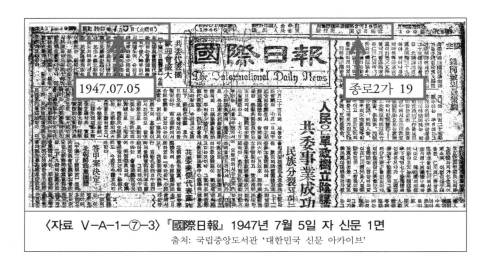

〈자료 V-A-1-⑦-3〉 『國際日報』 1947년 7월 5일 자 신문 1면
출처: 국립중앙도서관 '대한민국 신문 아카이브'

⑧『東新日報』(종로2가, 번지 미상)

東新日報 (1945.10.04.~'46.02.02)
　　　　발행소: 종로2가 (제호)(번지 미상) → 북창동 13번지
◇ 東新日報 → 世界日報('46.02.02.~)
　　　　　　　→ 太平日報('49.03.13.~)

　'1945년 10월 4일 京城府 鐘路3丁目*에서 李鍾烈(사장), 金文洙(전무), 金榮郁(발행인)에 의해 창간된 타블로이드 版 2面刷 日刊新聞. 8단제… 국한문혼용. 제19호까지 謄寫版으로 간행하다가 11월 8일 자 제20호부터 活版印刷로 발행하였다. 구독료 1부 30전.'
　'同報는 46년 2월 2일 柳子厚를 사장으로 맞이하여 『世界日報』로 改題하여 발간되었다.' p. 475

『韓國新聞百年誌』, 1983
* 제호 아래에는 2정목으로 나와 있음.

〈자료 V-A-1-⑧-1〉『東新日報』발행 자료
출처: 국립중앙도서관, '대한민국 신문 아카이브'

『東新日報』는 ① 1945년 10월 4일 '종로2가(번지 미상)'에서 창간한 신문으로서, ② 발행소를 '북창동 13번지'로 옮겼으며, ③ 1946년 2월 2일 '유자후를 사장으로 맞이하여 『世界日報』로 改題하여 발간되었다.'

『東新日報』는 '종로2가'에서 창간되었는데, 그 발행소의 정확한 주소를 연구자가 아직 찾지를 못하고 있다.

<자료 V-A-1-⑧-2>에 『東新日報』가 '종로2가'에서 발행되던 때인 1945년 11월 3일 자 신문 1면 윗부분이 제시되어 있다.

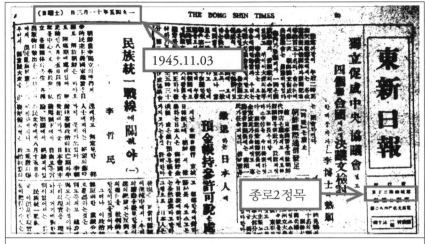

〈자료 Ⅴ-A-1-⑧-2〉『東新日報』1945년 11월 3일 자 1면

출처: 『韓國新聞百年誌』, p. 474

⑨ 『人民』 (인사동 110)

人民 (1946.03.21.~???)
    발행소: 인사동 110

'朝鮮人民黨(당수 呂運亨)의 기관지로 1946년 3월 21일 창간되었다. 타블로이드 版.'
'… 편집 발행 겸 인쇄인 조한용.'
'발행소는 서울시 인사동 110.'
'民族統一四原則이란 同黨의 제안을 싣고 민주주의 민족전선으로 뭉치자는 슬로건을 내세운 同紙…'
(p. 623)

『韓國新聞百年誌』, 한국언론연구원, 1983.

〈자료 Ⅴ-A-1-⑨-1〉『人民』 발행 자료

『人民』은 여운형(呂運亨)이 이끌던 朝鮮人民黨의 기관지로, 1946년 3월 21일 인사동 110번지에서 창간되었다.

<자료 V-A-1-⑨-2>에 『人民』 1946년 3월 21일 창간호 1면 윗부분이 제시되어 있다.

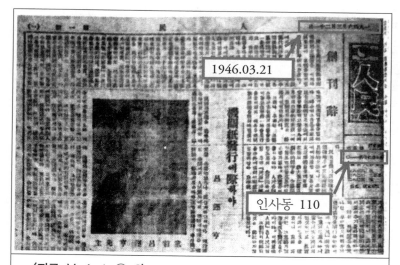

〈자료 V-A-1-⑨-2〉
『人民』 1946년 3월 21일 발행 신문 1면
출처: 『韓國新聞百年誌』, p. 623

⑩ 『現代日報』(낙원동 300)

現代日報 (1946.03.25.~1948.11.)
　　발행소: 황금정2정목 199(’46.03.25~)
　　　　　→ 남대문통2정목 23 (’46.05~)
　　　　　→ **낙원동 300 (’46.09~)**
　　　　　→ 관훈동 130 (’47.01~??)
◇ 現代日報 → 民國日報 (1948.11.23.~’49.07.)
----------------------
‘1946년 3월 25일 창간된… 일간 시사지. 편집 겸 발행인 주필 박치우, 편집국장 이원조, 인쇄인 이대홍…’.
‘발행소는 서울시 황금정2정목 199.’
‘…동보는…좌파활동의 전위 노릇을 하다가,…
(1946년 9월 7일) 태평양방면 미국군사령부 포고 제2호 위반죄로 무기정간을 당하였다.’
‘이후 미 군정은 동보를 우익인 대한독립청년단의 서상천에게 발행케 하였다. 이때의 사옥은 종로구 **낙원동**…’ p. 619

『韓國新聞百年誌』, 1983.

〈자료 V-A-1-⑩-1〉『現代日報』발행 자료

『現代日報』는 1946년 3월 25일 ‘을지로2가 199’에서 창간한 뒤, 발행소를 자주 옮겨 다니며 신문을 발행했었다. 창간 2개월 후 ‘남대문로2가 23’으로, 4개월 후 다시 ‘낙원동 300’으로, 5개월 후 또다시 ‘관훈동 130’으로 이전을 했었다.

『現代日報』는 左翼系 신문으로 시작한 신문이었으나, 미 군정 당국이 무기정간 처분을 내린 뒤, 右翼系인 徐相天에게 넘어가게 되었던 신문이었다.

<자료 V-A-1-⑩-2>에 『現代日報』가 우익계로 넘어간 뒤 ‘낙원동 300’에서 발행을 했던 1946년 9월 5일 자 신문 1면 윗부분이 제시되어 있다.

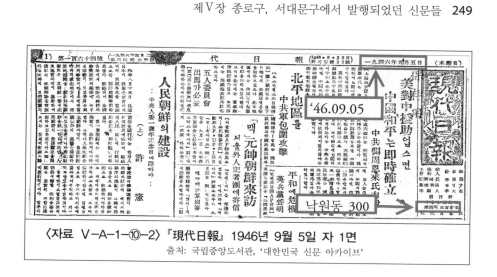

〈자료 Ⅴ-A-1-⑩-2〉『現代日報』 1946년 9월 5일 자 1면
출처: 국립중앙도서관, '대한민국 신문 아카이브'

⑪ 우리新聞 (경운동 88)

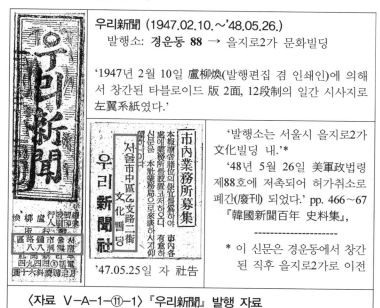

우리新聞 (1947.02.10.~'48.05.26.)
발행소: **경운동 88** → 을지로2가 문화빌딩

'1947년 2월 10일 盧柳煥(발행편집 겸 인쇄인)에 의해서 창간된 타블로이드 版 2面, 12段制의 일간 시사지로 左翼系紙였다.'

'발행소는 서울시 을지로2가 文化빌딩 내.'*
'48년 5월 26일 美軍政법령 제88호에 저촉되어 허가취소로 폐간(廢刊) 되었다.' pp. 466~67
『韓國新聞百年 史料集』,

------------------------

\* 이 신문은 경운동에서 창간된 직후 을지로2가로 이전

'47.05.25일 자 社告

〈자료 Ⅴ-A-1-⑪-1〉『우리新聞』 발행 자료

『우리新聞』은 1947년 2월 10일 '경운동 88' '천도교 수운회관' 내 한 건물에서 창간, 창간 직후 '을지로2가' '문화빌딩'으로 옮겨간 左翼系 신문이었다.
『우리新聞』은 1948년 5월 26일 美軍政법령 제88호 저촉으로 폐간되었다.

<자료 V-A-1-⑪-2>에 『우리新聞』이 '경운동 88'에서 발행되던 때인 1947년 5월 17일 자 신문 1면 윗부분이 제시되어 있다.

〈자료 V-A-1-⑪-2〉 『우리新聞』 1947년 5월 17일 자 1면
출처: 국립중앙도서관 '대한민국 신문 아카이브'

⑫ 『婦人新報』 (관수동 125)

婦人新報 (1947.05.03.~???)
발행소: 관수동 125
  ('47.05.03.~'48.02.20.)
  → 남대문로2가 *('48.02.21.~??)
---------------------------------
* 『婦人新報』는 1947년 5월 3일 '관수동 125'
  에서, 박순천을 편집 겸 발행인으로 창간,
* 창간 9개월 후 발행소 '남대문로2가'로 이
  전…
* 정부수립 직후인 '48년 9월 28일 신문 제호
  를 漢字에서 한글로 바꿈… - 연구자 -
---------------------------------
『韓國新聞百年誌』, p. 747에는 '신문계보:
『婦人新聞』**(1947.07.01.) → 『부인신보』
(1948.09.26.)로 나와 있는데, 誤植이었던 것 같음
** 『婦人新聞』이 아니라 『婦人新報』 - 연구자 -

'47.05.03
관수동 125

'48.02.21
사옥 이전
남대문로2가

1948.09.28
제호:
한글로

〈자료 V-A-1-⑫-1〉 『婦人新報』 발행 자료
제호 출처: 국립중앙도서관, '대한민국 신문 아카이브'

『婦人新報』는 1947년 5월 3일 '관수동 125번지'에서 창간된, 독자 대상을 부녀층(婦女層)으로 한 신문이었다. 창간 8개월여 만인 1948년 2월 하순 발행소를 '남대문로2가'로 이전했다.

<자료 V-A-1-⑫-2>에 『婦人新報』가 '관수동 125'에서 발행되던 때인 1947년 5월 3일 자 신문 1면 윗부분이 제시되어 있다.

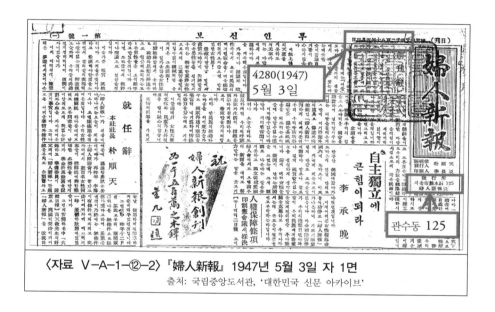

〈자료 V-A-1-⑫-2〉 『婦人新報』 1947년 5월 3일 자 1면
출처: 국립중앙도서관, '대한민국 신문 아카이브'

이상 종로1가, 2가, 인사동, 낙원동, 경운동, 관수동 지역 발행 12개 신문들의 발행 자료에 관한 간단한 정리를 끝내고,

이들 신문의 발행소 위치와 발행소 건물 사진, 그곳의 현재 모습을 알아보는 작업으로 넘어가 보고자 한다.

⑬ 종로1가, 2가, 인사동, 낙원동, 경운동, 관수동에서 발행되었던
12개 신문들의 사옥 위치, 사옥 사진, 그곳의 현재 모습

해방공간에 '종로구(鐘路區)' 지역에서 발행되었던 신문들을 크게 두 집단, '집단 1'과 '집단 2'로 나누어,

그 신문들의 ⓐ 발행소 위치를 확인해 보고, ⓑ 신문사가 들어있던 건물의 사진을 찾아보고, ⓒ 그 건물 터의 2020년 또는 2021년 현재의 변화된 모습을 알아보았다.

여기 '종로구'의 '집단 1'에서는 바로 앞 작은 제목 ⑬에 제시한 지역의 신문들(<표 V-A-1>에 나와 있는 신문들)에 관해 다루어 보겠다.

**우선** '종로1가 42번지'에서 발행되었던 **The Seoul Times**의 발행소 위치를 나타내는 지적도와 이 신문발행소 터의 2021년 현재의 모습 사진이 <지적도와 사진 V-A-1-⑬-1>에 제시되어 있다.

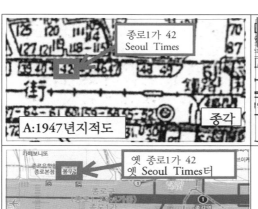

A:1947년지적도

종로1가 42
Seoul Times

종각

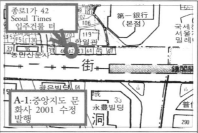

종로1가 42
Seoul Times
입주건물 터

第一銀行
(본점)

A-1:중앙지도 문
화사 2001 수정
발행

옛 종로1가 42
옛 Seoul Times터

A-2: 2021년 서울시gis지적도

* 42번지 → 40번지로 통합

〈지적도와 사진 V−A−1−⑬−1〉
'종로1가' The Seoul Times의 발행
소 위치를 나타내는 지적도와 이
신문발행소 터의 2021년 현재 모습
사진
*『大衆新報』발행소 '종로1가
  한양빌딩' 위치 찾지 못하고 있
  음.

청진동 길

옛 종로1가 42 (추정)
옛 Seoul Times
입주건물 터

종로타워

C : 카카오 맵
2021 거리뷰

'지적도 A'는 본 연구의 대상 기간 내에 드는 1947년 당시의 것으로서, The Seoul Times 발행소 지번(地番)인 '종로1가 42번지'가 나와 있다.

'지적도 A-1'은 2001년 지적도인데, 이때까지도 '42번지'가 있었으나, 2021년 지적도인 'A-2'에는 '42번지'가 사라지고 '40번지로 통합'이 되어있다.

'사진 C'는 '카카오 맵 2021 거리뷰' 사진으로 The Seoul Times 발행소였던 옛 42번지 터로 추정되는 곳을 '굵은 실선 사각형'으로 표시를 해보았다.

'종로1가'에서는 『大衆新報』도 잠시 발행되었는데, 그 발행소가 '한양빌딩'으

로만 알려져 있고, 정확한 주소를 연구자가 아직 찾지를 못하고 있어, 지적도
에 그 위치를 표기해 넣지 못했다.

　다음 <지적도와 사진 V-A-1-⑬-2>에는 '종로2가'의 '1959년 지적도 A'와
'2021년 지적도 A-1'이 제시되어 있다.
　『朝鮮人民報』와 『新朝鮮報』는 '종로2가 9번지' YMCA 빌딩 안에 들어있던
각자의 발행소에서 발행이 되었는데, '종로2가 9번지' 터는 예나 지금이나 변
동이 없이 그대로이다.
　이곳 YMCA 빌딩 내에서 『朝鮮人民報』는 1945년 9월 8일부터 1946년 9
월 6일까지 발행을 했었고, 『新朝鮮報』는 1945년 10월 5일부터 1946년 2월
까지 신문을 발행했었으니까, 이 두 신문은 같은 시기에 이 빌딩 내에 함께 있
었다.
　'사진 B'에는 해방공간 당시의 '종로2가 9번지 YMCA 빌딩'이 나와 있다.
『大衆新報』, 『노력인민』, 『國際日報』가 신문을 발행하던 발행소 공간은 이 사
진에서 보이는 YMCA 빌딩 안 어디였을까 궁금해진다.
　'사진 B-1'에는 2021년 현재의 '종로2가 9번지 YMCA 빌딩'이 나와 있다.
　'종로2가'에서 발간되었던 신문 가운데는 『東新日報』가 있었는데, 발행소가
'종로2가'로만 알려져 있고, 정확한 주소를 연구자가 아직 찾지 못하고 있어,
지적도에 표기를 해 넣지 못했다.

종로2가 8
장안빌딩
조선통신
('45.9.4.~'48.10.13.)

종로2가 9 YMCA
조선인민보
('45.9.8.~'46.9.6.)
신조선보
('45.10.5.~'46.2.)

종로2가 19
완영빌딩
대중신보, 노력인민,
국제일보

인사동 110
인민
(1946.3.21.~)

화신

A: 1959년 지적도

옛 東新日報
종로2가
(지번 미상)

YMCA

A-1: 종로2가
2021년
서울시gis 지적도

종로2가 9
옛 朝鮮人民報
옛 新朝鮮報

종로2가 19
옛 大衆新報
옛 노력인민
옛 國際日報

종로2가 8
장안빌딩

종로2가 9
YMCA빌딩

1945.08.15 이
후 해방공간
당시 사진

종로
2가 8

종로2가 9
YMCA

B

출처:네이버 블로그

B-1

2021. 7월

〈지적도와 사진 Ⅴ-A-1-⑬-2〉 '종로2가' 『朝鮮人民報』, 『新朝鮮報』,
『大衆新報』, 『노력인민』, 『國際日報』 5개 신문의 발행소 위치를 나타내는 지적도와
이 신문들의 발행소 건물과 그 건물 터의 2021년 현재 모습
* '종로2가'에서 『東新日報』가 창간되었는데, 그 정확한 위치를 찾지 못하고 있음.

다음 <지적도와 사진 V-A-1-⑬-3>에는 『大衆新報』, 『노력인민』, 『國際日報』
가 발행되었던 '종로2가 19번지' 완영(完永) 빌딩의 발행소 위치를 나타내는 지
적도와 그 완영빌딩 터의 2021년 현재 모습 사진이 제시되어 있다.

〈지적도와 사진 V-A-1-⑬-3〉 '종로2가 19'
『大衆新報』, 『노력인민』, 『國際日報』, 3개 신문의 발행소 위치를 나타내는
지적도와 이들 신문의 발행소 터의 2021년 현재 모습 사진

　　1959년도 지적도인 'A'에 '종로2가 19번지'가 나와 있고, 2021년도 지적
도 'A-1'에도 '19번지'가 나와 있다. 지적도 'A-2'는 'A-1' 지적도의 '19번
지 터' 부분을 확대한 것이다. '종로2가 19번지' 터는 이들 3개 신문이 발행되
던 때와 같이 아무런 변동이 없이 그대로임을 알 수 있다.

　　'사진 B'는 '네이버 맵 2021 거리뷰' 사진인데, '굵은 실선' 화살표로 표시한
건물이 '종로2가 19번지' 터에 현재 들어서 있는 건물이다.

　　'종로2가 19번지' 완영빌딩에서 『大衆新報』는 1947년 5월 14일부터 발행

을 시작했었고, 『노력인민』은 1947년 6월 19일부터 '48년 1월까지, 『國際日報』는 1946년 말 현재 발행 중이었으니까, 그리 크지 않은 이 건물에 이들 3개 신문이 함께 들어있었던 것으로 추정이 된다.

　다음은 朝鮮人民黨(당수 呂運亨))의 기관지 『人民』이 1946년 3월 21일 창간된 '인사동 110번지'의 위치를 알아보자.

　<지적도와 사진 Ⅴ-A-1-⑬-4>에 『人民』의 발행소 위치를 나타내는 지적도와 이 신문사가 들어있던 건물의 옛 사진과 그 터의 2021년 현재 모습이 제시되어 있다.

　'A'는 1959년 발행 지적도인데, '굵은 점선 타원'으로 표시를 해 놓은 곳이 '인사동 110번지' 터이고, 'A-1'은 2021년 현재의 네이버 맵인데, 옛 『人民』 발행소 터인 '인사동 110번지' 터가 바뀌지 않고 있다.

　사진 'B'와 'C'와 'D'에 제시되어 있듯이, '인사동 110번지' 터에는 ⓐ '조선극장'(1922~36)이 들어서 있다가, ⓑ 일제 말기에는 '천향각'이란 요리점이, ⓒ 해방 직후에는 '태창산업'이, ⓓ 그 뒤에는 '종로구청'이 들어서 있었다. ⓔ 그 뒤에 건물이 헐리고 '공원'이 되었다가, ⓕ 2021년 현재 큰 공사가 진행되고 있다.

　사진 'B'에는 日帝 말기 '110번지' 건물 사진이, 사진 'C'에는 '종로구청'이 들어서 있던 때인 1981년 현재 건물 사진이 제시되어 있다.

인사동110
人民 (1946.3.21.~ )

120

A:1959년 지적도

옛 『人民』
발행소

서울특별시 종로구 인사동 110

파고다공원

A-1:네이버 맵
2021지적도

신문광고
1939

鍾路街に聞ゆる名物 (朝鮮料理)

株式會社 天 香 園

仁寺町一一〇番地

電話光化門③859、859、2115、3715、3760、3895

인사동
110

B:광고와 사진          1939 항공사진

C: 인사동 110, '종로구청 청사'
출처: 東亞日報, 1981.12.10 신문

과거:조선극장('22-'36), ㈜천향각(일제말),
㈜ 태창산업(해방후), 종로구청
2010년 당시: 공원

인사동 110

종로 대로
2010년 4월 29일
오인환          D

인사동길

탑골공원 : 대로 건너

인사동 110
(공사중)

E

2021년 7월
촬영

파코다공원

낙원
상가

〈지적도와 사진 Ⅴ-A-1-⑬-4 〉 '인사동 110번지'에서
발행되었던 신문 『人民』의 발행소 위치를 나타내는 지적도와
이 신문이 들었던 건물의 옛 사진과 그 터의 2021년 현재 모습

다음은 『現代日報』가 1946년 9월에 '남대문로2가'에서 이전을 와, 1947년 '관훈동'으로 옮겨 갈 때까지, 약 3개월여 신문을 발행했었던, '낙원동 300번지'의 위치를 알아보자.

〈지적도와 사진 Ⅴ-A-1-⑬-5〉
'낙원동 300'에서 발행됐던 『現代日報』의
발행소 위치를 나타내는 지적도와
이 신문이 들어있던 건물의 옛 사진과
그 터의 2021년 현재 모습 사진

<지적도와 사진 V-A-1-⑬-5>에 '낙원동 300'에서 발행됐던 『現代日報』의 발행소 위치를 나타내는 지적도와 이 신문이 들어있던 건물의 옛 사진과 그 터의 2021년 현재 모습 사진이 제시되어 있다.

'낙원동 300번지'가 'A'의 1929년 지형 명세도에는 나와 있다. 'A-1'의 1959년 지적도에는 그곳에 큰 도로가 나면서 사라졌는데, 'A'의 지형 명세도와 주변의 도로망을 참작해서, '300번지' 터 위치를 추정해서 '굵은 실선 원'으로 표시를 해보았다. 'A-2'의 2021년도 네이버 맵 지적도에는 그곳이 도로 한복판인데도 '낙원동 300번지' 부분이 표시되어 있다.

사진 'B'는 일제 때의 파고다 공원과 주변 항공사진인데, '낙원동 300번지' 주변까지 나와 있다. 사진 'B-1'은 사진 'B'의 '굵은 점선 원' 부분을 확대한 것인데, '300번지'의 건물이 이 점선 원 안의 어느 한 건물임이 틀림이 없는데, 어느 건물이었을까?

사진 'B-2'는 '네이버 맵 2021 거리뷰' 사진인데, '굵은 실선 사다리꼴'로 표시를 한 부분이 '옛 낙원동 300번지' 터, 『現代日報』 발행소가 있었던 곳이다.

다음은 『우리新聞』이 1947년 2월 10일부터 '48년 5월 26일까지 신문을 발행했었던 '경운동 88번지'의 위치를 알아보자. 『우리新聞』은 3개월 뒤인 1947년 5월 발행소를 '을지로2가 문화 빌딩'으로 이전을 했다.

<지적도와 사진 V-A-1-⑬-6>에 '경운동 88'의 위치를 나타내는 지적도와 이 신문이 들어있던 건물이 있던 터의 2021년 현재 모습 사진이 제시되어 있다.

지적도 'A'는 『우리新聞』이 이곳에서 발행되던 때인 1947년 발행된 것인데, '경운동 88번지'에 천도교(天道敎)의 큰 건물 두 채가 들어서 있다. 1959년 지적도인 'A-1'과 2021년 지적도인 'A-2'에도 '경운동 88번지'의 넓은 터가 나와 있다.

사진 'B'는 2021년 7월에 연구자가 찍은 것인데, '경운동 88번지'의 '天道敎 中央총부' 수은회관 입구 길 건너편에서 수은회관 쪽을 바라보며 찍은 것이다. 『우리新聞』 발행소가 들어있던 건물의 정확한 위치는 확인을 못 하고 있다.

〈지적도와 사진 Ⅴ-A-1-⑬-6 〉'경운동 88'에서 발행됐던
『우리新聞』의 발행소 위치를 나타내는 지적도와
이 신문이 들어있던 건물이 있던 터의 2021년 현재 모습 사진

다음은 『婦人新報』가 1947년 5월 3일 신문을 창간한 '관수동 125번지'의 위치를 알아보자. 『婦人新報』는 9개월 후인 1948년 2월 21일 발행소를 '남대문로2가'로 이전을 했다.

<지적도와 사진 Ⅴ-A-1-⑬-7>에 '관수동 125'에서 발행되었던 『婦人新報』의 발행소 위치를 나타내는 지적도와 이 신문이 들어있던 건물 터의 2021년 현재 모습 사진이 제시되어 있다.

'A' 지적도는 『婦人新報』의 창간 해인 1947년의 것인데, '관수동 125번지' 터가 나와 있다. 'B' 지적도는 2021년도 것인데, 옛 125번지와 126번지가 합쳐져, '125-1'번지가 되어있다. 'B-1' 지적도는 'B' 지적도에서 '굵은 실선 장방형'으로

표시한 부분을 확대한 것으로서, '굵은 점선 장방형'의 윗부분, '굵은 실선 장방형'으로 표시한 부분이 '옛 125번지' 『婦人新報』 창간 터이다.

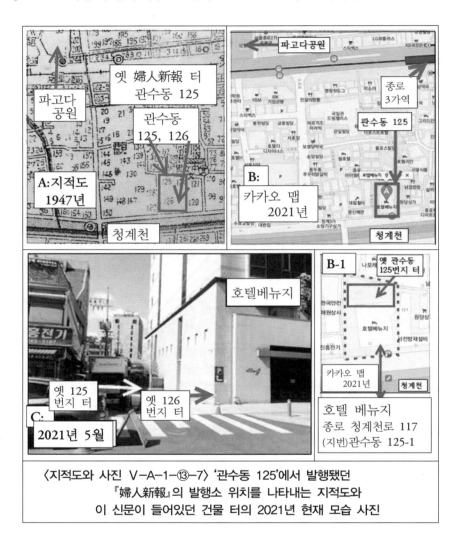

〈지적도와 사진 Ⅴ-A-1-⑬-7〉 '관수동 125'에서 발행됐던
『婦人新報』의 발행소 위치를 나타내는 지적도와
이 신문이 들어있던 건물 터의 2021년 현재 모습 사진

사진 'C'는 2021년 5월 찍은 것인데, 옛 『婦人新報』의 창간 터를 아우른 터에 들어선 '호텔 베뉴지' 건물의 측면 사진이며, '옛 125번지' 터가 '굵은 선 화살표'로 표시되어 있다.

## 2) 청진동, 수송동, 견지동·관훈동, 관훈동, 중학동, 사직동:

① 청진동: 工業新聞, ② 수송동: 家政新聞, ③ 수송동: 大東新聞,

④ 견지동·관훈: 民衆日報, ⑤ 관훈동: 現代日報, ⑥ 중학동: 大公日報,

⑦ 사직동: 警民新聞, ⑧ 사직동: 大衆新報

⑨ 청진동, 수송동, 견지동·관훈동, 관훈동, 중학동, 사직동에서 발행되었던
　8개 신문들의 사옥 위치, 사옥 사진, 그곳의 현재 모습

〈표 Ⅴ-A-2〉 서울 종로구(鐘路區) 청진동, 수송동,
견지동·관훈동, 관훈동, 중학동, 사직동에서 발행되었던 신문들

| 지 역 A | | 신문 이름 | 발행 기간 | 사옥(발행소) | | 비고 |
|---|---|---|---|---|---|---|
| 2 | 청진동 | 공업신문 (工業新聞) | 1945.11.05. ~'61.05.28. | 청진동 188('45.10.24.~) → 을지로2가 199('47.07.26.~) → 수송동 27('48.01.01.~) | | |
| | 수송동 | 가정신문 (家政新聞) | 1946.03.21. ~'47.07.26. | 수송동 27 | | |
| | | 대동신문 (大東新聞) | 1946.01.13. ~?? | 북미창정 84 ('45.11.25.~) → 수송동 27 | | |
| | 견지동 | 민중일보 (民衆日報) | 1945.09.22. ~'48.12.02. | 견지동 → 관훈동 151 *'47.4.6. 윤보선 인수 남산동2가로 이전 | | |
| | 관훈동 | | | | | |
| | 관훈동 | 현대일보 (現代日報) | 1946.03.25. ~'48.11.?? | 을지로2가 199 → 관훈동 130 | '48.08.15. 정부수립 직후 民國日報가 됨 | |
| | 중학동 | 대공일보 (大公日報) | 1945.11.10. ~'45.12.25. | 황금정2정목 (창간:'45.11.10.~) → 중학동 → 소공동 112 | | |
| | 사직동 | 경민신문 (警民新聞) | 1946년 말 발행 중 | 사직동 311-34 | | |
| | | 대중신보 (大衆新報) | 1947.03.21. ~??? | 사직동 113 | | |

종로구(鐘路區)의 나머지 지역인 <A-2> 지역의 신문들, 즉 <표 V-A-2>에 나와 있는 신문들에 관해 다루어 보겠다.

이들 신문들의 ⓐ 발행소 위치를 확인해 보고, ⓑ 신문사가 들어있던 건물의 사진을 찾아보고, ⓒ 그 건물 터의 2020년 또는 2021년 현재의 변화된 모습을 알아보고자 한다.

① 『工業新聞』(청진동 188)

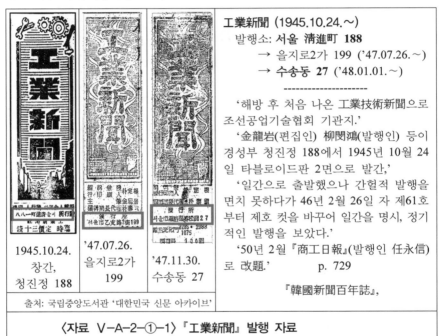

工業新聞 (1945.10.24.~)
발행소: 서울 淸進町 188
　→ 을지로2가 199 ('47.07.26.~)
　→ 수송동 27 ('48.01.01.~)
----------------------
'해방 후 처음 나온 工業技術新聞으로 조선공업기술협회 기관지.'
'金龍岩(편집인) 柳閔鴻(발행인) 등이 경성부 청진정 188에서 1945년 10월 24일 타블로이드판 2면으로 발간,'
'일간으로 출발했으나 간헐적 발행을 면치 못하다가 46년 2월 26일 자 제61호부터 제호 컷을 바꾸어 일간을 명시, 정기적인 발행을 보았다.'
'50년 2월 『商工日報』(발행인 任永信)로 改題.'　　　p. 729

『韓國新聞百年誌』,

1945.10.24.
창간,
청진정 188

'47.07.26.
을지로2가
199

'47.11.30.
수송동 27

출처: 국립중앙도서관 '대한민국 신문 아카이브'

〈자료 V-A-2-①-1〉 『工業新聞』 발행 자료

『工業新聞』은 1945년 10월 24일 '청진정 188번지'에서 조선공업기술협회 기관지로 창간되었다. 『工業新聞』은 1947년 7월 발행소를 '을지로2가 199번지' 지역으로 잠시 이전했었다가, 1948년 1월에 종로구 '수송동 27번지'로 옮겨왔다.

이 신문은 1948년 8월 15일 대한민국 정부수립 이후에까지 발행되었다.

<자료 Ⅴ-A-2-①-2>에『工業新聞』의 1945년 10월 24일 창간호 1면 윗부분이
제시되어 있다.

<자료 Ⅴ-A-2-①-3>에는 우리 정부가 출범한 1948년 8월 15일 자 이 신문의
1면 윗부분이 제시되어 있다.

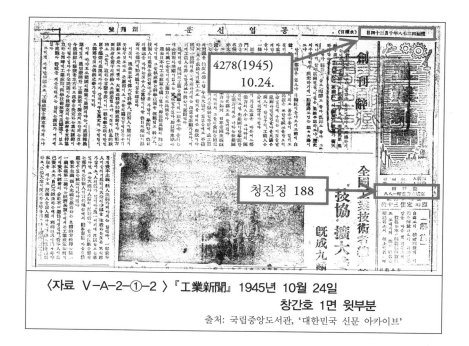

〈자료 Ⅴ-A-2-①-2 〉『工業新聞』1945년 10월 24일
창간호 1면 윗부분
출처: 국립중앙도서관, '대한민국 신문 아카이브'

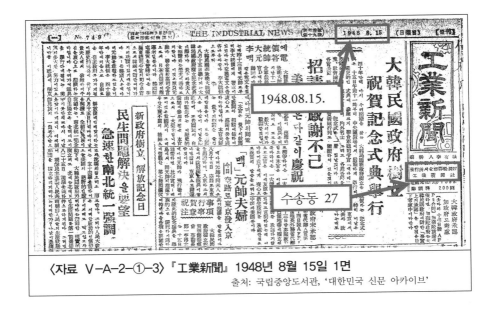

〈자료 Ⅴ-A-2-①-3〉『工業新聞』1948년 8월 15일 1면

출처: 국립중앙도서관, '대한민국 신문 아카이브'

② 『家政新聞』(수송동 27)

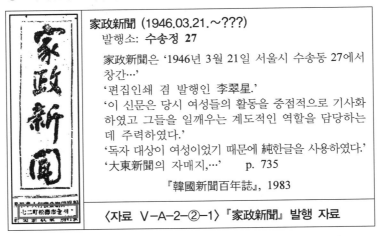

家政新聞 (1946.03.21.~???)
발행소: **수송정 27**

家政新聞은 '1946년 3월 21일 서울시 수송동 27에서 창간…'
'편집인쇄 겸 발행인 李翠星.'
'이 신문은 당시 여성들의 활동을 중점적으로 기사화 하였고 그들을 일깨우는 계도적인 역할을 담당하는 데 주력하였다.'
'독자 대상이 여성이었기 때문에 純한글을 사용하였다.'
'大東新聞의 자매지,…'          p. 735

『韓國新聞百年誌』, 1983

〈자료 Ⅴ-A-2-②-1〉『家政新聞』 발행 자료

『家政新聞』은 1946년 3월 21일 '수송정 27번지'에서 창간된, 여성을 독자 대 상으로 한 신문이었다.

<자료 V-A-2-②-2>에 『家政新聞』 1946년 5월 25일 자 신문 1면 윗부분이 제시되어 있다.

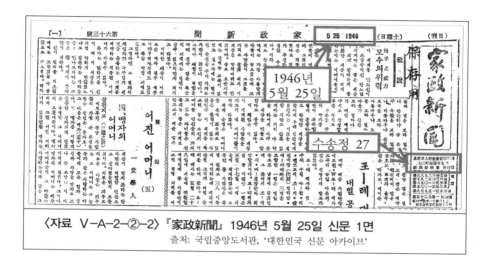

〈자료 V-A-2-②-2〉 『家政新聞』 1946년 5월 25일 신문 1면

출처: 국립중앙도서관, '대한민국 신문 아카이브'

③ 『大東新聞』 (수송정 27)

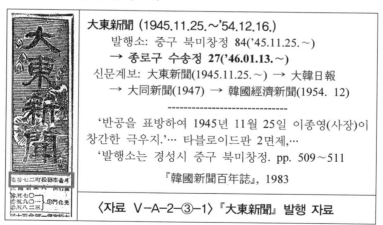

大東新聞 (1945.11.25.~'54.12.16.)
　발행소: 중구 북미창정 84('45.11.25.~)
　→ 종로구 수송정 27('46.01.13.~)
신문계보: 大東新聞(1945.11.25.~) → 大韓日報
　→ 大同新聞(1947) → 韓國經濟新聞(1954. 12)
------------------------------
'반공을 표방하여 1945년 11월 25일 이종영(사장)이
창간한 극우지.'… 타블로이드판 2면제,…
'발행소는 경성시 중구 북미창정. pp. 509~511
『韓國新聞百年誌』, 1983

〈자료 V-A-2-③-1〉 『大東新聞』 발행 자료

『大東新聞』은 1945년 11월 25일 '북미창정'에서 창간, 1946년 1월 13일 발행소를 '수송정 27번지'로 옮겨 발행을 했었던 신문이다.

『大東新聞』은 신문의 제호가 『大韓日報』로 바뀌었다가, 다시 『大同新聞』(1947)으로 바뀌었고, 또 다시 『韓國經濟新聞』(1954. 12)으로 바뀌어 발행되었다.

　　<자료 V-A-2-③-2>에 발행소가 '수송정 27번지' 때의 『大東新聞』 1946년 1월 13일 자 신문 1면 윗부분이 제시되어 있다.

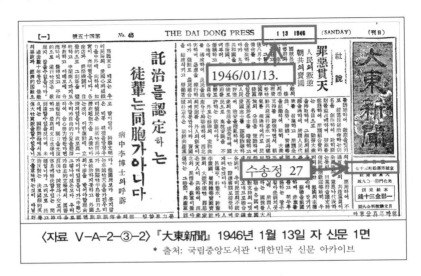

〈자료 V-A-2-③-2〉 『大東新聞』 1946년 1월 13일 자 신문 1면
* 출처: 국립중앙도서관 '대한민국 신문 아카이브'

④ 『民衆日報』 (견지정·관훈동 151)

民衆日報 (1945.09.22.~1948.12.02.)
　　발행소: 견지정(堅志町) → 관훈동(1946) → 견지동 → 을지로2가 199 (1947) → 남산동2가 1 (1947)
* 관훈동 151 (1946년 발행인 최익) (조선연감 1947년 판)
'(『민중일보』는) 장도빈(발행인·사장)이 1945년 9월 22일 창간한 일간지…(1947년 4월 윤보선 인수 후) 발행소는 서울시 남산동 2가 1번지(p. 187).
　　　　　『韓國新聞百年(史料集)』, 1975.
------------------------
'창간 이듬해 1월 17일 인쇄공장인 한성도서주식회사의 화재로 1년이 넘도록 휴간 상태에 빠졌던 이 신문은 1947년 4월 6일 윤보선이 판권을 인수하면서…정상궤도에 올랐다.' '1948년 12월 사장 윤보선이 서울시장에 임명된 후에 발행이 중단되었다(p. 238).'
　　　　정진석, '광복 후 6·25 전쟁까지의 언론', 2003.

〈자료 V-A-2-④-1〉 『民衆日報』 발행 자료

『民衆日報』는 1945년 9월 22일 '견지정'에서 창간한 신문이다, 이 신문은 발행소의 이전이 특히 많아, 창간지인 '견지정'에서 '관훈동'(1946)으로, 다시 '견지정(동)'으로, 그리고 '을지로2가 199'로, 이어 '남산동2가 1번지'로 옮겨 다녔다.

<자료 Ⅴ-A-2-④-2>에 『民衆日報』가 '견지정'에서 발행되던 때인 1945년 9월 29일 자 신문 1면이, <자료 Ⅴ-A-2-④-3>에 '관훈동'에서 발행되던 때인 '45년 12월 20일 자 신문 1면이 제시되어 있다.

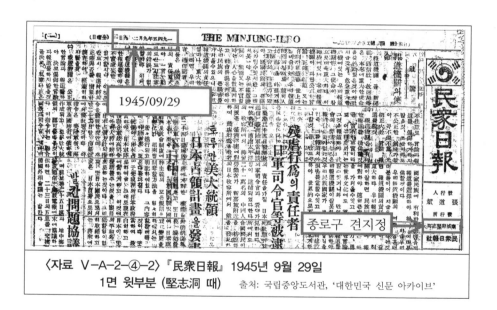

〈자료 Ⅴ-A-2-④-2〉『民衆日報』1945년 9월 29일
1면 윗부분 (堅志洞 때)    출처: 국립중앙도서관, '대한민국 신문 아카이브'

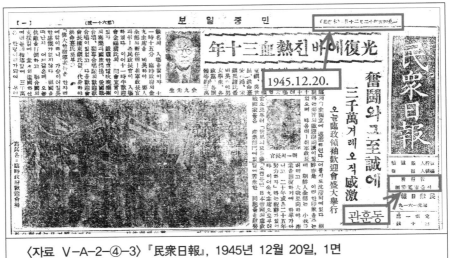

〈자료 V-A-2-④-3〉『民衆日報』, 1945년 12월 20일, 1면
(寬勳洞 때)　　출처: 국립중앙도서관, '대한민국 신문 아카이브'

## ⑤ 『現代日報』 (관훈동 130)

現代日報 (1946.03.25.~'48.11.)
　발행소: 황금정2정목 199 ('46.03.25.~)
　→ 남대문통2정목 23 ('46.05.~)
　→ 낙원동 300 ('46.09.~)→관훈동 130 ('47.01.~)
◇ 現代日報 → 民國日報 ('48.11.23.~'49.07.)
-----------------------
'1946년 3월 25일 창간된…일간 시사지. 편집 겸 발행인 주필 박치우, 편집국장 이원조, 인쇄인 이대홍…'
'발행소는 서울시 황금정2정목 199.'
'…동보는…좌파활동의 전위 노릇을 하다가…
(1946년 9월 7일) 태평양방면 미군사령부 포고 제2호 위반죄로 무기정간을 당하였다.'
'이후 미 군정은 동보를 우익인 대한독립청년단의 서상천에게 발행케 하였다.
이때의 사옥은 종로구 낙원동…'(p. 619)
　　　　　　　　　　『韓國新聞百年誌』, 1983.

1948.08.13
관훈동 130

〈자료 V-A-2-⑤-1〉『現代日報』 발행 자료

『現代日報』는 1946년 3월 25일 '황금정2정목(을지로2가) 199번지'에서 창간한 뒤, '남대문통2정목(남대문로2가) 23번지'와 '낙원동 300번지'를 거쳐, **1947년 1월**에 '**관훈동 130번지**'로 옮겨왔다.

'관훈동 130번지'에는 출판사 이문당(以文堂)이 있었다.

<자료 V-A-2-⑤-2>에 『現代日報』가 '관훈동 130번지'에서 발행한 1948년 8월 13일 자 신문의 1면 윗부분이 제시되어 있다.

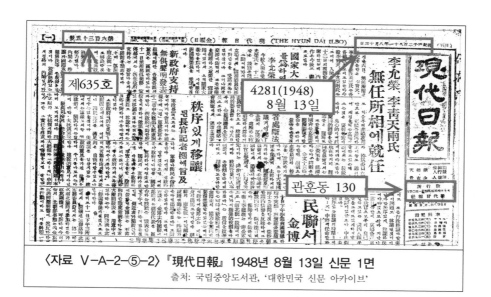

〈자료 V-A-2-⑤-2〉『現代日報』1948년 8월 13일 신문 1면
출처: 국립중앙도서관, '대한민국 신문 아카이브'

272

⑥ 『大公日報』(중학동, 번지 미상)

大公日報 (1945.11.10.~'49.10.20)
발행소: 창간 황금정2정목
→ 중학동(지번?) → 소공동 112

--------------------

1945년 11월 10일 창간된… 日刊時事紙.
사장 洪鍾祐…편집국장 馬明, 편집 겸 발행인 孫永極,…
'발행소는 경성부 황금정2정목'(p. 507).

『韓國新聞百年誌』,

『婦女日報』,
'47년 11월 30일 기사

--------------------

* 『大公日報社』 사옥: 중학동
→ 소공동 112로

--------------------

출처: '대한민국 신문 아카이브'

〈자료 V-A-2-⑥-1〉 『大公日報』 발행 자료
* 제호: '중학동' 때의 자료 찾지 못해 창간 때의 자료를 사용했음.

『大公日報』는 1945년 11월 10일 '황금정2정목(을지로2가)'에서 창간했다. 이 신문은 그 뒤 발행소를 '중학동'(번지 미상)으로 옮겼다가, 1947년 11월 30일 또 다시 '소공동 112번지'로 이전했다.

이 신문 『大公日報』가 '중학동'에서 발행되던 때의 자료를 찾지 못해, <자료 V-A-2-⑥-1>의 신문 제호와 <자료 V-A-2-⑥-2>의 신문 지면을 창간 장소인 '황금정2정목(을지로2가)'에서 발행되던 때의 자료를 사용했다.

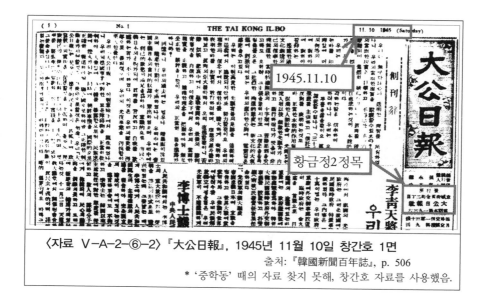

〈자료 V-A-2-⑥-2〉『大公日報』, 1945년 11월 10일 창간호 1면

출처: 『韓國新聞百年誌』, p. 506

* '중학동' 때의 자료 찾지 못해, 창간호 자료를 사용했음.

⑦『警民新聞』(사직동 311-34)

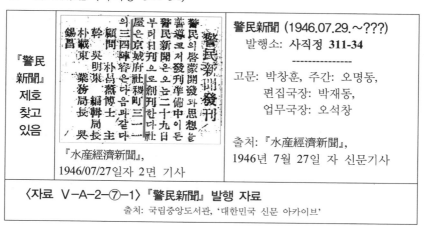

| 『警民新聞』 제호 찾고 있음 | (세로쓰기 본문) 『水産經濟新聞』, 1946/07/27일자 2면 기사 | 警民新聞 (1946.07.29.~???) 발행소: 사직정 311-34 --------------- 고문: 박창훈, 주간: 오명동, 편집국장: 박재동, 업무국장: 오석창 출처: 『水産經濟新聞』, 1946년 7월 27일 자 신문기사 |
| --- | --- | --- |
| 〈자료 V-A-2-⑦-1〉『警民新聞』 발행 자료 출처: 국립중앙도서관, '대한민국 신문 아카이브' | | |

『警民新聞』은 1946년 7월 29일 '사직정 311번지 34호'에서 창간한 신문이다. 이 신문에 관한 자료가 없어, 연구자가 계속 찾아보려 하고 있다.

274

| 『警民新聞』 지면 찾고 있음 |
| --- |
| 〈자료 V-A-2-⑦-2〉『警民新聞』 1면 |

⑧ 『大衆新報』 (사직동 113)

大衆新報 (1947.03.21. ~ '47.06.)
발행소: 사직동 113번지
→ 종로1가 한양빌딩→ 종로2가 19 완영빌딩
◇ 大衆新報 → 노력인민(1947.06.19. ~ '48.01.)
------------------------
"『大衆新報』는 발행인 겸 편집인 김용남, 주필 박용선, 편집국장 문동표(로 1947년 3월 21일 창간했다)
"남로당은 이 신문의 판권을 매수하여 기관지를 발행할 계획을 세웠다. 6월 11일부터는 발행인 허헌, 편집인 이상호로 바뀌어 판권에 기재되고,.. 이리하여 6월 19일 자로 남로당 기관지『노력인민』이 창간되었다(p. 260).

정진석, "광복 후 6·25 전쟁까지의 언론", 2003.

〈자료 V-A-2-⑧-1〉『大衆新報』 발행 자료

『大衆新報』는 1947년 3월 21일 '사직동 113번지'에서 창간했다. 이 신문은 창간 직후 발행소를 '종로1가 한양빌딩'으로 이전했다가, 다시 '종로2가 19번지 완영빌딩'으로 이전했다. 『大衆新報』는 창간한 지 3개월 만에 발행권이 남로당(南勞黨)으로 넘어가, 신문 제호가 『노력인민』으로 바뀌었다.

<자료 V-A-2-⑧-2>에 『東亞日報』의 '大衆新報 발간 기사'가 제시되어 있다. 『大衆新報』 발행소가 '사직동 113번지'로 나와 있다.

〈자료 Ⅴ-A-2-⑧-2〉『大衆新報』발간 기사
* 『大衆新報』발행소: 사직동 113번지
* 『東亞日報』, 1947.03.20일 자 신문 2면
출처: '동아일보 아카이브'

<자료 Ⅴ-A-2-⑧-3>에 『大衆新報』 1947년 3월 21일, 창간호 1면 윗부분이 제시되어 있다.

〈자료 Ⅴ-A-2-⑧-3〉『大衆新報』, 1947년 3월 21일, 창간호 1면
출처: 국립중앙도서관, '대한민국 신문 아카이브'

⑨ 청진동, 수송동, 견지동·관훈동, 관훈동, 중학동, 사직동에서 발행되었던
　8개 신문들의 사옥 위치, 사옥 사진, 그곳의 현재 모습

　앞의 <표 V-A-2>에 나와 있는 순서에 따라 우선 『工業新聞』의 경우부터 보
기로 하겠다.
　<지적도와 사진 V-A-2-⑨-1>에 '청진동 188'에서 발행됐던 『工業新聞』의 발
행소 위치를 나타내는 지적도와 이 신문이 들어있던 건물 터의 2004년 모습과
2021년 현재 모습 사진이 제시되어 있다.

〈지적도와 사진 V-A-2-⑨-1〉 "청진동 188"에서 발행되었던
『工業新聞』의 발행소 위치를 나타내는 지적도와
이 신문이 들어있던 건물 터 2004년과 2021년 현재 모습 사진

　1959년 지적도인 'A'에 『工業新聞』 발행소가 있었던 '청진동 188번지'가 '굵은 실선'으로 표시되어 있다. 2021년 지적도인 'A-1'에도 '188번지'가 나와 있는데, 옆의 지번들을 통합해 그 터가 상당히 넓어져 있다.

　사진 'B'에 2004년 당시 '청진동 188번지' 터에 들어서 있는 건물 사진이 제시되어 있다.

　이 건물에는 1960년대에서 70년대에 걸쳐, 『東洋通信社』가 들어있었다.

　사진 'C'는 2021년 7월에 찍은 것으로, 옛 『工業新聞』이 들어있었던 건물 터에 '시그니타워' 빌딩이 들어서 있어, 크게 변한 모습을 보여주고 있다.

　다음 <지적도와 사진 Ⅴ-A-2-⑨-2>에는 '수송동'의 『家政新聞』, 『大東新聞』, 『工業新聞』, '관훈동'의 『民衆日報』, 이들 4개 신문발행소 위치를 나타내는 지적도와 이들 신문이 들어있던 건물 터의 2021년 현재 모습 사진이 제시되어 있다.

　1959년 지적도 'A'에 『家政新聞』과 『大東新聞』, 『工業新聞』 발행소가 있었던 '수송동 27번지'가 '굵은 실선 원'으로 표시되어 있고, 2021년 지적도 'B'에 『民衆日報』 발행소가 있었던 '관훈동 151번지'가 '굵은 실선 타원'으로 표시되어 있다.

　사진 'C'에는 『民衆日報』가 있었던 옛 '관훈동 151번지' 터가 '굵은 실선 평행사변형'으로, 사진 'D'에는 『家政新聞』, 『大東新聞』, 『工業新聞』이 있었던 옛 '수송동 27번지' 터가 '굵은 실선 평행사변형'으로 표시되어 있다.

〈지적도와 사진 Ⅴ-A-2-⑨-2〉"수송동"의 『家政新聞』, 『大東新聞』,
『工業新聞", "관훈동"의 『民衆日報』 4개 신문 발행소 위치를 나타내는
지적도와 이들 신문이 들어있던 건물 터의 2021년 현재 모습 사진

다음 <지적도와 사진 Ⅴ-A-2-⑨-3>에 『現代日報』가 '관훈동 130번지'에서 발행되었을 때의 위치 지적도와 『現代日報社』가 들어있던 건물 '이문당' 사진과 2021년 현재 그 터의 모습 사진이 제시되어 있다.

'관훈동 130번지' 터가 1947년 판 지적도 'A'에 '굵은 실선 원'으로 표시되어 있고, 2021년 판 네이버 맵 지적도 'A-1'에는 '굵은 실선 5각형'으로 표시되어 있다.

지적도 'A-2'는 지적도 'A-1'에 '관훈동 130번지' 터로 표시되어 있는 부분을 확대해 보다 분명하게 볼 수 있게 한 것이다.

'B'에는 '관훈동 130번지'에 있었던 출판사 以文堂의 광고와 그 以文堂의 건물 사진이 제시되어 있다(출처가 표시되어 있음).

'C'에는 '네이버 맵 2021 거리뷰' 사진이 제시되어 있다. 안국동 로터리의 인사동 입구 사진인데, '굵은 실선 평행사변형'으로 표시한 곳이 지적도들을 참작해 추정해 본 '옛 관훈동 130번지' 『現代日報社』가 들어있던 건물 터이다. 건물

은 사라지고 도로의 일부로 편입되어 있다. 以文堂 건물의 내력을 찾아보았다.

〈지적도와 사진 Ⅴ-A-2-⑨-3〉 "관훈동 130번지"의
『現代日報』 발행소 위치 지적도와
『現代日報社』가 들어있던 건물 "이문당" 사진과
2021년 현재 그곳의 모습 사진

출판사 以文堂 건물의 내력

1943년에 3층으로 신축된 이 건물(이문당)은
좌익의 서울시 인민위원회로 잠시 사용되다
곧 우익의 반공연맹본부가 들어섰던 역사의 현장이다.
또 1965년 4월 5일부터는 윤보선(尹潽善, 897-1990) 총재의 민정당
(民政黨) 당사로 쓰였다.
1967년부터 1977년까지 신민당(新民黨) 안국동 당사로 특별히 유명
했던 건물이다.'
출처: https://lembas.tistory.com/142 [아정(雅亭)]

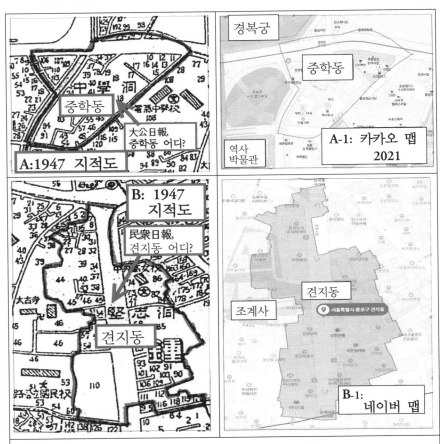

〈지적도와 사진 V-A-2-⑨-4〉 "중학동"의 『大公日報』,
"견지동"의 『民衆日報』 발행소 위치를 나타내는 지적도
* 이 두 신문, 발행소의 "지번"을 연구자가 아직 찾지를 못하고 있음

다음은 '중학동'에서 발행되었던 『大公日報』와 '견지동'에서 발행되었던 『民衆日報』의 경우를 알아보자.

『大公日報』의 발행소 자료에 관해서는, 연구자가 아직은 '그곳이 '중학동'이 었다'라는 것밖에 찾지를 못하고 있다. 『民衆日報』에 관해서도, 그 발행소가 '견지동'에 있었다는 것 이상의 자료를 못 찾고 있다.

<지적도와 사진 V-A-2-⑨-4>에 『大公日報』 발행소가 있었던 '중학동'의 지적 도와, 『民衆日報』 발행소가 있었던 '견지동'의 지적도가 제시되어 있다.


다음은 '사직동'에서 발행되었던 두 신문 『大衆新報』와 『警民新聞』의 경우를 보겠다.

<지적도와 사진 V-A-2-⑨-5>에 '사직동'에서 발행되었던 『大衆新報』와 『警民 新聞』 발행소 위치를 나타내는 지적도와 이들 신문이 들어있던 건물 터의 2021년 현재 모습이 제시되어 있다.

1959년 지적도 'A'에 옛 『大衆新報』 발행소 터 '사직동 113번지' 터와 옛 『警民新聞』 발행소 터 '사직동 311번지 34호'가 '굵은 실선 사각형'으로 표시 되어 있다.

2021년 지적도 'A-1'에는 옛 『大衆新報』 발행소 터가 '굵은 점선 원'으로 표시되어 있고 옛 『警民新聞』 발행소 터는 '굵은 실선 사각형'으로 표시되어 있다.

사진 'B'는 2021년에 촬영한 것인데, 옛 『警民新聞』이 들어있던 건물 터와 그 주변의 2021년 현재 모습을 보여주고 있다. '굵은 실선 사각형'으로 표시되 어 있는 터가 옛 『警民新聞』 터로 추정되는 곳인데, '한국갤럽조사연구소' 본관 바로 옆이다.

사진 'C'도 2021년에 촬영한 것인데, 옛 『大衆新報』가 들어있던 건물 터와 그 주변의 2021년 현재 모습을 보여주고 있다. '굵은 실선 사각형'으로 표시되 어 있는 터가 옛 『大衆新報』 터로 추정되는 곳인데, '광화문 풍림 스페이스본 1단지 아파트' 101동과 105동 사이 도로변에 있다.

〈지적도와 사진
Ⅴ-A-2-⑨-5〉

"사직동"에서
발행되었던
『大衆新報』,
『警民新聞』
발행소 위치를
나타내는 지적도와
이들 신문이
들어있던 건물 터의
2021년 현재 모습

이상으로 '종로구'에서 발행되었던 신문들에 관한 간단한 검토를 끝내고, '서
대문구'로 넘어가 보기로 하겠다.

## B. 서대문구: 충정로1가, 2가

### 1) 충정로1가, 2가:

① 충정로1가: 合同新聞, ② 충정로2가: 婦女新聞,

③ 충정로1가, 2가에서 발행되었던 2개 신문들의

사옥 위치, 사옥 사진, 그곳의 현재 모습

본 연구의 대상 기간인 '1945년 8월 15일에서 1948년 8월 14일' 사이의 '해방공간' 기간에 西大門區에서는 신문 둘이 발행되었다.

서대문 로터리 근처 '충정로1가'에서 『合同新聞』이, '충정로2가'에서 『婦女新聞』이 나왔다.

<표 V-B>에 이들 두 신문의 발행 기간과 발행소 위치에 관한 자료가 제시되어 있다.

<table>
<tr><td colspan="7">〈표 V-B〉 서울 서대문구(西大門區) 충정로1가, 2가에서 발행되었던 신문들</td></tr>
<tr><td colspan="3">지 역 B</td><td>신문 이름</td><td>발행 기간</td><td>사옥(발행소)</td><td>비고</td></tr>
<tr><td rowspan="2">서대문구</td><td>①</td><td>충정로<br>1가</td><td>합동신문<br>(合同新聞)</td><td>1946.03.18.<br>~???</td><td>충정로1가 81</td><td></td></tr>
<tr><td>②</td><td>충정로<br>2가</td><td>부녀신문<br>(婦女新聞)</td><td>1946.05.12.<br>~???</td><td>충정로2가 131</td><td></td></tr>
</table>

① 合同新聞 (충정로1가 81)

合同新聞 (1946.03.18. ~ ??)
발행소: 죽첨정1가 81 (충정로1가 81)

--------

",,,, 1946년3월 18일 한성부 죽첨정 1정목 81에서
창간된 타블로이드版 2面제 일간신문.
"우익계지로 '부녀정론'등의 난을 두어 부녀자들의
현실참여를 선도하려 하였다(p. 543).

『韓國新聞百年誌』,

* 죽첨정 1정목 = 충정로 1가

--------

* 경북 대구(大邱)에서도 慶北新聞, 婦女日報, 新羅公報 3
사가 합병해 『大邱 合同新聞』 이란 제호로 1948년 1월 5
일 창간 발행되었었음.
『大邱時報』, 1947년 12월 27일 자 기사

〈자료 V-B-①-1〉『合同新聞』 발행 자료

『合同新聞』은 1946년 3월 18일 '충정로1가 81번지'에서 창간되었다. 『合同新聞』은 '우익계' 신문으로 알려져 있는데, 이 신문이 발행을 멈춘 것이 언제였는지에 관한 자료는 연구자가 아직 찾지를 못하고 있다.

<자료 V-B-①-2>에 『合同新聞』의 1946년 3월 18일 자 창간호 1면 윗부분이 제시되어 있다.

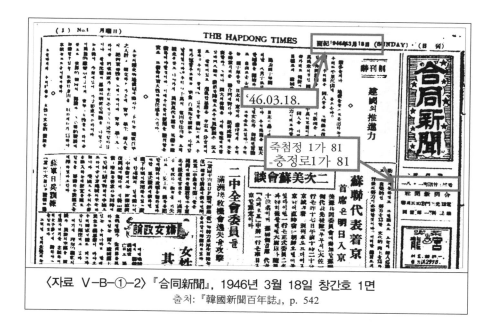

〈자료 Ⅴ-B-①-2〉『合同新聞』, 1946년 3월 18일 창간호 1면
출처: 『韓國新聞百年誌』, p. 542

## ② 婦女新聞 (충정로2가 131)

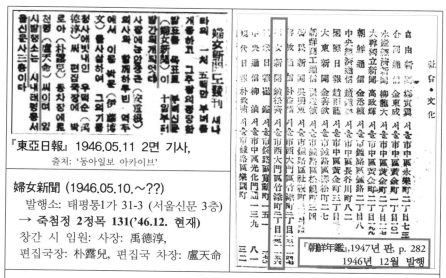

『東亞日報』 1946.05.11 2면 기사,
출처: '동아일보 아카이브'

婦女新聞 (1946.05.10.~??)
　발행소: 태평통1가 31-3 (서울신문 3층)
　→ 죽첨정 2정목 131('46.12. 현재)
　창간 시 임원: 사장: 禹德淳,
　편집국장: 朴露兒, 편집국 차장: 盧天命

『朝鮮年鑑』, 1947년 판. p. 282
1946년 12월 발행

〈자료 Ⅴ-B-②-1〉『婦女新聞』 발행 자료 * 죽첨정2정목 = 충정로2가
* 신문의 보존본 또는 사본을 찾고 있음.

제호가 한자로 된 『婦女新聞』에 관한 자료는 <자료 V-B-②-1>에 제시되어 있는 것이 연구자가 현재까지 찾을 수 있는 것의 전부이다.

『東亞日報』 기사에 의하면, 『婦女新聞』은 1946년 5월 10일에 『서울신문사』 3층에서 창간이 된 신문이고, 『朝鮮年鑑』 자료에 의하면, 이 『婦女新聞』의 발행소는 1946년 말 현재 '축첨정2정목 131번지'에 있었던 신문이다.

즉 『婦女新聞』은 地番이 '태평로1가 31번지의 3호'인 『서울신문사』 3층에서 창간한 뒤, 얼마 있다가 '축첨정2정목(충정로2가) 131번지'로 이전을 해 발행을 한 신문이었다.

---

**신문 지면을 찾고 있음**

〈자료 V-B-②-2 〉『婦女新聞』 (충정로2가 131) 발행 자료

----------------------------------

*제호가 한글로 된 『부녀신문』에 관한 자료가 『韓國新聞百年誌』 627면에 나옴. 이 『부녀신문』은 ⓐ 1946년 5월 12일에 창간, ⓑ 발행소는 황금정2정목, ⓒ 左翼傾向의 일간 신문, ⓓ 발행 겸 편집인쇄인 禹德順으로 되어있다.

---

### ③ 충정로 1가, 2가에서 발행되었던 2개 신문들의 사옥 위치, 사옥 사진, 그곳의 현재 모습

우선 '충정로1가 81번지'에서 발행되었던 『合同新聞』의 경우를 보기로 하자.

<지적도와 사진 V-B-③-1>에 이 『合同新聞』의 발행소 위치를 확인키 위한 지적도가 제시되어 있고, 『合同新聞』 발행소 건물 터의 1950년대 모습과 2021년 현재 모습이 제시되어 있다.

1947년 지적도 'A'에 '충정로1가 81번지'가 나와 있다. 1959년 지적도 'A1'에는 '81번지' 터의 구획까지 나와 있다.

이들 두 지적도를 참작해 2021년 지적도 'A2'에 『合同新聞社』가 들어있던 건물 터의 위치를 추정해서 '굵은 실선 원'으로 표시를 해 놓았다.

사진 'B'는 1950년대 초 사진으로, 6·25 전란의 와중에 무너져버린 『合同新聞』 발행소 건물이 보인다.

사진 'C'는 2021년 현재의 '네이버 맵 거리뷰' 사진으로, 옛 『合同新聞』 발행소 터로 추정되는 곳을 '굵은 실선 화살표'로 표시를 해보았다. 농협의 '쌀박물관' 건물의 일부가 '해방공간' 당시 『合同新聞』 발행소 자리로 추정된다.

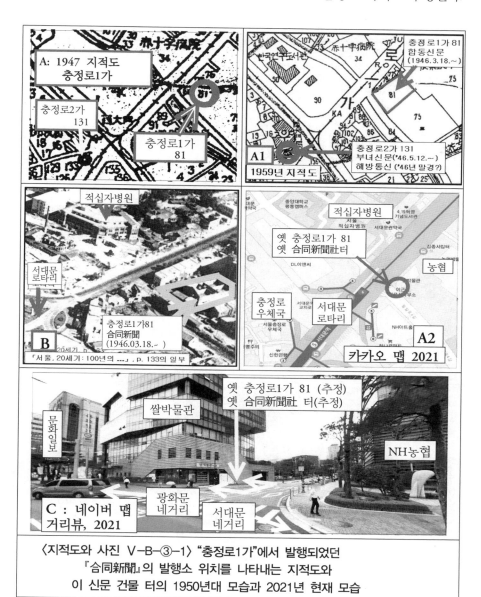

〈지적도와 사진 Ⅴ-B-③-1〉 "충정로1가"에서 발행되었던
『合同新聞』의 발행소 위치를 나타내는 지적도와
이 신문 건물 터의 1950년대 모습과 2021년 현재 모습

다음은 『婦女新聞』의 경우를 보기로 하자.

『婦女新聞』은 1946년 5월 10일에 『서울신문사』 3층에서 창간, 몇 달 지나지 않아 '축첨정2정목(충정로2가) 131번지'로 이전을 했다.

<지적도와 사진 V-B-③-2>에 『婦女新聞』의 '충정로2가'의 발행소 위치를 나타내는 지적도와 이 신문이 들어있던 건물의 1950년대 모습이 나온 사진과 그곳의 2021년 현재 모습을 보여주는 사진이 제시되어 있다.

지적도 'A'는 1929년 지형명세도인데, '충정로2가 131번지'가 분명하게 나와 있다. 'A1'은 1959년 지적도인데, '굵은 실선 원'으로 표시한 곳이 '131번지' 터이다. 'A2'는 '2020년도 서울시 GIS 지적도'인데, '굵은 실선 원'으로 표시해 놓은 곳이 『婦女新聞』 발행소로 추정되는 곳이다. 이곳 도로의 확장으로 옛 발행소 터의 대부분이 도로로 들어가 있다.

사진 'B'는 1950년대 사진인데, '굵은 실선 원'으로 표시를 해 놓은 건물이 옛 '131번지' 터에 있던 건물이다.

사진 'C'는 '네이버 맵 2021년 거리뷰' 사진인데, '굵은 실선 평행사변형'으로 표시를 해 놓은 곳이 '해방공간' 당시 『婦女新聞』 발행소가 들어있던 건물 터로 추정되는 곳이다.

이 건물에는 『解放通信』도 옮겨 와 들어있었다.

## C: 발행소 위치 확인 못 하고 있는 신문들

① 朝鮮民衆日報, ② The Korea Times, ③ The Union Democrat

| 지 역 | 신문 이름 | 발행 기간 | 사옥<br>(발행소) | 비고 |
|---|---|---|---|---|
| 서 울 | 조선민중일보<br>(朝鮮民衆日報) | 1945.11.01.<br>~??? | 서울 | |
| | The Korea Times | 1945.09.05.<br>~??? | ??? | |
| | The Union Democrat | 1948.07.21.<br>~??? | 서울 | |

① 朝鮮民衆日報 (서울)

朝鮮民衆日報 (1945.11.01. ~ ???)
발행소: 서울 (주소 미상)

-------------------

"1945년 11월 1일 李東井(편집겸발행인)이
서울에서 창간한 타블로이드판 일간신문(8단제, 1행 12자)"
"日帝治下의 참혹상을 돌이키는 내용의 기사와
民主主義의 理論을 제공하는 글, 그리고 정치, 경제관계 기사가 대부분이었다(p. 201).

『韓國新聞百年(史料集)』, 1975.

-------------------

* 제호 아래 발행소가 朝鮮民衆日報로만 나와 있고,
주소가 없음.

〈자료 V-C-①-1〉『朝鮮民衆日報』 발행 자료

『朝鮮民衆日報』는 1945년 11월 1일에 창간된 신문이다. 발행소가 '서울'로만 알려져 있고, 언제 종간이 되었는지도 본 연구자가 아직 찾지를 못하고 있다.

<자료 V-C-①-2>에『朝鮮民衆日報』의 1945년 11월 1일 창간호 1면 윗부분이 제시되어 있다.

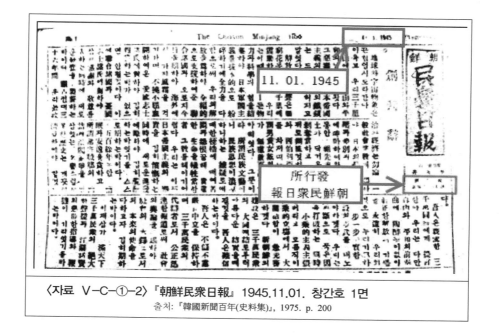

〈자료 Ⅴ-C-①-2〉『朝鮮民衆日報』 1945.11.01. 창간호 1면
출처: 『韓國新聞百年(史料集)』, 1975. p. 200

② The Korea Times (서울)

The Korea Times는 해방 후 최초로 나온 영어(英語) 신문이었다. 美國서 교육을 받은 河敬德, 李卯黙, 白樂濬 등이 1945년 9월 5일 창간한 신문인데 오래지속되지는 못했다.

발행소는 서울인데, 발행소의 정확한 지번을 본 연구자가 아직 찾지를 못하고 있다.

<자료 Ⅴ-C-②-1>에 The Korea Times의 1945년 9월 5일 창간호 지면 1면이제시되어 있다.

발행소: ?????

The Korea Times
(1945.09.05 ~ )
해방후 최초의 英字紙,
河敬德, 李卯默, 白樂濬등
美國서 교육을 받은 이들이
창간했으나 오래 지속치
못했다.

〈자료 V-C-②-1〉
The Korea Times,
Vol. 1, No. 1,
Sept. 5, 1945, p. 1.
자료: 『韓國新聞百年誌』,
1983, p. 849.

③ The Union Democrat (1948.07.21.~???)

The Union Democrat는 1948년 7월 21일 '서울'에서 창간된 영어신문이었다. 발행소의 정확한 위치를 알 수 있는 地番을 본 연구자가 아직 찾지를 못하고 있다.

이 英字紙는 오래 지속되지 못하고 단명하였다.

<자료 V-C-③-1>에 The Union Democrat 1948년 7월 21일 창간호 1면 윗부분이 제시되어 있다.

발행소: 서울

**The Union Democrat**
(1948.07.21 ~ ??? )
1948년 7월 21일 신흥우에
의해 창간되었다.
오래 지속치 못하고
단명하였다.
발행인 정성채, 인쇄인
양(엄)기섭.
자료: 『韓國新聞百年:史料集』, ,
1983, p. 928.

〈자료 Ⅴ-C-③-1〉 The Union Democrat,
Vol. 1, No. 1, Seoul, July 21, 1948, p. 1.

1945년 8월 15일 日帝의 强占에서 解放이 된 뒤 1948년 8월 15일 大韓民國
政府가 출범할 때까지의 '해방공간' 기간에 '서울'에서 발행되었던 日刊 新聞들
의 발행소 위치에 관한 정리와 논의는 여기서 일단 마무리하고,

다음 <VI 장>에서는 '해방공간' 기간에 '서울'에서 발행되었던 통신(通信)들
의 발행 자료와 발행소 위치, 각각의 통신사(通信社)들이 있던 곳의 모습 등을
찾아 정리해 보려고 한다.

제 VI 장

통신사(通信社)들

1) 중구: 소공동, 을지로1가, 2가, 충무로2가:
  ① 소공동: 해방통신, ② 소공동: 國際通信, ③ 소공동: 聯合通信,
  ④ 소공동: 産業經濟通信, ⑤ 소공동: 中央經濟通信,
  ⑥ 을지로1가: 合同通信, ⑦ 을지로2가: 共立通信,
  ⑧ 을지로2가: 藝術通信, ⑨ 을지로2가: 解放通信,
  ⑩ 을지로2가: 조선상공통신, ⑪ 충무로2가: 電報通信,
  ⑫ 소공동, 을지로1가, 2가, 충무로2가에서 발행되었던 11개 통신사
    사옥 위치, 사옥 사진, 그곳의 현재 모습

2) 종로구: 종로2가, 세종로, 예지동·송현동, 안국동
  ① 종로2가: 朝鮮通信, ② 세종로: 中央通信,
  ③ 예지동·송현동: 朝鮮商工通信, ④ 안국동: 電報通信,
  ⑤ 종로2가, 세종로, 예지동·송현동, 안국동에서 발행되었던 4개
    통신사 사옥 위치, 사옥 사진, 그곳의 현재 모습

3) 서대문구: 충정로2가
  ① 충정로2가: 解放通信
  ② 충정로2가에서 발행되었던
    解放通信 사옥 위치, 사옥 사진, 그곳의 현재 모습

4) 주소 미상:
  ① 주소 미상 1: 建設通信, ② 주소 미상 2: 交通通信,
  ③ 주소 미상 3: 經濟通信

1945년 8월 15일 日帝의 强占에서 解放이 된 때로부터 1948년 8월 15일 大韓民國 政府가 출범할 때까지의 美軍政期에 서울에서는 많은 通信社들이 생겨 났었다. 이들 중에는 군소

통신사들이 많았는데, 이들 작은 통신사들은 그리 오래 발행을 못 하고 막을 내렸었다.

여기 <제 Ⅵ 장>에서는 '해방공간 기간'에 '서울'에서 발행되었던 통신(通信)들을

ⓐ 지역별로 묶어, ⓑ 각 통신사의 통신 발행 기간, ⓒ 각 통신사의 발행소 위치, ⓓ 그 밖의 비고 사항 등을 중심으로 정리를 해보고자 한다.

<표 Ⅵ>에 '해방 후 美軍政期에 서울에서 발행되었던 日刊 通信들'의 발행에 관한 간단한 자료가 (1) 중구(中區), (2) 종로구(鐘路區), (3) 서대문구(西大門區), (4) 주소미상(住所未詳)의 순(順)으로 묶여 정리되어 있다.

| 〈표 Ⅵ〉 해방 후 美軍政期에 서울에서 발행되었던 日刊 通信들 | | | | |
|---|---|---|---|---|
| 지역 | 통신 이름 | 발행 기간 | 사옥(발행소) | 비 고 |
| 1 중 구 | 해방통신 | 1945.08.17.<br>~ 1947.10.18.* | 소공동 112-9 테일러 빌딩<br>→ 시청 앞 → 을지로2가 199<br>→ 서대문구 충정로2가 131 | |
| | 국제통신<br>(國際通信) | 1945.11.01.<br>~ 1945.12.19.* | 소공동 112-9 테일러 빌딩 | |
| | 연합통신<br>(聯合通信) | 1945.11.?.<br>~ 1945.12.19.* | 소공동 112-9 테일러 빌딩 | |
| | 산업경제통신<br>(産業經濟通信) | 1946년 말 현재<br>발행 중*** | 소공동 81 | |

| | | | | | |
|---|---|---|---|---|---|
| | 중<br>구 | 중앙경제통신<br>(中央經濟通信) | 1946년 말 현재<br>발행 중*** | 소공동 82 | |
| | | 합동통신<br>(合同通信) | 1945.12.20.<br>~ 1980.12.21.* | 을지로1가 101 | 國際通信<br>+ 聯合通信<br>= 合同通信 |
| | | 공립통신<br>(共立通信) | 1945.11.?.<br>~ 1950.06.?.* | 을지로2가 199 | |
| | | 예술통신<br>(藝術通信) | 1946년 말 현재<br>발행 중** | 을지로2가 199 | |
| | | 해방통신<br>(解放通信) | 1945.08.17.<br>~ 1947.10.18.* | 소공동 112-9 테일러 빌딩<br>→ 시청 앞 → 을지로2가 199<br>→ 서대문구 충정로2가 131 | |
| | | 조선상공통신<br>(朝鮮商工通信) | 1946.03.11.~<br>'48.06.20 | 예지동 189 → 을지로2가 12<br>송현동 34 | |
| | | 전보통신<br>(電報通信) | 1945.09.04.~? | **충무로2가 39**<br>→ 안국동 135 | |
| 2 | 종<br>로<br>구 | 조선통신<br>(朝鮮通信) | 1945.09.04.<br>~ 1948.10.13.* | 종로2가 8<br>(장안빌딩) | |
| | | 중앙통신<br>(中央通信) | 1946년 말 현재<br>발행 중** | 세종로 139 | |
| | | 조선상공통신<br>(朝鮮商工通信) | 1946.03.11.~<br>'48.06.20 | **예지동 189** → 을지로2가 12<br>**→ 송현동 34** | |
| | | 전보통신<br>(電報通信) | 1946~1947 | 충무로2가 39 → **안국동 135** | |
| 3 | 서<br>대<br>문<br>구 | 해방통신<br>(解放通信) | 1945.08.17.<br>~ 1947.10.18.* | 소공동 112-9 테일러 빌딩<br>→ 시청 앞 → 을지로2가 199<br>**→ 서대문구 충정로2가 131** | |
| 4 | 주<br>소<br>미<br>상 | 건설통신<br>(建設通信) | 1946.06.29. 창간 | | **출처:**<br>**홍일해 p.135**<br><br>이들 통신사<br>관련 자료<br>아직 찾지<br>못하고 있음. |
| | | 교통통신<br>(交通通信) | 1946.07.03. 창간 | | |
| | | 경제통신<br>(經濟通信) | 1946.08.15. 창간 | | |

* 정진석, '광복 후 6·25 전쟁까지의 언론(pp. 261-69)'
　　　　『돌아오지 못한 언론인들: 6·25 전쟁 言論受難史』, 대한언론인회, 2003.
** 洪一海, 『韓國通信社史』, 一志社, 1982(pp. 22~32, 95, 134~136)
*** 『朝鮮年鑑: 1947年 版』, 朝鮮通信社, 1946(pp. 281-2).

# 1. 중구(中區): 소공동, 을지로1가, 을지로2가, 충무로2가:

① 소공동: 해방통신, ② 소공동: 國際通信, ③ 소공동: 聯合通信,

④ 소공동: 産業經濟通信, ⑤ 소공동: 中央經濟通信,

⑥ 을지로1가: 合同通信, ⑦ 을지로2가: 共立通信,

⑧ 을지로2가: 藝術通信, ⑨ 을지로2가: 解放通信,

⑩ 을지로2가: 朝鮮商工通信, ⑪ 충무로2가: 電報通信,

⑫ 소공동, 을지로1가, 2가, 충무로2가에서 발행되었던

11개 통신사 사옥 위치, 사옥 사진, 그곳의 현재 모습

우선 中區에서 발행되었던 通信들부터 보기로 하겠다.

中區의 '소공동'에서 5개 통신이, '을지로1가'에서 1개 통신이, '을지로2가'에서 4개 통신이, '충무로2가'에서 1개 통신이 발행되었다.

① **해방통신** (소공동 12-9, 테일러 빌딩)

『해방통신』은 우리나라가 해방된 다음다음 날인 1945년 8월 17일, 당시의 '장곡천정(현 소공동) 112번지 9호'의 '테일러 빌딩'에서 창간, 제1호를 발행했다.

'테일러 빌딩'에서는 日帝의 同盟通信 京城支社가 통신을 발행하고 있었는데, 해방이 되자, 그곳에서 근무하던 한국인 기자와 직원들이 日帝의 이 通信支社를 접수, 『해방통신』을 발행하기 시작했다.

해방통신* (解放通信)
(1945.08.17.~1947.10.18.)
발행소: 장곡천정 112-9 테일러 빌딩
→ 서울시청 앞 → 황금정2정목 199-48
→ 죽첨정2정목 131

제호: 죽첨정2정목 (충정로2가) 때의 것
출처: 차배근 외, 『우리신문 100년』, 2001,
p. 154

\* 한글 題號로 발족, 곧 漢字 제호로

'광복 후 (일제의)『동맹통신(경성지사)』에 근무하던 한국인 기자와 직원들이 시설을 인수하여 『해방통신』이라는 제호로 (1945년) 8월 17일부터 통신을 발행했다.'

'…9월 19일에 미 군정청이 동맹통신 서울지사를 접수하자 『해방통신』은 서울시청 앞에 사무실을 마련하고 통신 발행을 계속하다가, 11월 1일에는 발행소를 중구 **황금정 2정목 199번지 전 일흥증권 사옥**으로 이전하였다.'

'1946년 12월에 발행된 조선연감에는『해방통신』… 서대문구 죽첨정2정목 131번지 『부녀신문』과 같은 번지에서 발행 중인 것으로 되어있다(p. 263).'

정진석, '광복 후 6 · 25 전쟁까지의 언론', 2003.

동맹통신. 소공동 테일러빌딩

"… 14일 오후 늦게 동맹통신에서 '내일 있을 일본 천황의 항복방송 내용이 곧 들어온다'는 전화가 왔어요. 조선호텔 건너 테일러빌딩 3층에 있는 동맹통신 편집실로 달려갔어요…."

문제안. "이제부터 한국말로 방송한다".
문제안 외. 「8·15의 기억」. 한길사. 2005. p. 18.

## 〈자료 Ⅵ-1-①-1〉『해방통신』 발행 자료

그러나 美軍政廳이 1945년 9월 19일 同盟通信 京城支社를 접수하게 되자, 이 『해방통신』은 발행소를 '서울 市廳 앞'(주소 미상)으로 옮겼다.

『해방통신』은 1개월여 만에 발행소를 다시 '황금정2정목(을지로2가) 199번지 48호'로 옮겼고, 다시 몇 개월 후에 '죽첨정2정목(충정로2가) 131번지'로 이전을 했다.

『해방통신』은 발행소를 이전하는 과정 중에, 제호를 '한글'에서 '漢字'로 바꾸었는데, 그 정확한 시기는 연구자가 아직 확인을 못 하고 있다.

<자료 VI-1-①-2>에 『解放通信』의 세 번째 발행소 '을지로2가 199 일흥증권' 건물의 주소가 '199번지의 48호'임을 확인해 주는 자료가 제시되어 있다.

<자료 VI-1-①-3>에 『解放通信』이 '소공동 112번지 9호'의 '테일러 빌딩'에 있을 때인 1945년 9월 7일에 발행한 통신의 한 면이 제시되어 있다.

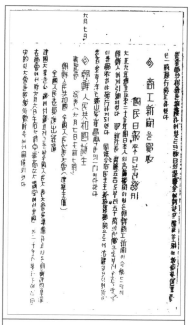

『해방통신』이 한 때 들어있었던
"일흥증권" 건물의 주소:
"을지로2가 199-48"

〈자료 VI-1-①-2〉
『解放通信』의 세 번째 발행소
"을지로2가 199 일흥증권" 건물의 주소

〈자료 VI-1-①-3〉
『解放通信』,
1945.09.07일 판의 한 면
출처: 국립중앙도서관

② 國際通信 (소공동 112-9, 테일러 빌딩)

| 제호를 찾고 있음 | **(朝鮮)國際通信** (KOREAN PACIFIC PRESS, 약호 K.P.P.)<br>(1945.11.01. ~ '45.12.20.)<br>발행소: **소공동 112-9** (1945.11.01. ~ )<br>→ 을지로1가 101 ('45.12.17. ~ '45.12.19.)<br>『國際通信』은 1945년 12월 20일 『聯合通信』과 통합해 『合同通信』이 됨. |
|---|---|

(A) 『民衆日報』,
1945.11.03, p.1 기사:
* 전 日本 同盟通信社에
朝鮮 國際通信社 설치

(B) 『自由新聞』,
1945.12.18,
p.1 기사:
* 國際通信社
황금정1정목
(전 住友빌딩)
으로 이전

(C) 『京城·永登浦電話番號簿』1941:
*國際通信이 이전해간 住友빌딩 주소:
황금정1정목 101번지, 合同通信社 터

* 1945년 11월 1일 國際通信社 (영문표기 KOREAN PACIFIC PRESS, 약호 K.P.P.)
발족. (軍政廳 管理, 사장 글레스大領, 주간 金東成, 전무 南相一, 일본 同盟通信 京城支社의
시설과 기재 접수
* 1945년 11월 20일 國際通信社와 聯合通信社 합병, 회원조합제 合同通信社 창립.
출처: 『合同通信 三十年』, pp. 321~22

〈자료 Ⅵ-1-②-1〉『國際通信』 발행 자료

<자료 Ⅵ-1-②-1>에 『國際通信社』의 발족과 발행소 이전, 그리고 『聯合通信社』와의 합병을 통해 『合同通信社』가 태어난 과정이 제시되어 있다.

『國際通信』은 美軍政廳이 일제의 同盟通信 京城支社를 접수, 1945년 11월 1일 창간한 통신사였다. 발행소는 同盟通信 京城支社가 들어있었던 '소공동 112-9' '테일러 빌딩'이었다.

『國際通信』은 발족 1개월이 좀 지난 1945년 12월 17일 발행소를 '을지로1가 101번지' 日帝 때에 '住友本社 京城販賣店' 건물로 이전했으며, 이전 직후인 12월 20일에 『聯合通信』과 통합하여 『合同通信』이 되었다.

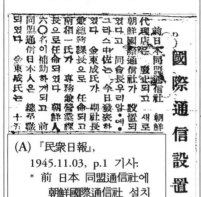

(A) 『民衆日報』,
　　1945.11.03, p.1 기사:
　　* 前 日本 同盟通信社에
　　　朝鮮國際通信社 설치

### 國際通信 (K.P.P.)
#### (1945.11.01. ~ '45.12.20.)
발행소: 소공동 112-9
　　　 → 을지로1가 101

『國際通信』은 12월 20일 『聯合通信』과
통합하여 『合同通信』이 되었다.

---

1945년 11월 1일
國際通信社 (영문표기 KOREAN
PACIFIC PRESS, 약호 K.P.P.) 발족.

(軍政廳 管理, 사장 글레스大領, 주간 金東成,
전무 南相一,
일본 同盟通信 京城支社의 시설과 기재 접수)
　　　출처: 『合同通信 三十年』, p. 321

---

"(1945년) 11월 1일 군정청(은) 글래스(Glass) 중령을 사장, 김동성 주간, 남상일 영업담당 전무로 임명하여 『국제통신』(을) 창간…. 영문 제호는 Korean Pacific Press (KPP)였다.

"『국제통신』은 12월 20일 『연합통신』 과 통합하여 『합동통신』이 되었다.　　　　(pp. 264-65)

　정진석, "광복 후 6·25 전쟁까지의 언론", 2003.

### 〈자료 Ⅵ-1-②-1〉 『國際通信』 발행 자료

③ 聯合通信 (소공동 112-9, 테일러 빌딩)

| | |
|---|---|
| 제호를<br>찾고 있음 | 聯合通信 (1945.11.??.~1945.12.19.)<br>발행소: 장곡천정 **112-9** 테일러 빌딩 내<br>◇ 聯合通信 + 國際通信 → 合同通信<br>---------------------------<br>'(연합통신은)『국제통신』과 같은 건물인 테일러 빌딩에서<br>…민원식이 11월에 창간했다.'<br>'… 12월 20일『연합통신』과『국제통신』을 합병하여<br>『합동통신』을 창설하였다'(p. 265).<br><br>정진석, '광복 후 6·25 전쟁까지의 언론', 2003. |
| 〈자료 Ⅵ-1-③-1〉『聯合通信』 발행 자료 ||

『聯合通信』은 1945년 11월에 민원식에 의해 '장곡천정 112번지의 9호 테일러 빌딩'에서 창간이 되었다.

『聯合通信』은 발족한 지 1개월만인 1945년 12월 20일에, 같은 건물에 있다가 '을지로1가 101번지'로 이전해 나간『國際通信』과 합병하여,『合同通信』을 탄생시켰다.

④ 産業經濟通信 (소공동 81)

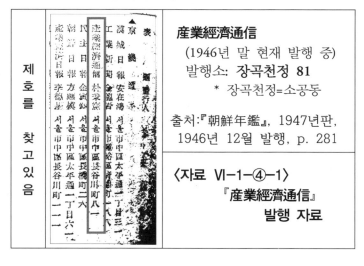

| | |
|---|---|
| 제<br>호<br>를<br><br>찾<br>고<br>있<br>음 | 産業經濟通信<br>(1946년 말 현재 발행 중)<br>발행소: **장곡천정 81**<br>＊ 장곡천정=소공동<br><br>출처:『朝鮮年鑑』, 1947년판,<br>1946년 12월 발행, p. 281 |
| | 〈자료 Ⅵ-1-④-1〉<br>『産業經濟通信』<br>발행 자료 |

『産業經濟通信』은 1946년 말 현재 발행 중이었던 통신이고, 발행인은 朴秉憲이었고, 그 발행소는 '장곡천정(현 소공동) 81번지'였다.

『産業經濟通信』에 관한 보다 자세한 자료, 본 연구자가 아직 찾지를 못하고 있다.

⑤ 中央經濟通信 (소공동 82)

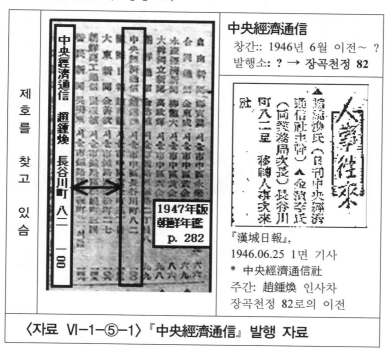

**中央經濟通信**
창간:: 1946년 6월 이전~ ?
발행소: ? → 장곡천정 82

1947年版
朝鮮年鑑
p. 282

『漢城日報』,
1946.06.25 1면 기사
* 中央經濟通信社
주간: 趙鍾煥 인사차
장곡천정 82로의 이전

〈자료 Ⅵ-1-⑤-1〉『中央經濟通信』 발행 자료

『中央經濟通信』은 1946년 봄에 '장곡천정(소공동) 82번지'에서 趙鍾煥을 발행인 겸 주간으로 창간한 통신사이다.

<자료 Ⅵ-1-⑤-1>에 『中央經濟通信』 발행에 관한 『朝鮮年鑑』 자료와 『漢城日報』 기사가 제시되어 있다.

⑥ 合同通信 (을지로1가 101)

**K.P.P.**
**KOREAN PACIFIC**
**PRESS**
\* 창간 당시 題號

合同通信 (1945.12.20.~1980.12.18.)
발행소: 을지로1가 **101**
\* 合同通信(~1980.12.18.)
→ 聯合通信 ('80.12.19.~)
------------------------
'合同通信社는 1945년 12월 20일 國際通信社와 聯合
通信社가 합병함으로써 발족하게 되었다.' p.5
'12월 19일…양측대표(국제통신과 연합통신)와 李寬
九 조정인이 한자리에 모여 규약 안을 만들고 임직원 안
배방안에 합의, 12월 20일 아침 10시 國際通信의 金東成
사장실에서 '組合制 合同通信社' 창립총회를 열기에 이
르렀다.'
'英文題號는 國際通信의 K.P.P.를 그대로 이어받기로
결정했다'(p. 6).
출처: 『合同通信三十年』, 합동통신, 1975

1960년대 合同通信 題號와 社旗
출처: '畫報'부분, 『合同通信三十年』, 1975

1980년 12월 19일부터, 신군부의 언론 통폐합 시기에 당시 양대 통신사였던 『合同通信』
과 『東洋通信』이 통합하고 『時事通信』을 위시한 여타 군소 통신사를 흡수해 『聯合通
信』으로 출범했다. 1998년 12월 19일 사명을 『聯合通信』에서 『聯合뉴스』로 변경했다.
출처: '연합뉴스', 위키백과

### 〈자료 Ⅵ-1-⑥-1〉『合同通信』 발행 자료

『合同通信』은 『國際通信社』와 『聯合通信社』가 합병해 1945년 12월 20일
'을지로1가 101번지'에서 발족을 한 통신사이다.

『合同通信』은 ⓐ '해방공간' 기간에 발족한 이래 35년여의 역사를 가진 국내
주요 통신사의 하나로, ⓑ 1980년 12월 19일 당시 군사정부의 언론 통폐합 조
치에 따라, 『東洋通信』을 비롯한 그 밖의 통신사들과 통합이 되어, ⓒ 『聯合通
信』으로 바통이 이어지게 되었다.

⑦ 共立通信 (을지로2가 199번지 : 몇 호(號)인지 未詳)

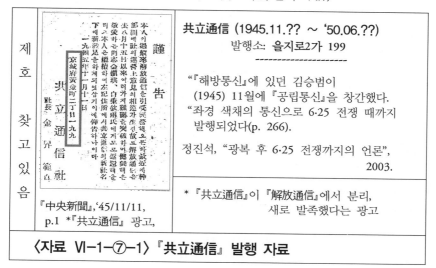

| 제<br>호<br>찾<br>고<br>있<br>음 | 『中央新聞』,'45/11/11,<br>p.1 *『共立通信』 광고, | 共立通信 (1945.11.?? ~ '50.06.??)<br>발행소: 을지로2가 199<br>-------------------<br>"『해방통신』에 있던 김승범이<br>　(1945) 11월에 『공립통신』을 창간했다.<br>"좌경 색채의 통신으로 6·25 전쟁 때까지<br>　발행되었다(p. 266).<br><br>정진석, "광복 후 6·25 전쟁까지의 언론",<br>　　　　　　　　　　　　　　　2003.<br><br>* 『共立通信』이 『解放通信』에서 분리,<br>　　　　새로 발족했다는 광고 |

〈자료 Ⅵ-1-⑦-1〉『共立通信』 발행 자료

　『共立通信』은, 『解放通信』을 인수 운영해 오던 金昇範이 회사 내 갈등으로
『解放通信』에서 나와, 1945년 11월 초순에 '을지로2가 199번지'(몇 호인지
미상)에서 새로 설립한 통신사였다.

　『共立通信』은 좌경색채(左傾色彩)의 통신으로, 6·25 전쟁 때까지 발행되었다.

⑧ 藝術通信 (을지로2가 199-34)

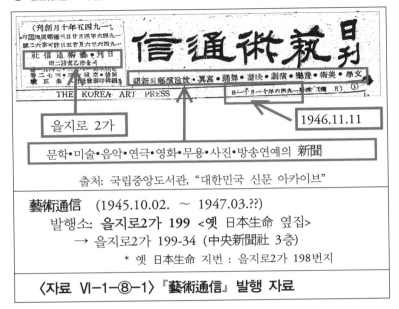

문학·미술·음악·연극·영화·무용·사진·방송연예의 新聞

출처: 국립중앙도서관, "대한민국 신문 아카이브"

藝術通信 (1945.10.02. ~ 1947.03.??)
발행소: 을지로2가 199 <옛 日本生命 옆집>
→ 을지로2가 199-34 (中央新聞社 3층)
* 옛 日本生命 지번 : 을지로2가 198번지

〈자료 Ⅵ-1-⑧-1〉『藝術通信』 발행 자료

『藝術通信』은 1946년 10월 2일 '황금정2정목(을지로2가) 199'에서 창간한 '문학, 미술, 음악, 연극, 영화, 무용, 사진, 방송 연예' 분야를 다루는 통신이었다(<자료 Ⅵ-1-⑧-1과 2>).

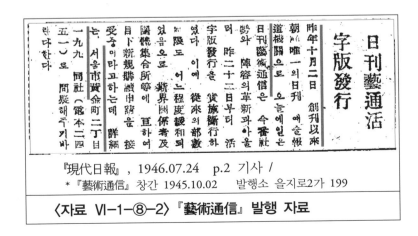

『現代日報』, 1946.07.24  p.2 기사 /
* 『藝術通信』 창간 1945.10.02   발행소 을지로2가 199

〈자료 Ⅵ-1-⑧-2〉『藝術通信』 발행 자료

『藝術通信』의 창간 당시 발행소는 '을지로2가 199번지'로 나와 있는데, 그 '199번지'는 여러 부번(副番)으로 나뉘어 있는 넓은 지역이어서, '199번지의 몇 호'인지를 모르고는 그 정확한 위치를 알 수가 없는 곳이다.

그런데 『藝術通信』1946년 11월 6일 자에 난 자체 社告에 발행소 위치가 '을 지로2가 구 일본생명 옆집' 즉 '을지로2가 198번지'의 옆집임을 알 수 있게 되었다(<자료 VI-1-⑧-3>).

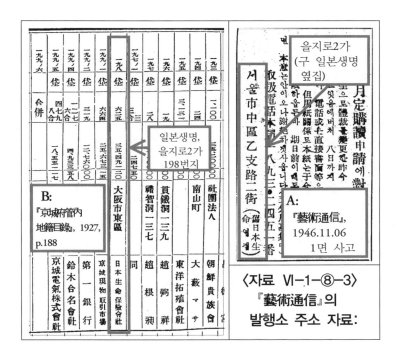

〈자료 VI-1-⑧-3〉
『藝術通信』의
발행소 주소 자료:

『藝術通信』은 그 뒤 발행소를 옮긴 것 같다.

『藝術通信』이 『文化日報』로 바뀌었다가 다시 『文化時報』로 바뀌게 되었는데, 『漢城日報』1947년 12월 17일 자 2면에 난 『文化時報社』광고에 발행소가 '을지로2가 199, 『中央新聞社』3층'으로 나와 있어서, 『文化時報』의 발행소 주소가 '을지로2가 199번지의 34호'임을 확인할 수 있게 되었다(<자료 VI-1-⑧-4>).

310

관련 자료를 아직 찾지 못해 확실히 알 수는 없지만, 만약에 『藝術通信』이 『文化日報』로 바뀌면서도 발행소는 그대로 『藝術通信』 자리에 있었고, 『文化日報』가 『文化時報』로 바뀌었을 때도 발행소는 이전의 『藝術通信』 자리에 있었다고 하면……

『藝術通信』의 발행소 주소는 '을지로2가 199번지의 34호'였을 터인데…… 이에 관해서는 좀 더 자료를 찾아보아야 할 것 같다.

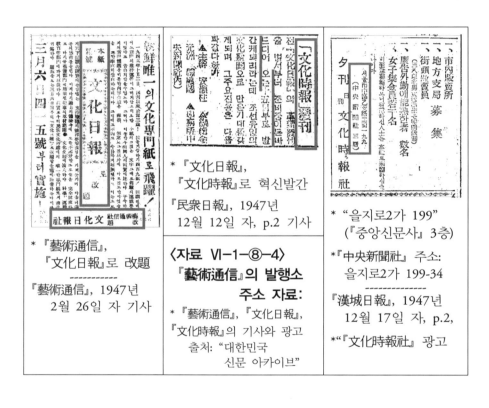

* 『藝術通信』, 『文化日報』로 改題
--------
『藝術通信』, 1947년 2월 26일 자 기사

* 『文化日報』, 『文化時報』로 혁신발간
『民衆日報』, 1947년 12월 12일 자, p.2 기사

〈자료 VI-1-⑧-4〉 『藝術通信』의 발행소 주소 자료:
* 『藝術通信』, 『文化日報』, 『文化時報』의 기사와 광고
출처: "대한민국 신문 아카이브"

* "을지로2가 199" (『중앙신문사』 3층)
*『中央新聞社』 주소: 을지로2가 199-34
--------
『漢城日報』, 1947년 12월 17일 자, p.2,
*"『文化時報社』 광고

<자료 VI-1-⑧-5>에 『藝術通信』 1946년 11월 9일 자 1면이 제시되어 있다.

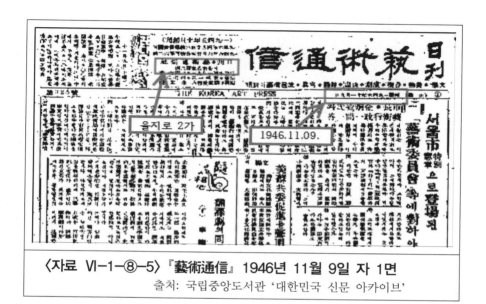

**〈자료 VI-1-⑧-5〉 『藝術通信』 1946년 11월 9일 자 1면**
출처: 국립중앙도서관 '대한민국 신문 아카이브'

'해방공간' 기간에 발행되었던 新聞 또는 通信들 가운데 제호 난(題號欄)에 '발행소 주소를 정확하게 적어 놓지 않은' 경우가 상당수 있었는데, 왜 그랬을 까? 하는 의문이 든다.

⑨ 解放通信 (을지로2가 199-48)

『解放通信』은 1945년 8월 17일 '장곡천정(소공동) 112-9, 테일러 빌딩'에서 일제의 동맹통신 경성지국을 접수한 한국인 직원들이 창간한 통신인데, 발행소를 '서울시청 앞'으로 옮겼다가, 다시 **'황금정2정목(을지로2가) 199-48'**로 옮겼었고, 또 다시 '죽첨정2정목(충정로2가) 131번지'로 옮겼다(<자료 VI-1-⑨-1과 2>).

解放通信
(1945.08.17.~ 1947.10.18.)
발행소: 장곡천정 112-9
→ 서울시청 앞 → **황금정2정목 199-48**
→ 죽첨정2정목 131

제호: 죽첨정2정목 (충정로2가) 때의 것
*출처: 차배근 외,『우리신문100년』, 2001,
p. 154

　'…9월 19일에 미 군정청이 동맹통신 서울지사를 접수하자『해방통신』은 서울시청 앞에 사무실을 마련하고 통신 발행을 계속하다가, 11월 1일에는 발행소를 중구 황금정 2정목 199번지 전 일흥증권 사옥으로 이전하였다.'
　'1946년 12월에 발행된 조선연감에는『해방통신』… 서대문구 죽첨정2정목 131번지 『부녀신문』과 같은 번지에서 발행 중인 것으로 되어있다(p. 263).'

정진석, '광복 후 6·25 전쟁까지의 언론', 2003.

〈자료 Ⅵ-1-⑨-1〉『解放通信』 발행 자료

| 裕林證券株式会社 | 金鵬農 | 서울中区 | 을지로2가 199-48 |
| 裕洋證券株式会社 | 朴勝勳 | 서울中区乙支路2街199 | 7771 |
| 裕和證券株式会社 | 李二礼 | 서울中区乙支路2街199 | 0269 |
| 一國證券株式会社 | 朴黃植 | 서울中区乙支路2街199 | 5000 |
| 日興證券株式会社 | 鄭用柱 | 서울中区乙支路2街199～48 | 2260 |
| 再建證券株式会社 | 独孤燕九 | 서울中区乙支路2街199 | 1919 |
| 中央證券株式会社 | 金容醨 |『조선연감 1963』, p. 697. | 1502 |
| 涟和證券株式会社 | 孫德元 | | 3669 |

　『解放通信』이 한때 들어있었던 '일흥증권' 건물의 주소:
을지로2가 199-48

〈자료 Ⅵ-1-⑨-2〉『解放通信』 발행 자료

⑩ 朝鮮商工通信 (을지로2가 12)

朝鮮商工通信 (1946.03.11. ~ '48.08.21.)
 발행소: 종로구 예지동 189
   → 황금정2정목 12 → 관훈동 146

 # 朝鮮商工通信 → 世界通信 (1948.06.21. ~ ???)

『自由新聞』, '46.03.12기사
* 商工通信,1946.03.11발행
 예지정 189 천일빌딩

『工業新聞』, 1946.08.09. 1면 기사
* 商工通信, 황금정2정목 12번지로 이전

〈자료 Ⅵ-1-⑩-1〉『朝鮮商工通信』 발행 자료
----------------------------
* 商工通信 (관훈동 146)은 1948.06.21 世界通信으로 改題
  출처: 『朝鮮中央日報』(유해붕) 1948.06.24. 2면 기사
   국립중앙도서관, "대한민국 신문 아카이브"

『朝鮮商工通信』은 1946년 3월 11일 '종로구 예지동 189번지'에서 창간, 5개월 후인 1946년 8월 초순 발행소를 '황금정2정목(을지로2가) 12번지'로 옮겼다(<자료 Ⅵ-1-⑩-1>의 '가'와 '나').

『朝鮮商工通信』은 그 뒤 다시 '관훈동 146번지'로 옮겼다가, 1948년 6월 21일 『世界通信』으로 이어졌다.

⑪ 電報通信 (충무로2가 39)

日刊 電報通信 (1945.09.04.- ???)
발행소: 본정2정목 39 (충무로2가 39)
　　　　→ 안국동 153
------------------

　"2개월여 『電報通信』을 발행하여 오던 朝鮮電報通信社(1945년 9월 4일 등록)가 '평상 특정독자 외에 일반에게도 純報道를 벗어난 읽을거리를 제공하려는 의미에서 特刊號를 매주 짜보기로 하여' 46년 7월 14일 자로 제57호를 '特刊號'라 하여 日刊電報通信을 발행하였다.
　"주간 발행겸인쇄인 백남도.
　"발행소는 서울시 본정2정목* 39.

　　　　『韓國新聞百年(史料集)』, p. 363.

* 원문에는 "3정목"으로 나와 있는데, 誤植인 듯
　제호 아래 발행소 "2정목"으로 나와 있음.

〈자료 Ⅵ-1-⑪-1〉 『日刊 電報通信』 발행 자료

　『日刊 電報通信』은 1945년 9월 4일 朝鮮電報通信社가 '본정2정목(충무로2가) 39번지'에서 창간한 '경제 뉴스 중심'의 통신사였다.
　『日刊 電報通信』은 발행소를 '안국동 153번지'로 옮겼다(<자료 Ⅵ-1-⑪-2>의 '다').

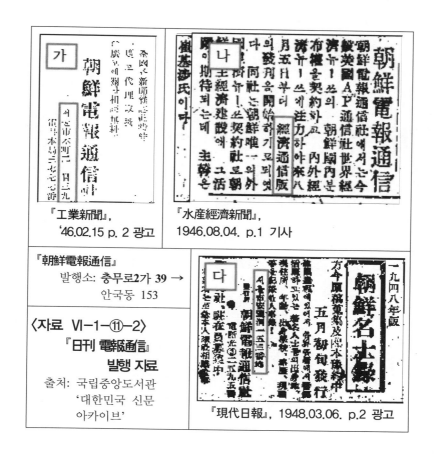

『工業新聞』,
'46.02.15 p. 2 광고

『水産經濟新聞』,
1946.08.04. p.1 기사

『朝鮮電報通信』
발행소: 충무로2가 **39** →
안국동 **153**

〈자료 Ⅵ-1-⑪-2〉
『日刊 電報通信』
발행 자료
출처: 국립중앙도서관
'대한민국 신문
아카이브'

『現代日報』, 1948.03.06. p.2 광고

〈자료 Ⅵ-1-⑪-3〉에 『日刊 電報通信』 1946년 7월 14일 발행 통신 특간호 1면 윗부분이 제시되어 있다.

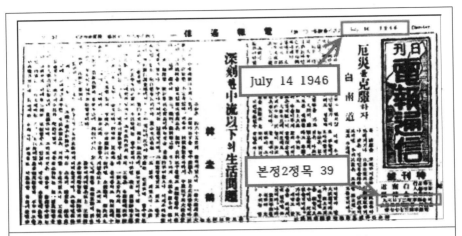

〈자료 Ⅵ-1-⑪-3〉『日刊 電報通信』 1946.07.14. 발행
통신 특간호 1면
출처: 『韓國新聞百年 史料集』, 1975, p. 363

⑫ 소공동, 을지로1가, 2가, 충무로2가에서 발행되었던 11개 통신사
사옥 위치, 사옥 사진, 그곳의 현재 모습

'소공동'에서는 日帝로부터의 解放에서 大韓民國 政府樹立까지의 3년 사이에 5개 通信이 창간되었다.

'소공동 112-9'의 '일제의 同盟通信 京城支社' 건물에서 '해방통신', '國際通信', '聯合通信'의 3개 통신이, '소공동 81'에서 '産業經濟通信'이, '소공동 82'에서 '中央經濟通信'이 발행되었다.

<지적도와 사진 Ⅵ-1-⑫-1>에 이들 5개 통신사가 있었던 위치가 '1947년 지적도'(A)와 '2021년 지적도'(A-1) 상에 '굵은 실선 원'으로 표시되어 있다.

이들 통신사들이 들어있던 건물의 옛 모습과 주변 경관을 보여주는 '1930년대 초 항공사진'(B)이 제시되어 있다. 본 연구에서 대상으로 하는 기간은 1940년대 후반이지만, 그 사이 이 지역 거리의 구조에는 변동이 없었으나, 큰 건물들이 들어서며, 지번(地番)들은 통합이 된 곳들이 있다.

　　<사진 B-1>은 2021년 7월 현재의 '네이버 지도 거리뷰 사진'인데, 해당 지역의 변화된 모습을 보여주고 있다. 즉 '옛 81번지'와 '82번지'가 '81번지'로 통합이 되어, 그 터 위에 '소공빌딩'이 들어서 있다.

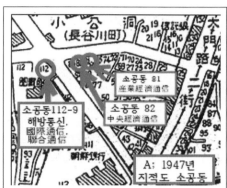

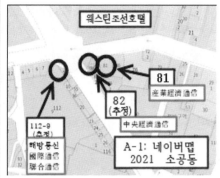

〈지적도와 사진 Ⅵ-1-⑫-1〉 소공동 지역
　　통신사들:
**해방통신, 國際通信,**
聯合通信,
　産業經濟通信,
　中央經濟通信

<사진 B-2>는 일제 때부터 해방된 이후까지 '테일러 빌딩'이 들어서 있었던 '옛 112번지 9호' 터와 그 주변의 2022년 3월 현재의 모습을 찍은 사진인데, 그 터와 주변 터를 통합한 넓은 터 위에 '부영호텔' 신축공사가 진행 중임을 보여주고 있다.

**다음은** '을지로1가 101번지'의 **'合同通信'**이 있었던 위치를 확인해 보겠다.

<지적도와 사진 Ⅵ-1-⑫-2>에 해방 당시의 이 지역의 지적을 보여주는 '1947년 지적도'(A)가 제시되어 있는데, '合同通信'이 있었던 '101번지'가 분명히 나타나 있다. '2021년 지적도'(A-1)에서 보면, '101번지'가 주변의 대지(垈地)들을 통합해, 하나의 큰 블럭이 되어있다. 이 최근의 지적도 위에 '굵은 실선 작은 타원'으로 표시한 곳이 '옛 101번지 합동통신사 터'로 추정되는 곳이다.

'사진 B'는 『合同通信 三十年』이란 사사(社史)에 나와 있는 '合同通信社' 건물 사진이고, '사진 B-1'은 본 연구자가 2020년 가을에 찍은 사진인데 '하나은행'의 고층빌딩이 서 있고, 그 바로 앞 현재의 도로상에 '굵은 실선 평행사변형'으로 표시를 해 놓은 곳이 '옛 合同通信社 건물 터'로 추정되는 곳이다.

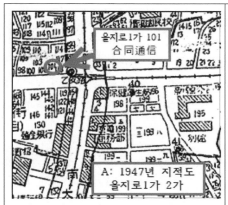

〈지적도와 사진 Ⅵ-1-⑫-2〉
을지로1가 지역 통신사
合同通信 을지로1가 101

다음은 『藝術通信』이 있었던 곳의 위치를 확인해 보고자 한다.

『藝術通信』은 발행소를 제호에서 처음에는 '을지로2가'로만 밝혔다가, 좀 뒤에 '을지로2가 199'라고 밝혔었고, 1946년 11월 6일 자에 난 자체 社告에 발행소 위치가 '을지로2가 구 일본생명 옆집' 즉 '을지로2가 198번지'의 옆집임을 밝히고 있다.

<지적도와 사진 Ⅵ-1-⑫-3-1>의 '1947년 지적도 A'에 '굵은 실선 타원'으로 표시된 곳이 '옛 日本生命 198번지' 터이고, '199번지면서 198번지의 옆집'이라면, 198번지 동쪽 편의 '아래위로 길게 표시한 곳' 어디가 아니면, 남쪽 편에

'굵은 실선 사각형'으로 표시가 된 곳일 터인데, 더 이상의 자료가 없는 상태에서 그 정확한 위치를 알 수가 없다.

앞에서 이미 이야기된 것이지만 『藝術通信』은 그 뒤 『文化日報』로 바뀌었다가 다시 『文化時報』로 바뀌게 되었는데, 『文化時報社』 광고에 발행소가 '을지로2가 199, 『中央新聞社』 3층'으로 나와 있어서, 『文化時報』의 발행소 주소가 '을지로2가 199번지의 34호'임을 확인할 수 있게 되었다.

『藝術通信』이 『文化日報』와 『文化時報』로 바뀌면서, 발행소를 옮기지 않았다면, 『藝術通信』의 두 번째 발행소는 '을지로2가 199-34(中央新聞社 3층)'가 된다.

'2021년도 지적도 A-1'에 『藝術通信』의 첫 번째와 두 번째 사옥 터 위치가 표시되어 있다. '지적도 A-1-1'은 '지적도 A-1'의 『藝術通信』 발행소로 추정된 부분을 확대한 것이다.

'사진 B'에는 미국의 Life誌에 실린, 1945년 8월 15일 해방 직후에 찍은 항공사진인데, 『藝術通信』 발행소로 추정된 부분이 '굵은 실선 사각형'으로 표시되어 있다.

'사진 B-1'과 '사진 B-2'는 '네이버 맵 거리뷰' 사진인데, '지적도 A-1-1'에 표시를 해 놓은 지점에서 표시를 해 놓은 방향으로 찍은 '2021년 현재'의 사진으로서, 옛 『藝術通信』 발행소 건물이 있었던 곳의 변한 모습을 엿볼 수 있을 것 같다.

A: 1947년 지적도

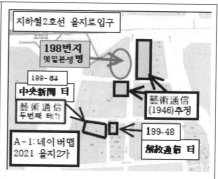

A-1: 네이버맵 2021 을지로2가

藝術通信(을지2가 199)의, 1946년 社告에서
통신사의 위치를 '구 日本生命 옆집'으로 밝힘

B-1: 촬영 A

藝術通信 (1946) 발행소 위치 추정: A
* 네이버 맵 거리뷰 사진

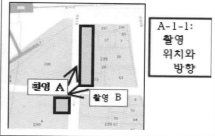

A-1-1: 촬영 위치와 방향

B-2: 촬영 B

藝術通信 (1946) 발행소 위치 추정: B
* 네이버 맵 거리뷰 사진

B: Life誌 항공사진, 1945년 해방직후

〈지적도와 사진 VI-1-⑫-3-1〉 을지로2가 藝術通信 199
(198번지 옆집)

다음은 『解放通信』이 있었던 곳의 위치를 확인해 보고자 한다.

『解放通信』의 발행소 위치에 관해서는 앞에서 다루어진 바 있지만, 『解放通信』는 발행소를 여러 곳으로 옮겨 다녔다. '장곡천정 112-9 테일러 빌딩'에서,

'서울시청 앞'으로, '황금정2정목 199-48'로, '죽첨정2정목 131'로…

여기서는 『解放通信』의 '황금정2정목 199-48'의 발행소의 위치를 알아보고자 한다.

<지적도와 사진 VI-1-⑫-3-2>의 '서울시 GIS 지적도 2021' (A)에 『解放通信』 세 번째 발행소 지번(地番) '을지로2가 199번지 48호'가 나와 있다. 이 지번은 1940년대 후반 때의 것이 바뀌지 않고 있다.

'사진 B'는 Life지 항공사진으로 1945년 해방 직후에 찍은 것으로 추정되는데, '굵은 실선 원'으로 표시한 곳이 '199-34' 터 中央新聞社 건물 사진이고, '굵은 실선 직사각형'으로 표시한 곳이 '199-48' 터 『解放通信』 발행소가 들어있던 건물인데, 사진이 너무 작아서 모습을 짐작하기도 어렵다.

'사진 B-1'은 2022년 초에 찍은 사진인데, 『解放通信』 발행소가 들어있던 건물의 지번에 들어서 있는 건물의 모습을 볼 수가 있다.

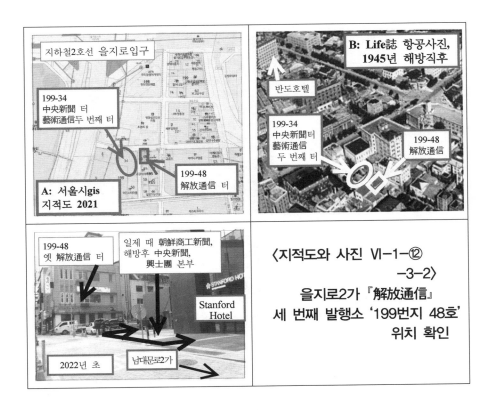

지하철2호선 을지로입구

199-34
中央新聞 터
藝術通信두 번째 터

A: 서울시gis
지적도 2021

199-48
解放通信 터

B: Life誌 항공사진,
1945년 해방직후

반도호텔

199-34
中央新聞터
藝術通信
두 번째 터

199-48
解放通信

199-48
옛 解放通信 터

일제 때 朝鮮商工新聞,
해방후 中央新聞,
興士團 본부

Stanford
Hotel

2022년 초

남대문로2가

<지적도와 사진 VI-1-⑫
-3-2>
을지로2가 『解放通信』
세 번째 발행소 '199번지 48호'
위치 확인

다음은『朝鮮商工通信』의 두 번째 발행소가 있었던 곳의 위치를 확인해 보고
자 한다.

『朝鮮商工通信』은 '예지동 189'에서 시작해, '황금정2정목 12'로 옮겼다가,
다시 '관훈동 146'으로 이전을 간 통신이었다. 『朝鮮商工通信』은 1948년 6월
21일『世界通信』으로 이름이 바뀌었다.

<지적도와 사진 Ⅵ-1-⑫-4>에『朝鮮商工通信』의 두 번째 발행소였던 '을지로2
가 12번지'의 위치를 확인해 주는 '1959년 지적도 A'와 '2000년 지적도 A-1'과
'2021년 지적도 A-2', 그리고 '옛 12번지' 터로 추정되는 곳의 2021년 현재 모
습 사진이 제시되어 있다.

〈지적도와 사진 Ⅵ-1-⑫-4〉 을지로2가 옛 12번지,
『朝鮮商工通信』 발행소 위치 찾기 작업

지적도 A, A-1, A-2 셋을 검토해 보면, '을지로2가 12번지' 터 동쪽 편에 'SKT 타워 빌딩'과의 사이에 큰 길이 나 있는 것을 볼 수 있다.

'2021년 지적도 A-2'에 '굵은 실선 사각형'으로 표시되어 있는 곳이 '옛 12번지' 터로 추정을 해 본 곳이다.

'사진 B'는 2021년 가을 사진으로, 앞의 지적도들을 참조해, '옛 12번지'『朝鮮商工通信』발행소 위치를 추정해, 그곳을 '굵은 실선 평행사변형'으로 표시를 해보았다.

다음은 **충무로2가 옛 '39번지'**에 있었던 **『電報通信』발행소**의 위치와 그곳의 2021년 현재의 모습을 알아보겠다.

<지적도와 사진 VI-1-⑫-5>에 이 지역의 '1947년 지적도 A'와 '2021년 지적도 A-1'이 나와 있다.

해방 당시 지적도인 'A'에 『電報通信』발행소가 있었던 '39번지'가 나와 있다. '굵은 실선 원'을 표시를 해 놓은 곳이다.

2021년 지적도 'A-1'에서 보면 이 구역에 직선 도로들이 새로 생겨, 지형이 좀 바뀌어 있다. 2021년 현재의 지적도 위에 1947년 당시의 그곳 도로를 추정해 그려 넣고, 그 위에 '옛 39번지'로 추정되는 곳을 '굵은 실선 원'으로 표시를 해 놓았다.

사진 'B'는 '네이버 맵 2021 거리뷰' 사진인데, '굵은 실선 화살표 마크'로 표시를 한 곳이 '옛 39번지'로 추정되는 곳이다. 『電報通信』발행소가 있었던 '39번지' 터에는 인쇄소가 들어서 있다.

⟨지적도와 사진 Ⅵ-1-⑫-5⟩ 충무로2가 지역 통신사:
『電報通信』 충무로2가 39

* 이 지역 한 블럭이 49번지대로 통합되어 있음.

　중구(中區)의 소공동, 을지로1가, 을지로2가, 충무로2가 지역 通信社들에 관한 작업은 부족한 대로 이쯤에서 접고, 다음은 종로구(鐘路區) 지역의 通信社들에 관한 작업으로 넘어가 보겠다.

## 2. 종로구: 종로2가, 세종로, 예지동·송현동, 안국동:

① 종로2가: 朝鮮通信, ② 세종로: 中央通信,

③ 예지동·송현동: 朝鮮商工通信, ④ 안국동: 電報通信,

⑤ 종로2가, 세종로, 예지동·송현동, 안국동에서 발행되었던

    4개 통신사 사옥 위치, 사옥 사진, 그곳의 현재 모습

鐘路區의 '종로2가', '세종로', '예지동·송현동', '안국동'에서 각각 1개 통신
이 발행되었다.

① 朝鮮通信 (종로2가 8, 장안빌딩)

『朝鮮通信』은 1945년 9월 4일 '종로2가 8번지' '장안빌딩' 내 발행소에서
시작한 通信社로서, 광복 후 처음 국제통신 UP와 수신계약을 맺었고, 『朝鮮年
鑑』을 발행하는 등 큰 通信社로 자리매김했던 通信社였다.

朝鮮通信 (1945.09.04.~1948.10.13.)
발행소: 종로2가 8 장안빌딩 내
------------------------
'(1945년 8월 15일) 광복 직후 9월 4일부터 사장 김승식, 부사장
겸 발행인 김용채, 편집국장 이종모 등이 종로 장안빌딩에서 …『라
디오 프레스』로 출범하여 라디오 외신과 내신만으로 통신을 발행하
였는데 정식 출판허가를 받은 날짜는 1946년 7월 3일이었다.'
'『조선통신』은 (1946?) 10월 27일 UP와 수신계약을 체결하여
광복 후 첫 대 통신사가 되었다.'
'『조선통신』은 『공립통신』과 함께 좌익계로 지칭되었다…후일
이종모는… 사장 김승식과 부사장 김용채 등 경영진의 성분으로
보나, 계약 외신사인 UP로 보나 좌익일 수는 없었다고 말했다(p.
267).'

정진석, '광복 후 6·25 전쟁까지의 언론', 2003.

* 朝鮮通信社가 발행한 『朝鮮年鑑』에
朝鮮通信社의 주소가 '종로 2정목 北星大廈'로 나와 있음.

제호 출처:
조선통신사 발행
1947년 판
『朝鮮年鑑』

〈자료 VI-2-①-1〉『朝鮮通信』 발행 자료

　<자료 Ⅵ-2-①-1, 2>에 『朝鮮通信』 발행 자료가 제시되어 있고, <자료 Ⅵ
-2-①-3>에 『朝鮮通信』 발행소였던 '장안빌딩'의 내력이 간단히 제시되어
있다.

　'장안빌딩'의 이름은 1947년경에 '북성대하(北星大廈)'로 바뀌었다.

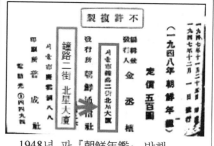

1948년 판 『朝鮮年鑑』, 발행

『現代日報』, 1947.10.12. 신문
제2면 기사
* 북성대하; 구(旧) 장안빌딩

**〈자료 Ⅵ-2-①-2〉『朝鮮通信』 발행 자료**
　'朝鮮通信社'가 발행한 『朝鮮年鑑』과 '現代日報'의 기사에서
'장안빌딩'의 이름이 '북성대하'로 바뀌었음을 알 수 있음.

종로2가 8번지 '長安빌딩'의 내력

**1901년** 한성전기주식회사, 벽돌 2층 건물로 건축, '시계탑'
**1915년** 종로경찰서, 의열단 소속 김상옥 폭탄 투척
**1936년** 장안빌딩 세워짐

**1945년 8월 15일 밤:**
이영·정백 등 공산주의자들이 모여 조선공산당 창당
전 서울청년회계의 이영(李英)·정백(鄭伯)·최익한(崔益漢) 등이
종로 장안빌딩에 모여 조선공산당 재건을 선언했다(장안파 공산당).
**8월 16일** 이들은 장안빌딩에 '조선공산당'이라는 간판을 내걸었다.
**1945년 9월** 초에 당(黨)이 해체됨.
자료: <월간조선 2016년 8월호 / 글=배진영 월간조선 기자>

〈자료 Ⅵ-2-①-3〉『朝鮮通信』 발행소
'장안빌딩'의 내력

② 中央通信 (세종로 139)

中央通信 (1946년 발행 중~???)
발행소: 광화문통 139 (세종대로 139)

* 『中央通信』 신발족 기사:
『독립신문』 1947.10.02, p.2

水産經濟新聞,
1947.04.02 기사
* 中央通信,
조미통신과 계약

자료:『朝鮮年鑑』,
1947년 판 1946년 12
월 발행, p. 282

〈자료 Ⅵ-2-②-1〉『中央通信』 발행 자료
* 2개 신문기사 출처: 국립중앙도서관 '대한민국 신문 아카이브'

『中央通信』은 1946년 10월에 '광화문통(세종로) 139번지'에서 발행을 시작한 通信이었다.

『中央通信』은 1947년 4월 초 임영신 임병직이 미국 뉴욕에 차릴 美國朝美通信社(KAP)와 수신계약을 체결했다.

『中央通信』에 관한 자료는 <자료 Ⅵ-2-②-1>에 제시되어 있는 것이, 연구자가 현재까지 찾을 수 있는 것의 전부여서, 크게 부족한 상태이다.

③ 朝鮮商工通信 (예지동 189 → 을지로2가 12 → 송현동 34)

『自由新聞』,
1946.03.12. 기사
*商工通信,
 1946.03.11. 발행
 예지정 189 천일빌딩
----------
신문기사 (가)와 (나)
자료: 국립중앙도서관;
'대한민국신문 아카이브'

朝鮮商工通信
(1946.03.11. 창간
   ~1948.06.21.)
발행소: 예지동 189 →
    황금정2정목 12
    → 송현동 34
* 朝鮮商工通信 →
 世界通信으로 제호 바꿈
 (1948.06.21.~???)

『朝鮮年鑑』,1947판,
'46년 12월발행 p. 282

〈자료 Ⅵ-2-③-1〉『朝鮮商工通信』 발행 자료
* 商工通信 (관훈동 146)은 1948.06.21. 世界通信으로 改題
출처:『朝鮮中央日報』(유해붕) 1948.06.24 2면 기사

『朝鮮商工通信』은 1946년 3월 11일 '종로구 예지동 189번지'에서 창간(가), 5개월 후인 1946년 8월 초순 발행소를 '황금정2정목(을지로2가) 12번지'로 옮겼고(나), 이어 1946년 말 가까이 다시 '종로구 송현동 34번지'로 이전했다(朝鮮年鑑)(<자료 Ⅵ-2-③-1>).

『朝鮮商工通信』은 그 뒤 다시 '관훈동 146번지'로 옮겼다가, 1948년 6월 21일 『世界通信』으로 이어졌다.

④ 電報通信 (안국동 153)

日刊 電報通信 (1945.09.04.~???)
발행소: 본정2정목 39 (충무로2가 39)
→ 안국동 153
--------------------
'2개월여 『電報通信』을 발행하여 오던 朝鮮電報通信社(1945년 9월 4일 등록)가 '평상 특정 독자 외에 일반에게도 純報道를 벗어난 읽을거리를 제공하려는 의미에서 特刊號를 매주 짜보기로 하여' 46년 7월 14일 자로 제57호를 '特刊號'라 하여 日刊電報通信을 발행하였다.' '주간발행 겸 인쇄인 백남도.'
'발행소는 서울시 본정2정목* 39.'
『韓國新聞百年(史料集)』, p. 363.

* 원문에는 '3정목'으로 나와 있는데, 誤植인 듯 제호 아래 발행소 '2정목'으로 나와 있음.

〈자료 Ⅵ-2-④-1〉『日刊 電報通信』 발행 자료

『日刊 電報通信』의 발행과 관련된 간단한 자료가 <자료 Ⅵ-2-④-1, 2>에 제시되어 있다. 『日刊 電報通信』은 1945년 9월 4일 朝鮮電報通信社가 '본정2정목(충무로2가) 39번지'에서 창간한 '경제 뉴스 중심'의 통신사였다.

『日刊 電報通信』은 발행소를 '안국동 153번지'로 옮겼다(<자료 Ⅵ-2-④-2>의 '다').

<자료 Ⅵ-2-④-3>에 『日刊 電報通信』이 '중구 본정2정목'에서 발행되던 때인 1946년 7월 14일 자 통신 특간호 1면 윗부분이 제시되어 있다. '안국동 153번지'에서 발행되던 때의 자료는 아직 찾지를 못하고 있다.

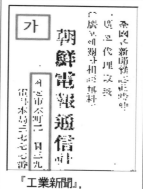

『工業新聞』,
1946.02.15. p. 2 광고

『水産經濟新聞』,
1946.08.04. p.1 기사

『朝鮮電報通信』
발행소: 충무로2가 39 →
안국동 153

〈자료 Ⅵ-2-④-2〉
『日刊 電報通信』
발행 자료

* 광고와 기사 출처:
국립중앙도서관
'대한민국 신문 아카이브'

『現代日報』, 1948.03.06. p.2 광고

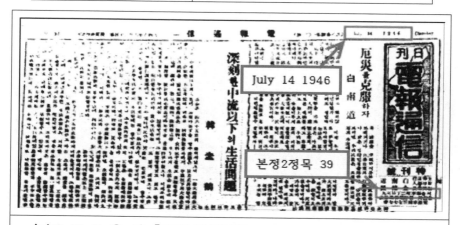

〈자료 Ⅵ-2-④-3〉『日刊 電報通信』1946.07.14. 발행
통신 특간호 1면    출처: 『韓國新聞百年 史料集』, 1975, p. 363

⑤ 종로2가, 세종로, 예지동·송현동, 안국동에서 발행되었던
4개 통신사 사옥 위치, 사옥 사진, 그곳의 현재 모습

우선 "종로2가 8번지"에서 발행되었던 『朝鮮通信』과 "세종로 139번지"에서
발행되었던 『中央通信』의 경우를 보기로 하자.

<지적도와 사진 Ⅵ-2-⑤-1>에 『朝鮮通信』 발행소가 있었던 "종로2가 8번지"
의 위치를 보여주는 "1947년 지적도 A"와 "2021년 지적도 A-1",

그리고 『朝鮮通信』이 발행되고 있을 당시 이 통신의 발행소가 들어있던 건
물인 "장안빌딩"의 사진 "B"와 2021년 현재 그 터에 들어서 있는 빌딩 사진
"B-1"이 제시되어 있다.

〈지적도와 사진 Ⅵ-2-⑤-1〉 종로2가 8번지
옛 『朝鮮通信』 발행소가 들어있던 건물의 위치 찾기 작업과
당시의 그 건물 사진과 그 건물 터의 현재 모습 사진

다음 『中央通信』이 있었던 곳의 위치를 나타내는 지적도 자료와 이 통신 발행소가 들어있던 건물의 모습과 그곳의 2020년 현재 모습을 보여주는 사진 자료가 <지적도와 사진 VI-2-⑤-2>에 제시되어 있다.

『中央通信』이 한때 통신을 발행했었던 "세종로 139번지"는 『東亞日報社』 사옥 자리로, 『中央通信』이 『東亞日報社』 내의 사무실 한둘을 빌려 통신을 발행했던 것 같다.

<지적도와 사진 VI-2-⑤-2>의 "A 1947년 지적도"와 "A-1 2021년 지적도"에 『中央通信』 발행소가 들어있었던 건물의 지번(地番) "세종로 139번지"가 표시되어 있다.

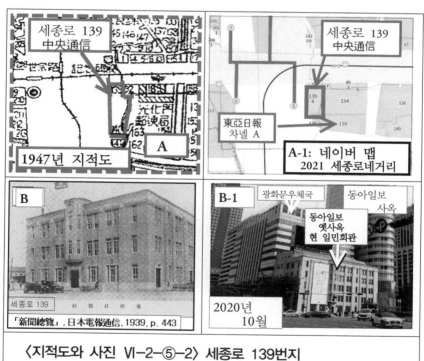

〈지적도와 사진 VI-2-⑤-2〉 세종로 139번지
옛 『中央通信』 발행소가 들어있던 건물의 위치 찾기 작업과
당시의 그 건물 사진과 그 건물 터의 현재 모습 사진

"B"에는 『中央通信』 발행소가 들어있었던 『東亞日報社』 건물 사진이, "B-1"에는 2020년 현재의 "옛 『東亞日報社』 건물(현 일민회관)" 사진이 제시되어 있다.

다음은 『朝鮮商工通信』의 경우를 알아보고자 한다.

『朝鮮商工通信』은 "예지동 189번지"에서 창간, "을지로2가 12번지"로 갔다가, "송현동 34번지"로 이전을 해왔다.

『朝鮮商工通信』의 발행소가 "을지로2가 12번지"에 있었을 때의 사항은 "을지로2가" 부분에서 다루어졌다. 여기에서는 발행소가 "종로구"에 있었을 때인 "예지동"과 "송현동" 부분을 함께 다루어 보고자 한다.

<지적도와 사진 Ⅵ-2-⑤-3>에 "예지동" 부분인 <A> 부분과 "송현동" 부분인 <B> 부분이 제시되어 있다.

"예지동 A"의 "2021년 지적도"에 『朝鮮商工通信』 발행소가 들어 있던 건물의 지번 "189번지"가 나와 있어, 그곳에 "굵은 실선 사각형"으로 표시를 해 놓았다. "천일극장"이 있었던 곳이다.

"A-1"는 2021년에 찍은 사진인데, 옛 "천일극장" 터에 들어서 있는 빌딩이 보인다. 『朝鮮商工通信』 발행소가 이 터에 들어서 있던 건물들 중 어느 건물에 들어있었는지는 아직 확인을 못 하고 있다.

다음은 『朝鮮商工通信』의 "송현동" 발행소 터.

이곳 "송현동 34번지" 터에는 일제(日帝) 때 "天道敎 중앙총부 본당" 건물(1910년 2월 ~ 1921년 8월)이 세워졌고, 천도교 중앙총부가 "경운동"으로 이전해 간 뒤, "普成專門"(高麗大 전신)(1921년 9월 ~ 1934년 9월)이 옮겨 왔었던 곳으로, "普成專門"이 "아남동"으로 이전한 뒤, "德成女子中學校"가 들어서서 2022년 현재까지 이르고 있다.

<지적도와 사진 Ⅵ-2-⑤-3>의 "B 부분"에 『朝鮮商工通信』의 "송현동" 발행소 위치를 알아보는 "2021년 지적도 B", 『朝鮮商工通信』이 들어있던 건물의 모습을 추정해 볼 수 있는 옛 사진 "B-1"과 그 터의 2021년 현재의 모습을 담은 사진 "B-2"가 제시되어 있다.

『朝鮮商工通信』은 그 뒤 다시 "관훈동 146번지"로 옮겼다가, 1948년 6월 21일 『世界通信』으로 이어졌다.

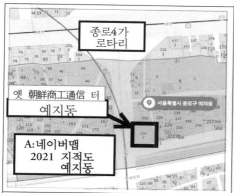

A 1. 2021/10/16

〈지적도와 사진 Ⅵ-2-⑤-3〉
예지동 · 송현동 지역 통신사:

* 朝鮮商工通信 :
  "예지동"에서 "송현동"으로 이전
예지동/ A: 2021년 네이버맵, 예지동
  A-1: 2021 사진: 예지동 189 빌딩
송현동/ B: 2021년 네이버맵, 송현동
  B-1: 사진: 1930년대 송현동 34,
  보성전문 교사
  B-2: 2021 사진, 송현동 34, 덕성여중

B-1: 普成專門 송현동 34 校舍, 1930년대

B-2: 덕성여중 34 校庭, 송현동34

다음은 『電報通信』의 '안국동' 발행소 위치를 알아보고, 그곳의 2021년 현재의 모습을 확인해 보자.

『日刊 電報通信』은 1945년 9월 4일 '본정2정목(충무로2가) 39번지'에서 창간해 발행하다가, 1948년 초반에 **'안국동 153번지'**로 이전했다.

<지적도와 사진 VI-2-⑤-4>의 'A: 1947년 지적도'와 'A-1: 2021년 지적도'에 『電報通信』의 발행소가 있었던 '안국동 153번지'가 나와 있다. '굵은 실선 작은 직사각형'으로 표시를 해 놓은 곳이다.

'C'는 '2021년 네이버 지도 거리뷰' 사진인데, '굵은 선 화살표'가 가리키는 곳이, 옛 『電報通信』의 발행소가 있었던 '안국동 153번지'(도로명 주소: 율곡로 51) 터다. '베이커리'가 영업 중이다.

이상으로 鐘路區 지역 通信社들의 '발행소 위치'와 '발행소 건물 모습'을 알아보는 작업을 일단 마무리하고, 西大門區로 넘어가 보자.

## 3. 서대문구: 충정로2가

西大門區에서 발행되었던 통신은 『解放通信』 하나뿐이었다.

① 解放通信 (충정로2가 131)

| | 解放通信<br>(1945.08.17. ～ 1947.10.18.)<br>발행소: 장곡천정 112-9<br>→서울시청 앞→ 황금정 2정목 199<br>→ 죽첨정2정목 131 |
|---|---|
| | 제호: 죽첨정2정목 (충정로2가) 때의 것<br>*출처: 차배근 외, 『우리신문100년』, p. 154 |
| "1946년 12월에 발행된 조선연감에는 『解放通信』…서대문구 죽첨정 2정목<br>131번지 『부녀신문』 과 같은 번지에서 발행 중인 것으로 되어 있다(p. 263).<br>정진석, "광복 후 6·25 전쟁까지의 언론", 2003. | |
| 〈자료 Ⅵ-3-①〉『解放通信』 발행 자료<br>* "충정로2가 131번지" | |

　『解放通信』은 1945년 8월 17일 '장곡천정(소공동) 112-9, 테일러 빌딩'에서 日帝의 同盟通信 京城支局을 접수한 한국인 직원들이 창간한 통신인데, 미 군정(美軍政)이 동맹통신 경성지국을 접수하자, 발행소를 '서울시청 앞'으로 옮겼다가, 다시 '황금정2정목(을지로2가) 199-48'로 옮겼고, 또 다시 '죽첨정2정목(충정로2가) 131번지'로 옮겼다.
　『解放通信』이 '소공동'과 '을지로2가'에 있었을 때의 사항은 이미 앞 해당 부분에서 다루어졌고, 여기에서는 西大門區 '죽첨정2정목(충정로2가)' 때의 것을 다루고자 한다.

② 충정로2가에서 발행되었던

解放通信 사옥 위치, 사옥 사진, 그곳의 현재 모습

<지적도와 사진 Ⅵ-3-②>에 『解放通信』의 '충정로2가 131번지' 발행소의 위치를 보여주는 지적도 3개가 제시되어 있다.

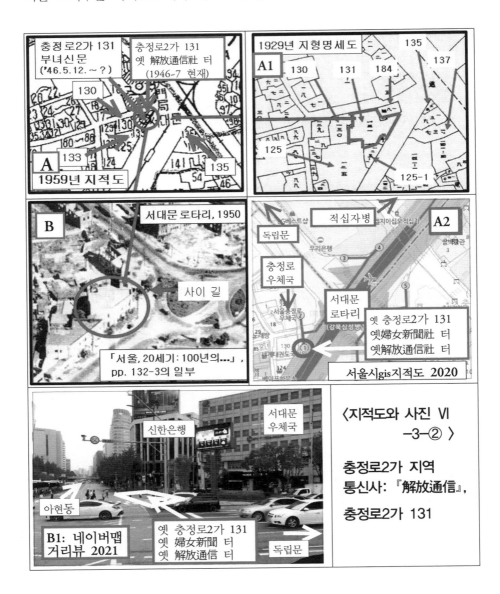

'1929년 지형명세도 A1'과 '1959 지적도 A'에 '131번지' 터가 나와 있다, '2020년 서울시 GIS 지적도 A2'에서 보면 '131번지' 터가 확장된 도로에 포함되어 사라졌다. '지적도 A2'에 '굵은 실선 원'으로 표시를 해 놓은 곳이 옛 『解放通信』의 '충정로2가 131번지' 발행소 위치로 추정되는 곳이다.

<지적도와 사진 Ⅵ-3-②>의 '사진 B'는 1950년대 서대문 로터리 지역 항공사진인데, '굵은 실선 원'으로 표시를 해 놓은 곳이 옛 『解放通信』 발행소가 들어있던 '131번지' 건물이다.

'사진 B1'은 '네이버 맵 2021 거리뷰' 사진인데, '굵은 실선 마름모꼴'로 표시를 해 놓은 곳이 옛 『解放通信』 발행소가 들어있던 '131번지' 건물 터로 추정되는 곳이다.

# 4. 주소 미상 통신사 (출처: 홍일해 p. 135)

① 주소 미상 1: 建設通信, ② 주소 미상 2: 交通通信,
③ 주소 미상 3: 經濟通信

'해방공간' 3년 기간(1945.08.15.~1948.08.14.)에 서울에서 발행되었던 통신들 가운데 이름만 알려져 있고 발행 주체나 발행소 위치 등이 알려지지 않은 통신 3개 사가 <자료 Ⅵ-4-①, ②, ③-1>에 제시되어 있다.

| 창간일: 1946년<br><br>6월 29일 建設通信 창간<br>7월 3일 交通通信 창간<br>8월 15일 經濟通信 창간 | * 이들 3개 통신사에 관한 자료를<br>계속 찾고 있음. |
|---|---|

〈자료 Ⅵ-4-①, ②, ③-1〉 주소 미상인 기타 通信 발행 자료
출처: 홍일해, 『韓國通信社史』, 일지사, 1982, p. 135

------------------------------------------------

여기까지 <제 Ⅵ 장>에서는 '해방공간 기간'에 '서울'에서 발행되었던 통신(通信)들을 ⓐ 지역별로 묶어, ⓑ 각 통신사의 통신 발행 기간, ⓒ 각 통신사의 발행소 위치, ⓓ 그 밖의 비고 사항 등을 중심으로 정리를 해보았다.

--------------------------

이제 <Ⅶ 장 요약과 결어>로 넘어가, 본 연구 작업을 총체적으로 **요약(要約)**해 보고, 간단한 **결어(結語)**로 마무리를 지어보고자 한다.

# 제 Ⅶ 장

## 요약과 결어
### (解放 이후 政府樹立까지
### 서울에서 발행된 日刊 新聞과 通信들의 발행소 위치)

요약(要約) :

　요약 A: 신문(新聞)

　　　A-1: 현재까지 발행 중인 신문(서울신문, 朝鮮日報, 東亞日報, 京鄕
　　　　　 新聞)

　　　A-2: 중구(中區)

　　　A-3: 종로구(鐘路區)

　　　A-4: 서대문구(西大門區)

　　　A-5: '서울시'로만 알려져서 주소 미상인 신문들

　요약 B: 통신(通信)

　　　B-1: 중구(中區)

　　　B-2: 종로구(鐘路區), 서대문구(西大門區)

결어(結語): 해방공간 기간의 新聞 및 通信 관련 자료들의 발굴 작업이
　　　　　 더 이루어지기를 바라며 …

# 요약(要約): 解放 이후 政府樹立까지
## 서울에서 발행된 日刊 新聞과 通信들의 발행소 위치

본 연구의 주제는 '**해방공간** 3년이란 기간 사이에 **서울**에서 발행되었던 **신문들** 그리고 **통신들의 사옥 터**를 찾아내 확인하는 작업'이었다.

'해방공간' 기간, 일제 강점에서 해방이 된 1945년 8월 15일 이후부터 1948년 8월 15일 우리 국토 남쪽에 大韓民國의 政府가 출범한 때까지의 '해방공간' 기간에. '서울'에서는 많은 신문들이 나왔다.

朝鮮日報 續刊, 東亞日報 重刊, 서울신문 題號變更, 京鄕新聞 創刊, 이들 4대 신문은 현재 계속 발행되고 있으나, 그 밖의 새로 창간된 많은 신문들은 대부분 1948년 8월 15일 大韓民國 政府樹立 以前에 終刊 또는 廢刊되었다.

이들 사라진 신문 중에는 발행소의 위치가 아직 정확히 확인되지 않고 있는 신문들이 많이 있다.

이들 사라진 신문들의 발행소가 어디였는지를, 당시의 지적도와 2021년 현재 지적도상에서 확인 내지는 추정해보고, 이들 신문의 발행소 건물 내지는 발행소가 들어있던 건물의 모습은 어떠했으며, 2021년 현재 그들 신문발행소가 있던 곳의 모습은 어떻게 변해 있을까?

본 연구에서는 이들 의문에 대한 해답을 찾아보고 지역별로 정리를 해보았다.

'**요약 A**'에서는 **신문(新聞)**들의 발행소 위치를, '**요약 B**'에서는 **통신(通信)**들의 발행소 위치를,

**2021년 현재의 지적도 위에 표시함**으로써, 그 위치와 분포가 한눈에 파악이 될 수 있도록 하는 것으로서 요약(要約)에 대신하고자 한다.

* 요약(要約)에 나와 있는 주소(住所)인 번지(番地)는 '해방공간' 당시의 것으로서, 그 이후의 도시계획으로 인한 지번 통합 등으로 2022년 현재는 바뀐 것들이 많다.

## 요약 A: 신문(新聞)

## A-1: 현재까지 발행 중인 신문
### (서울신문, 朝鮮日報, 東亞日報, 京鄕新聞)

서: 서울신문, 1945년 11월 23일 서울신문으로 제호 바꿈, 태평로1가 31-3
   1983년~2021년 현재, 태평로1가 25 (서울신문·프레스센터 빌딩)

조1: 朝鮮日報 1945년 11월 23일 속간, 태평로1가 61
조2: 朝鮮日報 1969년 9월~ 2021년 현재, 태평로1가 61-28 (신축된 舊館)

동1: 東亞日報 1945년 12월 1일 重刊, 太平街 (京城日報社屋內) 태평통1가 31-2
동2: 東亞日報 1953년 8월 19일, 세종로 139 (세종로 본사)로 복귀
동3: 東亞日報 2001년~2021년 현재, 서린동 159-1 (동아미디어센터 빌딩)

경1: 京鄕新聞 1946년 10월 6일 창간, 소공동 74
경2: 京鄕新聞 1974년 말~2021년 현재, 정동 22 (경향신문사 빌딩)

### 〈요약-Ⅶ-A-1〉 2022년 현재까지 발행 중인 신문들의 발행소 위치
### (서울신문, 朝鮮日報, 東亞日報, 京鄕新聞)

## A-2: 중구(中區)

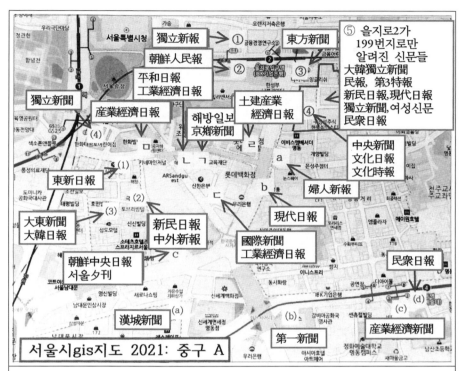

① 을지로1가 96 / ② 을지로2가 165 / ③ 남대문로2가 1 / ④ 을지로2가 199-34 /
⑤ 을지로2가 199 (番地 아래 몇 戶인지 副番이 찾아지지 않아 정확한 위치를 알 수
없는 신문)
---------------------
ㄱ 소공동 74 / ㄴ 소공동 81 / ㄷ 소공동 45 / ㄹ 소공동 12 / ㅁ 소공동 111 /
---------------------
⑴ 북창동 13 / ⑵ 북창동 93-32 / ⑶ 북창동 84 / ⑷ 태평로2가 38 /
---------------------
a 남대문로2가 15 / b 남대문로2가 23 / c 남대문로3가 105 /
---------------------
(a) 회현동1가 198 / (b) 회현동2가 6 / (c) 남산동2가 6 / (d) 남산동2가 1 /

〈요약-Ⅶ-A-2-1〉 중구(中區) '소공동', '북창동', '남대문로2가,
3가', '회현동1가, 2가', '남산동2가'에서 발행되었던 신문들 발행소 위치

＊『우리新聞』은 발행소가 '을지로2가 문화빌딩 내'로만 알려져서 여기에 표시 못 했음

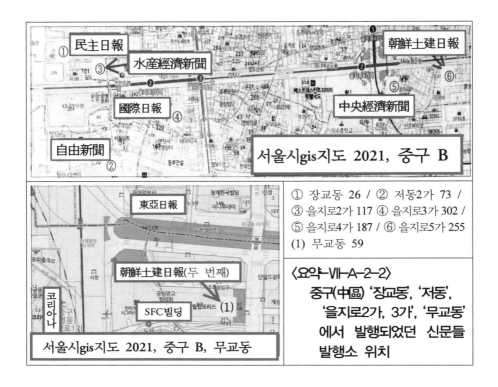

① 장교동 26 / ② 저동2가 73 /
③ 을지로2가 117 ④ 을지로3가 302 /
⑤ 을지로4가 187 / ⑥ 을지로5가 255
(1) 무교동 59

〈요약-Ⅶ-A-2-2〉
중구(中區) '장교동', '저동',
'을지로2가, 3가', '무교동'
에서 발행되었던 신문들
발행소 위치

## A-3: 종로구(鐘路區)

① 세종로 139 / ② 종로1가 42 / ③ 종로2가 9 / ④ 종로2가 19 /
⑤ 인사동 110 / ⑥ 낙원동 300 / ⑦ 관수동 125

〈요약-Ⅶ-A-3-1〉 종로구(鐘路區) '세종로', '종로1가, 2가',
'인사동', '낙원동', '관수동'에서 발행되었던 신문들 발행소 위치

① 청진동 188 / ② 수송동 27 / ③ 관훈동 151 / ④ 경운동 88 /
⑤ 견지동: 民衆日報 발행소 '견지동'(번지 미상)에서 '관훈동 151'로 이전 /
⑥ 중학동: 大公日報 발행소 '중학동' 몇 번지인지 확인 못 하고 있음 /

〈요약-Ⅶ-A-3-2〉 종로구(鐘路區) '청진동', '수송동',
'관훈동', '경운동', '견지동', '중학동'에서
발행되었던 신문들의 발행소 위치

① 사직동 311-34 / ② 사직동 113

〈요약-Ⅶ-A-3-3〉 종로구(鐘路區)
"사직동"에서 발행되었던 신문들의
발행소 위치

## A-4: 서대문구(西大門區)

① 충정로2가 131 / ② 충정로1가 81

〈요약-Ⅶ-A-4-3〉
서대문구(西大門區)
"충정로1가, 2가"에서 발행되었던
신문들의 발행소 위치

## A-5: 서울시로만 알려져서 주소 미상인 신문들

(1) 朝鮮民衆日報, (2) The Korea Times, (3) The Union Democrat

## 요약 B: 통신(通信)

### B-1: 중구(中區)

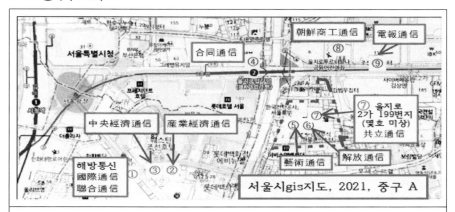

① 소공동 112-9 / ② 소공동 81 / ③ 소공동 82 / ④ 을지로1가 101 /
⑤ 을지로2가 199-34 / ⑥ 을지로2가 199 지역 / ⑦ 을지로2가 12 /
⑧ 을지로2가 39

〈요약-Ⅶ-B-1-1〉 중구(中區) '소공동, '을지로1가, 2가'에서
발행되었던 通信들의 발행소 위치

① 충무로2가 39 /

〈요약-Ⅶ-B-1-2〉 중구(中區)
"충무로2가"에서 발행되었던
通信의 발행소 위치

## B-2: 종로구(鐘路區), 서대문구(西大門區)

① 세종로 139 / ② 종로2가 8 /
③ 송현동 34 / ④ 안국동 135

〈요약-Ⅶ-B-2-1〉鐘路區
"세종로", "종로2가", "송현동",
"안국동"에서
발행되었던 通信들의 발행소 위치

① 충정로2가 131 /

〈요약-VII-B-2-2〉西大門區
"충정로2가"에서 발행되었던
通信의 발행소 위치

여기 **요약(要約)** 부분에서는,
'**해방공간**' 3년이란 기간 사이에

\* 서울에서 발행되었던 **日刊 신문(新聞)**들과 **통신(通信)**들의 발행소가
있었던 곳의 위치를,
\* **2021~2022년 지적도상**에 **지역별로 묶어 표시**를 해봄으로써,

그 지역적인 분포를, 큰 그림으로 확인해 보는 데 도움이 될 수 있도록
정리를 해보았다.

# 결어(結語): '해방공간' 기간의 新聞 및 通信 관련
## 자료들의 발굴 작업이 더 이루어지기를 바라며…

'구한말『독립신문사』가 어디에 있었지?'

정년 퇴임을 앞둔 마지막 학기도 거의 끝나가고 있던 2000년 가을 어느 날, 연구실 조교를 포함한 대학원생 몇 명과 차를 함께하며 한담을 하고 있을 때, 문득 던졌던 이 물음이

『100년 전 한성을 누비다, 신문사 사옥 터를 찾아』(2008), 그리고『일제 강점기 경성을 누비다, 신문사 사옥 터를 찾아 Ⅱ』(2018)로 이어졌고,

이제 2022년 봄『해방공간 서울을 누비다, 신문사 사옥 터를 찾아 Ⅲ』까지 이어지게 되었다.

우리나라에서의 신문 발행의 역사는, 1883년 10월 30일 한성(漢城)에서 『漢城旬報』가 발행되면서 시작되어, 2022년 현재 139년째가 된다. 우리의 신문 발행 역사 139년은, 1948년 8월 15일 大韓民國 政府樹立을 기준으로, 우리의 主體性이 微弱했었거나 전혀 없었던 前半期 65년과 우리가 主體가 되어 이끌어 온 後半期 74년으로 구분해 볼 수도 있을 것 같다.

이 책『해방공간 서울을 누비다, 신문사 사옥 터를 찾아 Ⅲ』은, 우리나라 신문 발행 역사 139년의 전반기(前半期)에 해당하는, 1948년 8월 15일 大韓民國 政府樹立 때까지의, '우리의 신문사 지리지(新聞社 地理志)' 3부작의 종결편(終結編)이 된다.

이 책이 이 분야 전문가의 관심을 끌어, 빠진 자료가 채워지고, 잘못된 곳이 고쳐져, 보다 완전한 후속작업으로 이어지게 되기를 바라고 싶다.

이 책 『해방공간 서울을 누비다, 신문사 사옥 터를 찾아 Ⅲ』,
아직도 채워질 부분이 많아, 크게 부족한 것이지만,
해방공간 기간 우리나라 앞날의 갈림길에서
역투(力投) 했던 우리의 대선배 언론인들에게 바치는
영광을 안고 싶다.

# | 참고문헌 |

■ 책, 논문

高興祥, 宋志英, 李漢鎔 대담: '韓國의 新聞街 (해방 후 편)', 한국신문연구소,『新聞評論』, 1975년 7월 호, pp. 44-48.

김병희, 신인섭, '일본 광고회사 덴츠가 한국 광고 산업의 형성에 미친 영향', 『광고학 연구』, 제20권 5호(2009).

박정규, '상무총보·대한상무신보에 대한 역사적 고찰', 『언론과학연구』, 3권 2호, 2003년 8월.

오진환, 'Ⅲ, 격동기 (1945∼1960)', 차배근 외,『우리 신문 100년』, 방일영 문화재단 한국문화예술총서 10, 2001.

鄭晉錫, '광복 후 6·25 전쟁까지의 언론', 大韓言論人會,『돌아오지 못한 언론인들: 6·25 전쟁 言論受難史』, 2003, pp. 180-82.

郭福山,『新聞學槪論』, 新聞學院出版部, 1955.

金圭煥,『日帝의 對韓 言論·宣傳政策』, 二友出版社, 1978.

김민환,『한국 언론사』, 사회비평사, 1996.

문제안 외,『8.15의 기억』, 한길사, 2005.

朴有鳳,『現代매스커뮤니케이션原論』, 서울大學校出版部, 1985.

李海暢,『韓國新聞史硏究』, 成文閣, 1971.

林根洙,『新聞發達史』, 正音社, 1967.

鄭晉錫,『韓國言論史』, 나남, 1990.

『언론 조선총독부』, 커뮤니케이션북스, 2005.

차배근 외,『우리 신문 100년』, 방일영 문화재단 한국문화예술총서 10, 현암사, 2001.

崔 埈,『韓國新聞史』, 일조각, 1979, 重版.

洪一海,『韓國通信社史』, 一志社, 1982.

## ■ 社史 등

『京鄕新聞五十年史』, 京鄕新聞社, 1996

『東亞日報社史』 卷二, 東亞日報社, 1978

『서울신문 100년사: 1904~2004』, 서울신문사, 2004

『朝鮮日報七十年史』, 第一卷, 朝鮮日報社, 1990

『朝鮮日報 90年史 : 화보・인물・자료』, 조선일보사 2010

『合同通信三十年』, 合同通信, 1975

『朝鮮年鑑: 1947年版』, 朝鮮通信社, 1946년 12월

『朝鮮年鑑: 1948年版』, 朝鮮通信社, 1947년 12월

『韓國新聞百年: 史料集』, 韓國新聞硏究所, 1975

『韓國新聞百年誌』, 한국언론연구원, 1983.

『韓國新聞100年史料展』, 서울신문・프레스센터 준공 기념, 1985

『高麗大學校九十年誌:1905~1995』 고려대학교, 1995

『京城・永登浦電話番號簿』, 京城中央電話局, 1939


## ■ 記事, 社告, 廣告 등

### <인터넷>

국립중앙도서관, '대한민국 신문 아카이브'

동아일보 아카이브

조선일보 아카이브

www.khan.co.kr '경향신문, 회사소개'

https://lembas.tistory.com/142 [아정(雅亭)]

'[숨어 있는 역사의 현장을 찾아서] 서울 종로 장안빌딩',
        배진영 『월간조선』, 2016년 8월호


## ■ 지도, 지적도

### <책>

<京城府 一筆每 地形明細圖>, 1929

<京城精密地圖>, 1933

<1947년 番地入 서울特別市精圖>

<1959년 地番區劃入 大서울精圖>

<인터넷>

2021년, 2022년 서울시 GIS 지적도

네이버 맵 지적도

카카오 맵

■ 사진

『新聞總覽』, 日本電報通信, 1939, 사진.

Life誌(1945) 사진.

『(사진으로 보는) 近代韓國. 上, 산하와 풍물』, 서문당 이규헌, 1987.

『서울, 20세기: 100년의 사진 기록』.

　　　　　서울시정개발원, 서울시립대학교 서울학연구소, 2000.

『일제 침략 아래서의 서울(1910~1945): 사진으로 보는 서울 2』,

　　　　　서울특별시사 편찬위원회 편저, 2002.

'청계천과 종로, 1954', 『서울, 20세기: 100년의 사진 기록』.

　　　　　서울시정개발원, 서울시립대학교 서울학연구소, p. 201.

'종로구 청사 인사동 110', 『東亞日報』, 1981년 12월 10일.

'서울시 항공사진', 서울시건축과, 1972.

<인터넷>

'거리뷰 사진'

2021년, 2022년 서울시 GIS 지적도,

네이버 맵 지적도, 거리뷰

카카오 맵, 거리뷰

네이버 불로그: YMCA 옛 건물 사진

https://lembas.tistory.com/142 [아정(雅亭)]

<출처 언급 없는 사진>: 연구자 촬영 사진

부록

〈부록〉 해방공간(1945년 8월 15일~1948년 8월 14일)
　　'서울 이외 지역'에서 발행되었던 日刊 新聞 자료 〈표〉

## 〈부록〉

## 해방공간(1945년 8월 15일~1948년 8월 14일)
### '서울 이외 지역'에서 발행되었던 日刊 新聞 자료 〈표〉

우리 강토가 1945년 8월 15일 일제(日帝)의 강점(强占)에서 解放이 되었다. 解放의 이 벅찬 감동과 앞날에의 부푼 청사진은 '南과 北의 分斷'이라는 국제정치의 현실에 휘말려, 우리 民族 앞에 또 다른 도전(挑戰)으로 다가왔다.

北緯 38度線을 기준으로 南과 北이 갈린 상황에서, 蘇聯軍 지배하의 北韓에서와는 달리 美軍 관할하의 南韓에서는, 言論에 대한 統制가 크게 풀려, 많은 新聞들이 발행되게 되었다.

이 책『해방공간 서울을 누비다, 신문사 사옥 터를 찾아 Ⅲ』은 '1945년 8월 15일 解放에서 1948년 8월 15일 大韓民國 政府樹立까지의 3년간' '서울'에서 발행되었던 日刊新聞들의 발행 자료들을 발행소 위치를 중심으로 정리를 해본 작업이다.

이 책을 마감하면서, 그 3년간의 '해방공간' 기간에 '서울 이외의 지역'에서 발행되었던 日刊新聞들에 관한 자료를, 여기 부록(附錄)으로 <표> 형식으로 정리를 해보았다.

이 <부록 표>에는,

韓國言論研究院이 1983에 발간한『韓國新聞百年誌』에서 '第三章 解放直後 1945~1948: 8·15 解放에서 政府樹立까지'(pp. 451~644) 부분의 자료들이, 道별로 市별로 정리되어 있다.

이 <부록 표>에 '채워지지 않은 부분, 잘못된 부분'이, 이 분야 전문가들에 의해 채워지고 바로잡힐 수 있기를 바란다.

| 〈부록 표, 1〉 해방공간(1945년 8월 15일~1948년 8월 14일) '서울 이외 지역'에서 발행되었던 日刊 新聞 자료 | | | | | |
|---|---|---|---|---|---|
| 道 | 市 | 新聞 | 創刊~廢·終刊 | 발행소 | 비 고 |
| 경기 | 인천 | 大衆日報 | '45.10.07~ | 宮町 2 | 大衆日報 → 仁川新報('50.09~) → 畿湖日報 → 京畿每日新聞 |
| | | 仁川新聞 | '46.03.01 ~'50.06.25 | 內洞 74 | |
| 강원 | 강릉 | 東方新聞 | '45.08.하순~?? | 江陵邑 本町 22 | |
| 충남 | 대전 | 中鮮日報 | '45.08.15~?? | 本町 1丁目 50 | 中鮮日報('45.08.15~) →中央日報(??~) →人民日報(??~) →東邦新聞('45.09.25~) |
| 충북 | 청주 | 國民日報 | '46.03.01~ | 淸州邑 | 忠淸日報의 前身 |
| 자료 출처: 『韓國新聞百年誌』, 한국언론연구원, 1983, pp. 451-644 | | | | | |

〈부록 표, 2〉해방공간(1945년 8월 15일~1948년 8월 14일)
'서울 이외 지역'에서 발행되었던 日刊 新聞 자료

| 道 | 市 | 新聞 | 創刊~廢·終刊 | 발행소 | 비 고 |
|---|---|---|---|---|---|
| 전북 | 전주 | 建國時報 | '45.08.17~ | 中央洞 前 全北新報社 | 建國時報('45.08.17~) → 全北新報('45.09.12~) → 全羅民報('45.10.01~) → 南鮮民報('45.11.01~) → 全羅民報('46.01.03~) * 자료 출처: 建國時報 부분에서 |
| | | 全北新報 | '45.09.12~ | 高士洞 1가 148 | |
| | | 全羅民報 | '45.10.01~ | | |
| | | 南鮮民報 | '45.11.01~ | | |
| | | 全羅民報 | '46.01.03~ | | |
| | | 全州日報 | '46.01.?~'55.08.16 | 全州府 靑石洞 64 | 全州日報('46.01.??~) → (全北新聞+全羅新報)= 全北時報('50.07.?~) → 全州日報('??.??.??~) |
| | 군산 | 群山新聞 | '47.11.15~'61.03.01 | 藏米洞 | '61.03.01 제호 湖南日報로 |
| | | 群山日報 | '46.08.01~'49.2월 말 | | 群山日報 → 三南日報('49.03.~) → 全北每日('68,06.~) → 全北新聞(.73.06.01~) |
| | | 全北每日 | '46.05.01~'73.05.31 | 錦洞 5번지 | 群山日報('46.05.01~) → 全北每日('46.05.01~) → 三南日報('49.03.~:裡里) |
| | | 全北新聞 | '46.06.??~'50.10.?? | 大正町 3丁目 32 | |
| | | 新光日報 | '45.09.??~'47.06.01 | 明治町 2丁目 82 | * 좌경신문 |
| 전남 | 광주 | 光州民報 | '45.10.10~ | 光山洞 소재 前 全南每日新聞 건물 | 光州民報('45.10.10~) → 東光新聞('46.07.?~) |
| | | 東光新聞 | 46.07.??~'50.?? | | |
| | | 全南新報 | '45.08.31~ | 錦南路 1가 1 | 全南新報('45.08.31~) → 湖南新聞('46.03.21~) → 호남신문('47.08.15~) |
| | | 湖南新聞 | '46.03.21~ | | |
| | | 호남신문 | '47.08.15~ | | |
| | 목포 | 木浦日報 | '46.08.01~ | 日帝하 木浦新報 접수 | |
| | | 木浦新聞 | '46.??.??~ | 榮町 2-8 | 木浦新聞 → 全南民報 * 좌경신문 |
| | | 全南民報 | '46.06.18~'46.08.29 | | |
| | 여수 | 大衆新聞 | '45.11.01~'61.05.28 | 麗水邑 中央洞 337-2 | 大衆新聞('45.11.01~) →여수일보('48.01.??~) |
| | | 여수일보 | '48.01.?? | | |

자료 출처: 『韓國新聞百年誌』, 한국언론연구원, 1983, pp. 451-644

## 〈부록 표, 3〉 해방공간(1945년 8월 15일~1948년 8월 14일) '서울 이외 지역'에서 발행되었던 日刊 新聞 자료

| 道 | 市 | 新聞 | 創刊~廢·終刊 | 발행소 | 비 고 |
|---|---|---|---|---|---|
| 경북 | 대구 | 大邱日報 | '45.08.15 해방 직후 | 東雲町 297-2 | 大邱日報 → 大邱時報 |
| | | 大邱時報 | '45.09.?? | | |
| | | 慶北新聞 | '45.12.??~'47.07.?? | 村上町 39 | (新羅公報+慶北新聞+婦女日報) → 大邱合同新聞 |
| | | 新羅公報 | '47.07.01~'47.07.?? | | |
| | | 大邱合同新聞 | '47.07.??~'48.05.?? | | |
| | | 民聲日報 | '45년 말~?? | 本町 1丁目 47 | * 좌경신문 |
| | | 大邱公報 | '46.06.29~?? | 東城路 1가 54 | |
| | | 嶺南日報 | '45.10.11~'80.11.28 | ? | |
| 경남 | 부산 | 人民解放報 | '45.10.08~'47.10.08 | 大倉町 3丁目 8 | * 좌경신문 |
| | | 大衆新聞 | '45.12.05~'49.09.09 | 本町 3丁目 26 | * 좌경신문 |
| | | 産業新聞 | '47.09.01~'50.08.19 | 중구 東光洞 3가 26 | 東亞産業新報 + 水産新聞 → 産業新聞 ('47.09.01~) 제호'50.08.19 國際新報로, '77.06.01 國際新聞으로 |
| | | 民主衆報 | '45.09.01~'48.06.16 | 大倉洞 4丁目 36 | |
| | | 釜山每日新聞 | '45.11.25~'49.?? | 大廳町 3丁目 8 | 釜山每日新聞 → 每日新聞('49. ??) |
| | | 新韓民報 | '45.12.02~?? | 大昌洞 2가 24 | |
| | | 釜山新聞 | '45.05.03~?? | 昭和通 3丁目 102 | |
| | | 自由民報 | '46.02.26~'60.04.19 | 中央洞 4가 36 | |
| | | 朝鮮日日新聞 | '45.10.01~?? | 釜山鎭區 1동 | |
| | | 釜山人民報 | '46.07.05~?? | 大橋路 2가 2 | * 좌경신문 |
| | 진주 | 慶南日報 | '46'03.01~'80.11.25 | ?? | 重창간. 慶南日報 → 慶南新聞 ('80.11.25~) |
| | | 大同日報 | '48.02.??~?? | 本城洞 | |

자료 출처: 『韓國新聞百年誌』, 한국언론연구원, 1983, pp. 451-644

오인환(吳仁煥) ————————————————————————

**•약 력•**

1935년 경기 장단 출생
서울대학교 사회학과 학사, 석사
미국 Univ. of Hawaii 사회학과 M.A., Ph.D.
합동통신 외신부 기자
경희대학교 신문방송학과 부교수
언론학회, 방송학회, 광고학회, PR학회, 사회학회 회원
방송학회 회장, PR학회 회장, 광고학회 부회장
연세대학교 신문방송학과 교수
연세대학교 사회과학대학장, 대학원장
2001년 2월 정년 퇴임

**•주요 논저•**

『매스컴과 사회』(공역),
『매스컴과 광고 산업』(공역),
『사회조사 방법론』(저),
『현대광고론』(편저),
『구한말 한인 하와이 이민』(공저),
『100년 전 한성을 누비다』(저),
『일제강점기 경성을 누비다』(저),
"장인환 의사의 발자취를 찾아서"(공저),
"한국 개화기 신문의 광고"(석사 논문),
"Korean Lawyers: Social Origins and Career Styles"(석사 논문),
"The Korean Journalist: A Study of Dimensions of Role"(박사 논문)
외 다수

해/방/공/간
# 서울을 누비다

초판인쇄  2022년 06월 30일
초판발행  2022년 06월 30일

지은이  오인환
펴낸이  채종준
펴낸곳  한국학술정보㈜
주 소  경기도 파주시 회동길 230(문발동)
전 화  031) 908-3181(대표)
팩 스  031) 908-3189
홈페이지  http://ebook.kstudy.com
E-mail  출판사업부 publish@kstudy.com
등 록  제일산-115호(2000. 6. 19)

ISBN  979-11-6801-518-0 93900